# 保育・教育実践のための心理学

浅野敬子・丸山真名美 編著

(株)みらい

## 執筆者紹介 （五十音順） ○は編者

○浅野 敬子（あさの けいこ）　元至学館大学 …………………………………… 第3章

太田 伸幸（おおた のぶゆき）　中部大学 ………………………………………… 第9章

後藤 宗理（ごとう もとみち）　椙山女学園大学 ………………………………… 第1章

島 義弘（しま よしひろ）　鹿児島大学 …………………………………………… 第6章

成田 朋子（なりた ともこ）　元名古屋柳城短期大学 …………………………… 第2章

○丸山真名美（まるやま まなみ）　至学館大学 …………………………………… 第7章

宮沢 秀次（みやざわ しゅうじ）　名古屋経済大学 ……………………………… 第4章

幸 順子（ゆき じゅんこ）　愛知県心身障害者コロニー 発達障害研究所 ……… 第5、10章

吉田 直子（よしだ なおこ）　元中部大学 ………………………………………… 第8章

# はじめに

　本書は、保育や、幼児期から思春期までの子どもの教育にかかわる人々のために、分担執筆者の先生方の協力を得てまとめました。
　子どもの教育や保育の世界で長い間過ごしてきて、本当に子どものことがわかっているだろうかといつも自問してきました。子どもの姿も子どもの環境も日々変わっていきます。また、ひとりひとりそれぞれ独自の姿で現れ、そして、その向こうにはそれぞれの子どもを支えている人々と生活があります。年齢やカテゴリーに分けた保育や教育の便利なマニュアルがあるわけではありません。日々、対話や相互関係の再構築を繰り返しながら、子どもの姿に向き合い、理解し、子どもの発達を支援していく、急がば回れの方略で進めていくほかないでしょう。本書をいわば子どもの世界へ分け入っていくためのさまざまな場面での手がかりとして、使っていただけたらと思います。
　心理学は、初めて実験室が作られて近代心理学として出発してからでも百数十年の歴史があります。児童心理学として発達心理学研究が始められてからでも百年を超える歴史をもっています。子どものあたりまえの日常生活における行動や生活環境をテーマとしながら、この心理学・発達心理学の歴史に支えられた考え方の下敷きがあります。子どもの問題にすぐに向き合いたいという気持ちを時には傍らにおいて、心理学の発想法や子どもを理解するための概念を学んでみてください。学ぶ気持ちを大切に、改めてご案内するように、章を越境し、ページを越えてリンクし、能動的な学びが進められるようになっています。このしくみを生かしていただけたらと思います。
　本書をまとめるにあたっては、企画段階から至学館大学の丸山真名美先生にご協力いただきました。また、執筆者の先生方には、教育や研究にご多忙の狭間でのご執筆をお願いすることになりました。皆様方に感謝申し上げます。編集の米山拓矢さんには読者・利用者の視点とのリンクにかかわる様々な助言、

遅れがちな仕事への叱咤激励を含めて、ほんとうにきめ細かく我慢強くご支援いただきました。併せて感謝いたします。
　本書が、読者の方々の子どもとのかかわりを常に開いていくための手がかりとなるよう祈ります。

2012年5月

**編者**

# Guidance　― 学びの前に ―

● 「理論」と「実践」

　本書は2部構成になっています。第Ⅰ部の「理論編」は、心理学の研究成果から子どもの発達について学びます。第Ⅱ部の「実践編」では、心理学の知見に基づく発達援助の方法を学びます（章末には演習課題が設けてあるので活用してください）。なお、第Ⅰ部と第Ⅱ部はそれぞれ、保育士養成課程の必修科目「保育の心理学Ⅰ」と「保育の心理学Ⅱ」に対応しています。

● "つながり"を学ぶ

　本文中には、下記のように *link*（リンク）という標記を用いて、さまざまな内容のつながりを示しました。インターネットのサイト同士がリンクで結ばれているように、ページとページをつなげています。記されているページへ進むと、もとにあったページとリンクするキーワードや文章、図表が出てきます。ひとつの知識をさまざまな事柄につなげることによって、理解をさらに深めたり、「理論」と「実践」の結びつきを感じてもらえるよう配慮しました。ぜひページをめくってつながりをみつけていってください。

> この場合53ページに進むと関連する事柄が現れます。

　例）　ピアジェは認知による発達段階（*link* p.53）を提唱した。

## ● 各章のねらい

### 第Ⅰ部　理論編

| | | |
|---|---|---|
| 1章 | 保育・教育と心理学 | 本書全体の総論的な内容です。保育と心理学のつながりについて考えます。 |
| 2章 | 子どもの発達における初期経験の意味 | 生物学な視点からみた人間の発達の特性や、乳幼児期の経験の大切さを学びます。 |
| 3章 | 子どもの発達のさまざまな側面 | 子どもの発達を心、身体、認知、言葉などさまざまな切り口からみていきます。 |
| 4章 | 生涯発達における環境と人との相互的かかわりの変化 | 誕生から青年期までの生涯発達の流れをとらえます（3章とは対照的な視点です）。 |

### 第Ⅱ部　実践編

| | | |
|---|---|---|
| 5章 | 保育・教育実践における発達援助の考え方 | 主に4章の生涯発達を踏まえ、発達援助の基本となる考え方を学びます。 |
| 6章 | 発達の理解から保育・教育実践へ 1 ―アセスメント― | 知能検査や発達検査など子どもを知るためのアセスメントや、発達過程について理解を深めます。 |
| 7章 | 発達の理解から保育・教育実践へ 2 ―環境設定― | 保育の基本である「環境をとおして行う保育」について、心理学のスタンスからアプローチします。 |
| 8章 | 生活や遊びをとおした学びの過程 | 言語の習得や学びについて、保育者の果たすべき役割を考えます。 |
| 9章 | 人間関係の広がりとソーシャルスキル | 人間関係を豊かにするコミュニケーションのスキルについて知見を広めます。 |
| 10章 | 特別な支援を要する子どもと家族への発達援助 | 特別なニーズのある子どもと家族への援助や、子育て支援について学びます。 |

# 目次

はじめに
Guidance

## I　理論編

### 第1章　保育・教育と心理学

1　子どもの発達理解 …………………………………………… 2
　　1——子どもの発達と環境／2
　　2——発達と環境のかかわり方／9
2　保育・実践教育の評価 ……………………………………… 10
　　1——保育実践とは何か／10
　　2——実践研究のメリット／12
　　3——保育実践の評価／14
3　発達観・子ども観と保育・教育の考え方 ………………… 16
　　1——子どもとはどのような存在か／16
　　2——社会化と個性化／18

### 第2章　子どもの発達における初期経験の意味

1　誕生時の未熟性―生理的早産 ……………………………… 23
2　新生児の能力 ………………………………………………… 24
3　乳児期における周りの大人とのかかわり ………………… 26
4　母性的養育の欠如 …………………………………………… 28
　　1——オオカミ少女／28
　　2——言葉を知らなかった少女ジーニー／29
　　3——日本で発見されたFとG／30
5　初期経験の意味 ……………………………………………… 31

## 第3章 ● 子どもの発達のさまざまな側面

1 自我と自己 …………………………………………………………………… 36
 1――子どもは生き続けようとする／36
 2――子どもの命と心は形づくられていく／37
 3――「動機の担い手としての子ども」と「自分からみた人としての子ども」／37
 4――感情はどのように発達するのか／39
 5――自分からみた自分−客観的自己の成立／40

2 身体と運動 …………………………………………………………………… 43
 1――身体・運動の発達とその意味／43
 2――身体の形態変化／43
 3――運動の発達／47
 4――FとGの事例にみる身体発達の遅れと回復／48

3 世界をとらえる・理解する：知覚・認知の発達 ……………………… 49
 1――知覚・認知の働きとその発達の位置づけ／49
 2――感覚・知覚器官／50
 3――子どもの感覚・知覚世界をどのようにして理解するか／51
 4――視覚の発達／52
 5――聴覚の発達／52
 6――事物の動きやものとものとの関係について理解する／53
 7――他者の考えを理解する（心の理論）／58

4 言語と社会性 ………………………………………………………………… 60
 1――言葉のさまざまな働き（機能）／60
 2――音声の聞き分けと音韻の構成／61
 3――応答的な関係の形成と同調関係／61
 4――身振りと指さしおよび共同注意／62
 5――語彙の獲得（一語文の使用）／62
 6――語彙爆発／63

7──社会関係の構成：関係を客観的に表す言葉／63

　　　8──FとGにみる言語発達の遅れと回復／64

　　　9──生涯にわたる社会関係の構成−エリクソンの発達段階説／65

　5　子どもの「変化」をとらえる学習理論の視点……………………………… 65

　　　1──古典的条件づけによる学習／65

　　　2──道具的条件づけ（オペラント条件づけ）による学習／66

　　　3──問題解決学習／66

　　　4──洞察学習／67

　　　5──観察学習／67

## 第4章 ● 生涯発達における環境と人との相互的かかわりの変化

　1　基本的信頼感の形成……………………………………………………… 70

　　　1──母親を中心にした家族との関係／70

　　　2──母子関係の成立−愛着の発達／73

　2　乳児・児童期における他者との関係……………………………………… 75

　　　1──家庭内での人間関係／75

　　　2──幼児期および児童期における同世代の友だちとの関係／76

　3　青年期における親や同世代の友だちとの関係…………………………… 80

　　　1──親子関係の変化の基礎／80

　　　2──親子関係−心理的離乳、第2反抗期／85

　　　3──友人関係／86

　　　4──異性関係／90

　4　青年期から成人期以降の人間関係……………………………………… 91

　　　1──恋人、配偶者との関係／91

　　　2──子どもとの関係／93

　　　3──親との関係−年老いてゆく親との関係／96

　　　4──職場での人間関係／97

■■■　Ⅱ　実践編　■■■

## 第5章 ● 保育・教育実践における発達援助の考え方

### 1　基本的生活習慣の発達と援助……………………………………………102
1──基本的生活習慣とは／102
2──保育者の役割／106

### 2　主体性の発達と援助………………………………………………………107
1──主体性とは何か／107
2──なぜ主体性が大切か／112
3──主体性をはぐくむために大切なことは何か／116

### 3　発達課題に応じた援助とかかわり………………………………………121
1──発達課題とは／121
2──乳幼児期の発達課題と援助／124

## 第6章 ● 発達の理解から保育・教育実践へ　1－アセスメント－

### 1　子ども理解・発達アセスメント…………………………………………131
1──知能検査／132
2──発達検査／135

### 2　個人差と発達過程…………………………………………………………137
1──発達の個人差／137
2──発達の過程／139

## 第7章 ● 発達の理解から保育・教育実践へ　2－環境設定－

### 1　保育・教育実践とは………………………………………………………143
1──環境の大切さ／143
2──保育・教育実践における2つの「環境」／144

## 2　保育・教育の現場における「物的環境」……………………145
　1——アフォーダンスの概念／145
　2——アフォーダンスの事例／148
## 3　保育・教育の現場における「人的環境」……………………149
　1——子ども同士のかかわり／149
　2——「人的環境」における保育者／156

# 第8章 ● 生活や遊びをとおした学びの過程

## 1　生活の中での言語習得過程……………………………………162
　1——言語習得のしくみと環境／162
　2——絵本や物語に出会う生活と言語習得／165
## 2　生活の中で学ぶしくみ…………………………………………166
　1——生活世界と社会生活能力／166
　2——生活世界と論理的思考／168
　3——生活の中のメディアと子どもの学び／169
## 3　遊びの中で学ぶしくみ…………………………………………171
　1——遊びの中で何を学ぶか／171
　2——遊びにおける大人の役割／172
　3——子どもの遊びの現状から／174

# 第9章 ● 人間関係の広がりとソーシャルスキル

## 1　ソーシャルスキルの習得を手がかりにして…………………179
　1——ソーシャルスキルとは／179
　2——ソーシャルスキル獲得における保育者・教師の役割／182
## 2　保育室における活動……………………………………………183
　1——ソーシャルスキルを習得できるようになる時期／183
　2——ソーシャルスキルの習得を促す働きかけ／184

### 3 教室における活動 …………………………………………………………… 187
　1——保育所・幼稚園との違い／187
　2——ソーシャルスキルの習得を促す指導／188

## 第10章 ● 特別な支援を要する子どもと家族への発達援助

### 1 特別なニーズのある子どもと家族への支援 ………………………… 191
　1——特別なニーズのある子どもとは／191
　2——発達に障害のある子どもへの支援／193
　3——乳幼児期の親子関係と発達支援／198

### 2 子どもと家族の発達を支える地域の環境としくみ ………………… 203
　1——子どもと家族の発達を支える地域ネットワーク／203
　2——地域で子どもの発達支援にかかわる人々／205

### 3 現代社会の変化と発達援助 …………………………………………… 212
　1——現代社会における子どもと家族への支援／212
　2——保護者支援としての子育て相談／215

索引…223

# I

## 理論編
子どもの心を知るために

# 第1章 保育・教育と心理学

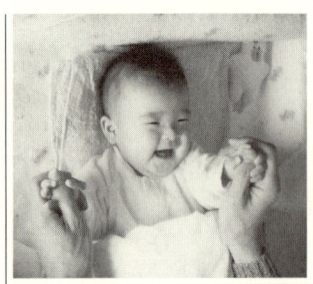

保育の対象となる子どもの発達を、胎児期から理解することは重要である。この時期の子どもの発達は、人間の一生の中でも最も急速な変化を伴っている。そして乳幼児期が長い人生の基盤であることから、保育や幼児教育を実りあるものにするために実践研究を行い、保育者・教師としてこれからの時代を担う子どもをどう育てるかを考える。

## 1 子どもの発達理解

### 1 ── 子どもの発達と環境

　人間の赤ちゃんは、人の世話を受けることを前提としてこの世に生まれてくる。受精の瞬間から、母胎内で人間として生きるためのさまざまな能力を発達させている。それらの能力は、すべて人間社会で成長するために必要なものである。誕生までに聴覚、嗅覚、皮膚感覚、味覚などの感覚器官が発達し、視覚も強い光に反応することが知られているが、視覚はとくに誕生後に発達する。赤ちゃんはこれらの能力をフル使って自分の世話をしてくれる人を身近に引き付けておこうとする。これが人間に備わっている生物的能力である。親はもちろんのこと、保育士や幼稚園教諭などの保育者、あるいは看護師・助産師・

保健師といった子どもにかかわる人たち、そして日常生活の中で子どもと接するすべての人が、この子どもの発達についての特徴を理解することが重要である。

では、子どもの発達の何を理解すればよいのだろうか。

## 1 発達の過程

　発達のおおよその流れは、胎児期から理解しておくことが必要である。なぜならば、胎児期のかなり早い時期に人間として生きていくうえで必要な器官のほとんどがつくられるからである。

　一つの例を考えてみよう。女性が体調の異変に気づいて病院で診察を受けたところ、そこで初めて妊娠を知るということが多い。その報告を受けたパートナーは、「子どもができるとお金もかかるから、タバコをやめなくては……」ということがある。しかし、その時点ですでに、胎児は人間の成長に必要な器官が形成されつつある状態にある。つまり、パートナーや女性自身が以前から喫煙者であれば、胎児は母体を通じて間接喫煙をしている可能性は否定できないのである（図1-1）。

　ところで、赤ちゃんに出会うと足の裏をコチョコチョ触ったりしている人をみかけることがある。初めて会った時にはうまく赤ちゃんが反応してくれたのに、次に会った時にはもう反応してくれなくなって不思議に思うこともある。人間の機能の中にはある時点で消失し、別の機能が現れるということを繰り返すものがある。胎児期から乳児期には図1-2のような変化がみられる。

## 2 養護と教育

　人間の成長発達を考える時、生まれつき持っている能力が時間とともに現れてくるように思うが、すべての能力が何も手を加えることなく自然に現れるわけではない。毎日の食事などの生活リズムが原動力となって成長するが、そのためにも周囲の人の援助と、いろいろな人に積極的に働きかけることが必要である。そして何よりも子どもが自分はかわいがられているんだ、安心して毎日の生活を送ればいいんだ、という気持ちを持つことが重要である。そのうえで、

### ●胎芽～胎児期の成長

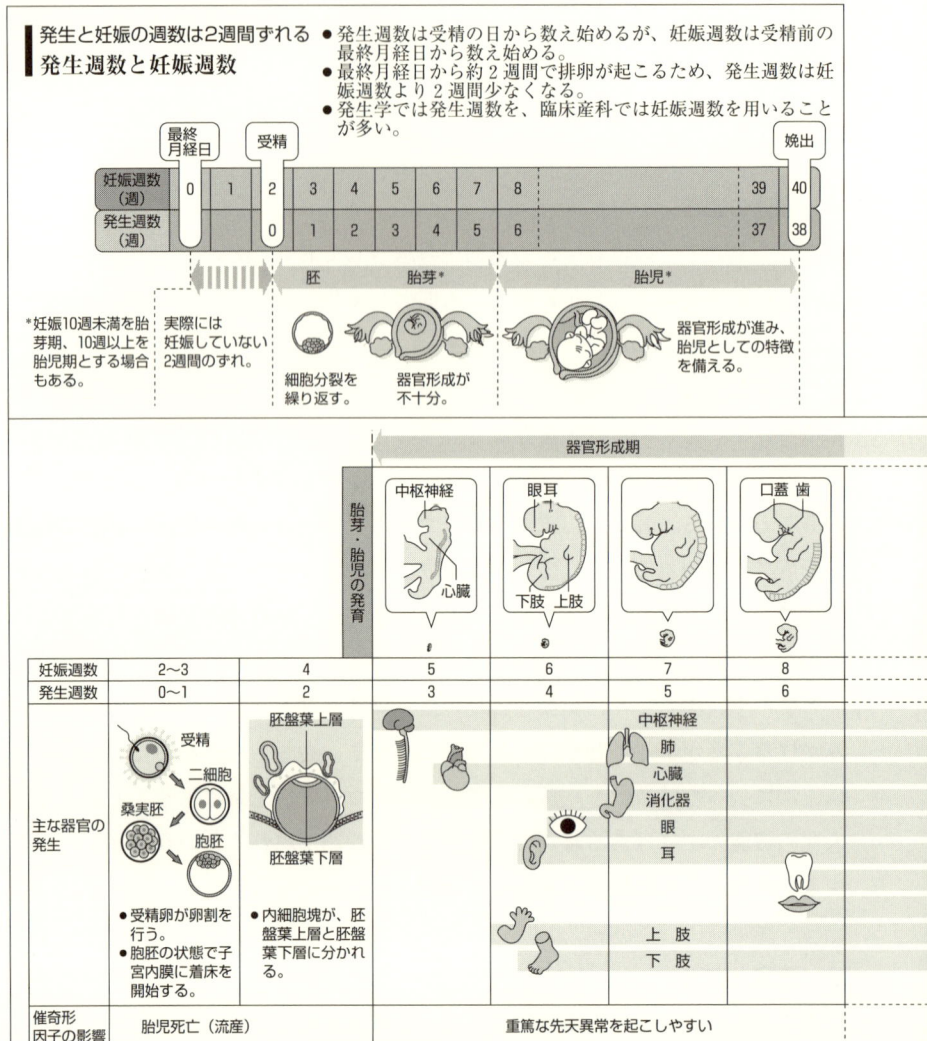

図1-1　胎児の発育過程

出典：伊東宏晃「胎児の発育」医療情報科学研究所編『病気がみえる　vol.10　産科　第2版』

# 第1章 保育・教育と心理学

■ 妊娠12週未満は器官形成の重要期
## 胎芽・胎児の発育と器官の発生

- 子宮内膜に着床した受精卵は、下表のように胚、胎芽を経て胎児へと成長していく。
- 妊娠5〜11週ごろは、急速に神経系・呼吸器系・循環器系・消化器系などの主要な臓器が発生し、外観もヒトらしくなる。この期間を器官形成期という（期間区分は学術的に厳密な定義はない）。
- 器官形成期以降も中枢神経などの臓器の発達は継続するが、特に器官形成期では細胞増殖が盛んなため、催奇形因子にさらされると先天異常をひき起こしやすい。

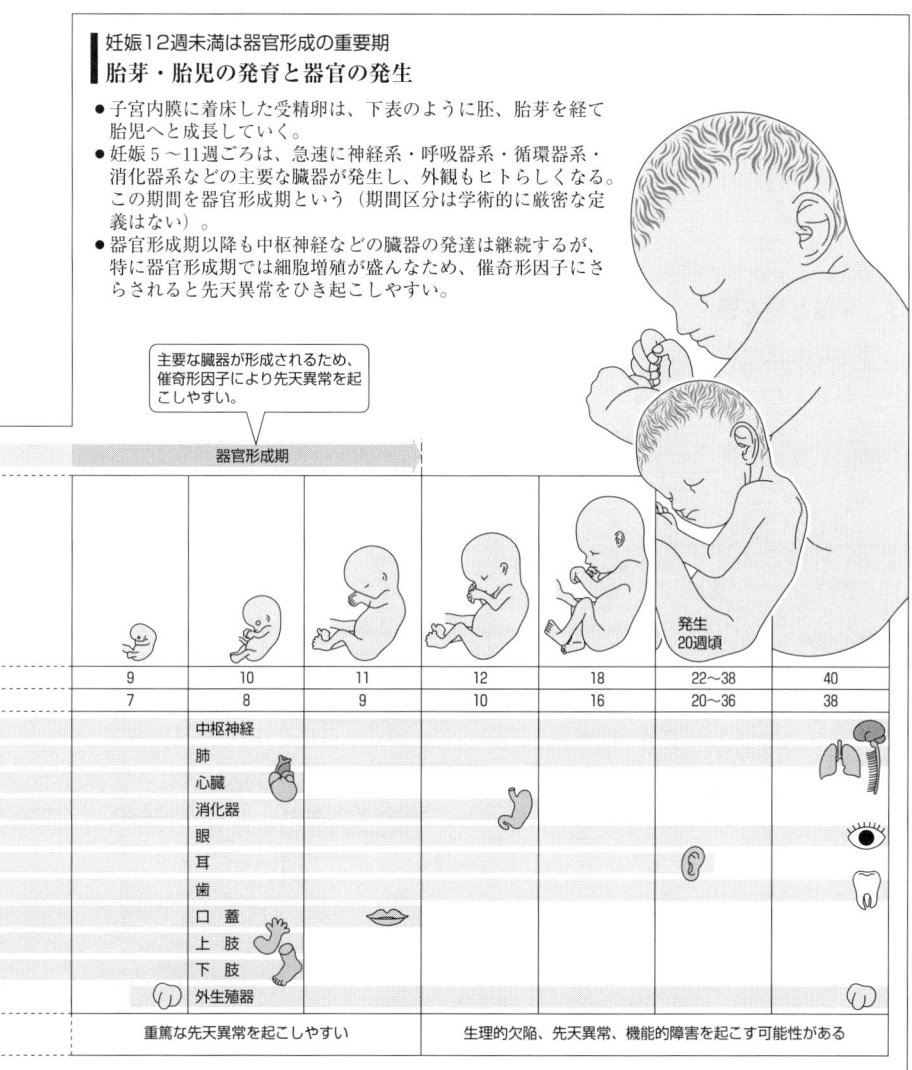

メディックメディア 2009年 pp.24-25

いろいろなことをやってみたいという意欲を持つことが大切になる。そのためには人という環境、安心して過ごすことのできる居住空間などがポイントになる。保育所保育指針では、養護と教育という考え方を基にしているが、年齢の小さい子どもほど養護の割合が大きい。そして、人間は大人になっても養護と教育の相対的大きさが変わりながらも、生涯にわたって養護の視点も必要である。

## 3　発達と個人差

　発達の流れというと、図1－2に限らず、多くの書物におおよその発達の過程が図表として示されている。その流れを集大成したものとして育児書があるが、表1－1には、保育所保育指針で定めている発達過程を示した（***link*** p.47）。

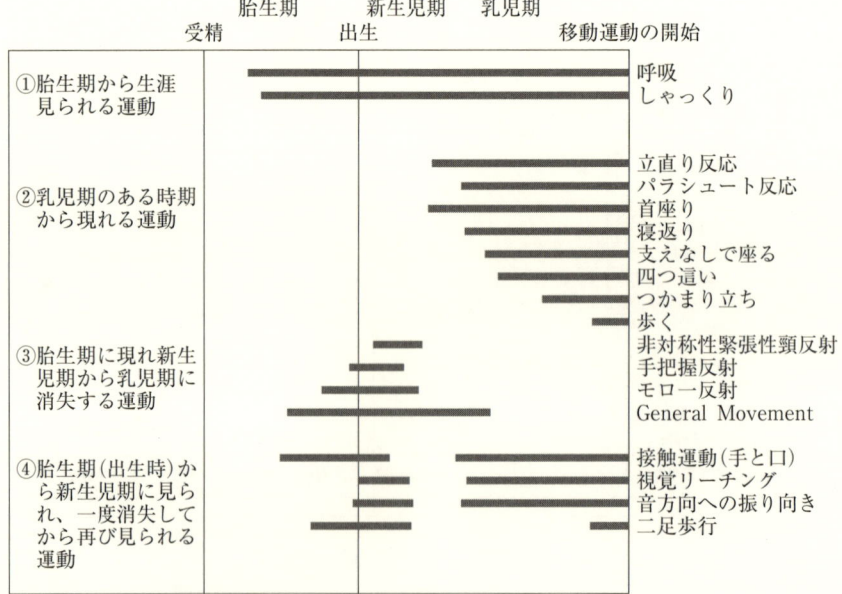

図1－2　生後1年間の運動発達

出典：多賀厳太郎「運動の発達」村上郁也編『イラストレクチャー認知神経科学：心理学と脳　　科学が解くこころの仕組み』オーム社　2010年　p.221

## 表1−1　保育所保育指針

2　発達過程

　子どもの発達過程は、おおむね次に示す8つの区分としてとらえられる。ただし、この区分は、同年齢の子どもの均一的な発達の基準ではなく、一人一人の子どもの発達過程としてとらえるべきものである。また、様々な条件により、子どもに発達上の課題や保育所の生活になじみにくいなどの状態が見られても、保育士等は、子ども自身の力を十分に認め、一人一人の発達過程や心身の状態に応じた適切な援助及び環境構成を行うことが重要である。

（1）おおむね6か月未満

　誕生後、母体内から外界への急激な環境の変化に適応し、著しい発達が見られる。首がすわり、手足の動きが活発になり、その後、寝返り、腹ばいなど全身の動きが活発になる。視覚、聴覚などの感覚の発達はめざましく、泣く、笑うなどの表情の変化や体の動き、喃語などで自分の欲求を表現し、これに応答的に関わる特定の大人との間に情緒的な絆が形成される。

（2）おおむね6か月から1歳3か月未満

　座る、はう、立つ、つたい歩きといった運動機能が発達すること、及び腕や手先を意図的に動かせるようになることにより、周囲の人や物に興味を示し、探索活動が活発になる。特定の大人との応答的な関わりにより、情緒的な絆が深まり、あやしてもらうと喜ぶなどやり取りが盛んになる一方で、人見知りをするようになる。また、身近な大人との関係の中で、自分の意思や欲求を身振りなどで伝えようとし、大人から自分に向けられた気持ちや簡単な言葉が分かるようになる。食事は、離乳食から幼児食へ徐々に移行する。

（3）おおむね1歳3か月から2歳未満

　歩き始め、手を使い、言葉を話すようになることにより、身近な人や身の回りの物に自発的に働きかけていく。歩く、押す、つまむ、めくるなど様々な運動機能の発達や新しい行動の獲得により、環境に働きかける意欲を一層高める。その中で、物をやり取りしたり、取り合ったりする姿が見られるとともに、玩具等を実物に見立てるなどの象徴機能が発達し、人や物との関わりが強まる。また、大人の言うことが分かるようになり、自分の意思を親しい大人に伝えたいという欲求が高まる。指差し、身振り、片言などを盛んに使うようになり、二語文を話し始める。

（4）おおむね2歳

　歩く、走る、跳ぶなどの基本的な運動機能や、指先の機能が発達する。それに伴い、食事、衣類の着脱など身の回りのことを自分でしようとする。また、排泄の自立のための身体的機能も整ってくる。発声が明瞭になり、語彙も著しく増加し、自分の意思や欲求を言葉で表出できるようになる。行動範囲が広がり探索活動が盛んになる中、自我の育ちの表れとして、強く自己主張する姿が見られる。盛んに模倣し、物事の間の共通性を見いだすことができるようになるとともに、象徴機能の発達により、大人と一緒に簡単なごっこ遊びを楽しむようになる。

（5）おおむね3歳

　基本的な運動機能が伸び、それに伴い、食事、排泄、衣類の着脱などもほぼ自立できるようになる。話し言葉の基礎ができて、盛んに質問するなど知的興味や関心が高まる。自我がよりはっきりしてくるとともに、友達との関わりが多くなるが、実際には、同じ場所で同じような遊びをそれぞれが楽しんでいる平行遊びであることが多い。大人の行動や日常生活において経験したことをごっこ遊びに取り入れたり、象徴機能や観察力を発揮して、遊びの内容に発展性が見られるようになる。予想や意図、期待を持って行動できるようになる。

（6）おおむね4歳

　全身のバランスを取る能力が発達し、体の動きが巧みになる。自然など身近な環境に積極的に関わり、様々な物の特性を知り、それらとの関わり方や遊び方を体得していく。想像力が豊かになり、目的を持って行動し、つくったり、かいたり、試したりするようになるが、自分の行動やその結果を予測して不安になるなどの葛藤も経験する。仲間とのつながりが強くなる中で、けんかも増えてくる。その一方で、決まりの大切さに気付き、守ろうとするようになる。感情が豊かになり、身近な人の気持ちを察し、少しずつ自分の気持ちを抑えられたり、我慢ができるようになってくる。

（7）おおむね5歳

　基本的な生活習慣が身に付き、運動機能はますます伸び、喜んで運動遊びをしたり、仲間とともに活発に遊ぶ。言葉により共通のイメージを持って遊んだり、目的に向かって集団で行動することが増える。さらに、遊びを発展させ、楽しむために、自分たちで決まりを作ったりする。また、自分なりに考えて判断したり、批判する力が生まれ、けんかを自分たちで解決しようとするなど、お互いに相手を許したり、異なる思いや考えを認めたりといった社会生活に必要な基本的な力を身に付けていく。他人の役に立つことを嬉しく感じたりして、仲間の中の一人としての自覚が生まれる。

（8）おおむね6歳

　全身運動が滑らかで巧みになり、快活に跳び回るようになる。これまでの体験から、自信や、予想や見通しを立てる力が育ち、心身ともに力があふれ、意欲が旺盛になる。仲間の意思を大切にしようとし、役割の分担が生まれるような協同遊びやごっこ遊びを行い、満足するまで取り組もうとする。様々な知識や経験を生かし、創意工夫を重ね、遊びを発展させる。思考力や認識力も高まり、自然事象や社会事象、文字などへの興味や関心も深まっていく。身近な大人に甘え、気持ちを休めることもあるが、様々な経験を通して自立心が一層高まっていく。

出典：厚生労働省告示「保育所保育指針」保育福祉小六法編集委員会編『保育福祉小六法2012年版』みらい　pp.175-176

　初めて親になった人の中には、子どもの成長の過程がよくわからないという理由で保健所の定期検診で医師や保健師に尋ねたり、育児書に頼ったり、同じくらいの月齢の子どもと比べたり、その親に質問したりして、発達が順調に進んでいるかチェックする。そういう時に、人間の発達には個人差のあることを覚えておくとよいだろう。資料に示してあるのは標準的なものであるが、自分の子どもとなると、なかなか冷静に理解できないのである。自分の子どもはほかの子どもに比べると、あれができない、まだこんなことをやっているというような比較をしてしまう。でも、そのような子どもの姿はたくさんの発達の視点の中のごく一部であることを頭に入れて余裕を持って見守ることが大切である。

　保育所や幼稚園では、保育計画を作成することになっているが、その計画に

照らして一人ひとりにあった働きかけをすることが大切である。

## 2 ── 発達と環境のかかわり方

　子どもの発達をチェックした時に、時間的には少し遅れていても発達の流れにあっている場合は、個人差と考えてよいだろう（***link*** p.137）。しかし、毎日保育所などで子どもの様子をみていると、担当の子どもが最近変だなぁと思うことがある。この時期にはこのようなことができるはずなのにとか、一度できたことが前の状態に戻ってしまったという場合には、子どもの環境が変わったのではないかと考えてみることも大切である。

　人間の発達はしばしば遺伝—環境という二分法で論じられてきた。遺伝的要素が発達の良しあしを決めるとか、いや発達のすべては環境要因によるのだから生活環境が重要であるという。しかし、遺伝的要素も広い意味での環境要因が好ましくなければプラスに作用しないし、環境要因が同じでも一人ひとりの子どもに及ぼす影響力は異なっている。とくに、子どもの様子が急に変化した時には環境の変化をチェックしてみることが大切であろう。

　たとえば、母親の2人目の妊娠がわかって、子どもとのかかわり方がそれまでのようにはいかなくなったとか、母親が病気で入院して、おばあちゃんに預けられたといったことである。家庭のことが保育所や幼稚園に伝わっていると、保育者・教師が家庭状況の変化を頭に入れて子どもにかかわることができる。

　何ごとも遺伝か環境かというような二分法で考えることは適切ではないだろう。人間の能力は遺伝も環境も相互に影響を及ぼしている。詳しくは第3節でみていくことになるが、子どもの生活場面を想定すると、発達と環境の関係は、図1-3のような重層的な視点からとらえることが大切である。

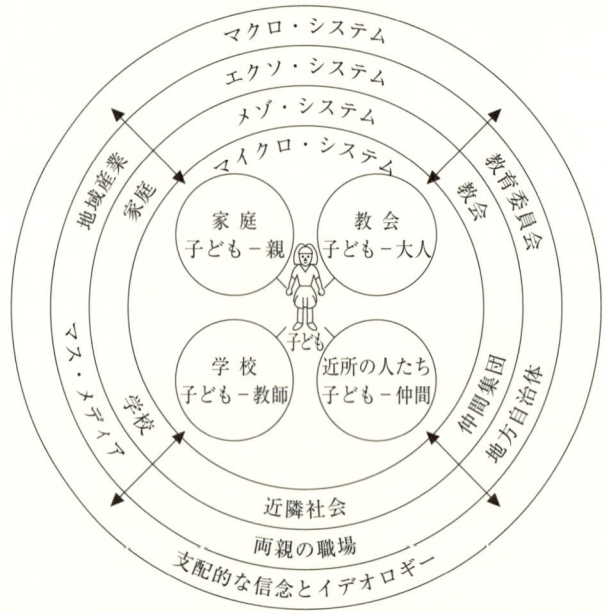

**図1-3　ブロンフェンブレンナーの生態学的モデル**
（Bronfenbrenner, 1979に基づいて、Cole, & Cole, 1993が作成した）

出典：後藤宗理編『子どもに学ぶ発達心理学』樹村房　1998年　p.9

---

## 2
## 保育・実践教育の評価

### 1────保育実践とは何か

　実践報告・実践研究という言葉は保育者・教師との会話の中に頻繁に出てくる。この言葉には保育所や幼稚園では毎日の保育そのものが保育実践であり、子どもをただ預かっているということではないという気持ちが伝わってくる。しかし、わざわざ保育実践ということを強調するのは、日常の保育を一歩進めて、子どもたちの成長のためによい保育とは何かを考えるために、保育者・教

師や研究者が保育について考えようという姿勢を表している。

　心理学、とくに教育心理学のような応用心理学分野が現実の保育・教育や生活場面で本当に役に立っているのか、あるいは役に立つような心理学にするためにはどのようなことが重要なのかということは、ずいぶん前から議論されてきた。市川は、実践研究の発展にはいくつかの段階（世代）があり、現在は第4段階にあるという。第0世代は、実践とは直接かかわらずに基礎的研究を行っていた。第1世代は、ベテランの教育心理学者が指導・助言者として加わった。第2世代は、日常的な実践の資料収集や効果測定用具の開発にかかわるようになった。第3世代では、研究者も現場に入って実践者（保育者・教師）と協力して現場の問題を解決しようとした。そして第4世代は、研究者として現場と連携して実践を教育的にも学術的にも高い成果を生み出そうとしはじめた。現在はこの第4世代が育ちつつあるという[1]。

　もともと多くの心理学者は、研究、とくに実験室的研究に関心があったので、保育場面での問題が発生した時に相談に乗ることはあっても、自ら保育現場にかかわって保育をよくしようという研究者はあまり多くなかった。とくに、保育実践における実践研究は、対象が子どもであること、実践者は多くが保育者・教師であり日常の保育活動をしながら子どもたちに働きかけるという点で、いわゆるアクションリサーチ（action research）とも異なる。

　保育者・教師が個々に保育実践を積み重ねて報告書にまとめるだけでは、実践研究は進歩しないだろう。その点を長崎[2]は、実践を研究することの意義は、実践を共有することであるが、実践報告のままでは実践を共有することは困難であるという。ことに、実践の方法論を共有することによって再現可能性が高まり、自己の実践の相対化、自己洞察が行われる、そのことによって独りよがりな実践を避けることができるのであるといっている。

　つまり、個々の保育者・教師が毎日の保育実践を研究という形に共通化するためには、科学的研究と同じような条件を備えていることが必要であるが、科学的研究とは異なる特徴も取り入れなければならない。そのことを、実験室的な心理学の特徴と実践研究との比較を通して考えておこう。ここで参考にするのは、学習科学の領域で取り上げられているデザインベース研究（de-

表1−2　デザインベース研究と心理学実験の違い（Barab、2006/2009）

| | デザインベース研究 | 心理学実験 |
|---|---|---|
| 研究場所 | 現実世界の学習環境 | 実験室 |
| 変数の複雑さ | 多数の従属変数 | わずかな従属変数 |
| 変数の扱い | 影響がある変数がすべてあらかじめ知られているわけではない | いくつかの変数があらかじめ選択され、研究の間、一定して使用される |
| 手続き | 柔軟で、研究を通して発展させる | 固定の手続きが使用される |
| 社会的相互作用 | 協働と共有を伴う複雑な社会的相互作用 | 個々が独立 |
| 結果の記述 | 実験におけるデザイン | 仮説が検証されたかどうかを報告 |
| 参加者の役割 | 実験者と実験参加者の関係はアクティブで、実験デザインに影響する | 実験者は実験参加者に影響を与えるべきではなく、実験参加者はデザインに影響を及ぼすべきではない |

出典：Barab, S. 2006　Design-based research. In R.K.Sawyer (Ed.) *The Cambridge Handbook of the Learning Sciences*. Cambridge University Press. Ch.10.
　　　バラブ, S.「デザインベース研究：学習科学者のための方法論ツールキット」ソーヤー, R.K.編（森敏昭・秋田喜代美監訳）『学習科学ハンドブック』培風館　2009年　p.123

sign-based research：DBR）である。デザインベース研究とは、実験を体系的に計画・実施することを通して、教育実践の現実で生じている複雑な現象を解明し、一般化の可能性の高いデザイン原理を導出するための研究法である。伝統的な心理学実験と比較すると、表1−2のようになる。

　これらの特徴から明らかなように、刻々と変化する状況の中で、保育者・教師が子どもとかかわりながら研究として取り上げたいポイントを的確にとらえていくことが重要である。

## 2 ── 実践研究のメリット

　保育者・教師の立場から考えると年間保育計画、月間計画、日案などしっかり計画を立てて保育を行っているのだから、毎日が保育実践であるといえる。

しかし、保育活動は業務であるので、目の前に展開されている保育活動の何が問題で、何をどのようにしたいのかという問題意識を持って保育活動を検討することが求められる。そして、集められたデータの検討によってその後の保育活動にどのような改善を加えるのか、またその結果はどう評価すべきかを検討することになる。その際に他者の視点が入ると、ほかの園で別の保育者・教師がどのように実践していけばよいのか、またその実践が繰り返されることによってより優れた実践であることを再認識できる機会となるのである。

　先に述べたように、これまでの研究者の関心は必ずしも保育現場の実践と結びついていたわけではなかった。また、保育者・教師も困った時には研究者に応援を求めるが、普段は日常の保育に専念することを優先してきた。そのような状況の中で、でもやはり実践研究は重要だという認識が広がり、研究者と協力して実践研究に取り組む人たちが増えてきた。その場合に、「実践の、実践による、実践のための研究」[1]ということが非常に重要であると、市川は述べている。つまり、繰り返しになるが、毎日の保育記録がすなわち実践研究ではなく、現状分析から始まり問題意識を持って保育活動に変化が生じるような取り組みでなければならない。そして、たとえば保育室内部の配置を変えることで子どもたちの動線に変化が出て一人ひとりが落ち着いてきたというような報告ができれば、ある変数を入れた実践を行うことによって子どもが変わったことを確認したといえよう。

　研究活動は研究者だけが行うものではなく、保育者・教師も当然研究を行う。ここで、研究者と比べて保育者・教師が実践研究を行うことのメリットをもう一度考えてみよう。検討のポイントは次の4点である。

① なぜ研究を行うのか、目的を明確にする。
② どのような方法でデータを収集すればよいのか、保育現場に合った方法を考えよう。
③ 結果の分析をどのような視点で行うのか、実践に役立つ視点で考えよう。
④ データの読み取りや結果の解釈を客観的に行う、実践者であるとともに研究者であることを忘れないでおく。

　次に現実場面を思い浮かべて保育実践を考えてみる。

研究者が研究を行う場合には、大学など日常の場から研究の場へ足を運ぶことになる。一方、保育所や幼稚園の子どもや保育者・教師からすれば、今日はお客さんがやってきた、あるいは私たちは研究対象としてみられているというイメージである。それに対して、保育者・教師が毎日の保育の中で研究を行うというのは、事前に保育者の間で問題意識を共有したうえで、子どもたちとのかかわりの変化を確かめていくことになる。子どもたちは、とくに意識することなく研究に参加していく。したがって、保育者の実践研究は日常の保育活動の中に溶け込んで行われることになる。この点を考えただけでも保育者・教師の実践研究は特別の意味を持っている。

## 3 ── 保育実践の評価

### 1　保育実践で取り扱っている内容

　保育実践で確認している内容にはどのようなことがあるのだろうか。もともと保育活動の基礎には保育理論があり、その理論が現実の子どもの活動にどう生かされているかを検討することは実践の大きな目的である。つまり「『実践』と『理論』の往還」[3]が求められている。しかし、保育実践では、研究者の問題意識よりも保育者・教師の日々の保育活動の中から出てくる問題意識に基づくことが重要である。たとえば、保育方法や保育内容を検討する、保育内容にかかわって新しい教材や遊具などを開発してその有効性を検討する、環境設定を工夫する、子どもとのかかわり方、とくに保育活動を通して「気になる」子どもへのかかわり方をどのようにしたらよいかを研究するなどである。

　具体的な課題として、環境設定を取り上げてみよう。都市部の保育所の中には待機児童を減らすために、受け入れ乳児の枠を拡大する方向にあり、保育室の面積を変えないでクラス定員を増やす場合がある。つまり、保育室での一人当たりの面積がどんどん小さくなっているのである。そうした状況の中で、遊びコーナーをどう確保するか、コーナーの仕切りをどのようにしたらよいかが問題になった。過密状態の中で子どもたちの動線が予測できない状況になっている。そのような事態に保育者・教師たちは危険を感じて、安全を確保するた

めに牛乳パックを利用して紙製の仕切りをつくってみた。これまでは落ち着きのない動きをしていた子どもたちも、牛乳パックで仕切られた小さなコーナーができるとひとり遊びの絶好の場所として利用されるようになり、広い場所で遊ぶ子どもとは違った活動がみられるようになった。

　こうした小さな工夫の前後で、子どもの動きに変化があるかどうか、表情はどうかということを観察することで、この工夫が有効であったかどうかの確認ができる。そして観察した結果を文字として残しておくこと、他の保育者・教師が参考にできるように図も取り入れることが大切である。つまり、これが実践研究の条件である再現性につながる。

## 2　何のために評価するのか

　通常、心理学の研究では、実験手続きを厳密にしてデータを収集し、統計処理を行う。しかし保育実践では、子どもの行動の変化を数値で評価することが難しい場合もある。そこで、保育者・教師による観察記録や機器による記録保存を経て行動評定を行うなどの方法がとられる。しかし、いずれにしても保育活動をやめて記録をとることに専念するわけにはいかない。そこで、この取り組みがよかったか悪かったかの視点を保育者・教師で共有していくことが大切になる。いろいろなやり方で保育方法を工夫していく場合に、その目的は子どもの活動がよくなること、あるいは子どもたちが楽しく活動に取り組むようになったという変化を確認できることである。また、子どもの発達的変化が確認できることが目的となる。

　つまり、保育実践記録をとれば終わりというのではなく、実践研究は他の実践者が参考にして確認することを可能にしなければならない。知識や経験の共有が保育の進歩につながるのである。

　さらに、保育実践は保育者・教師と研究者相互に影響を及ぼしあうばかりでなく、保育者・教師同士の、とくに新人保育者と先輩保育者の協力によって、お互いの保育技術や保育観を高める機能を持っている。さらに、保育者・教師と子どもとの相互作用によって質の高い保育が実現されるのである。

　実践を支える基礎として、子どもの理解が十分になされることが必要になる。

## 3　評価の方法

　評価には診断的評価と形成的評価があるが、実践での変化の確認には形成的評価が有効である。子どもの能力診断や現状を知るには診断的評価がよいだろうが、指導過程の途中経過を評価して指導方法を検討するためには、形成的評価が重要である[4]。

　子どもの変化を、実践を通して確認するためには、観察が最もよい方法であろう。一人ひとりの保育者・教師が問題意識を持って毎日子どもたちの行動を観察していけば、実践の成果が確認できるだけでなく、思わぬ問題点を発見できると思われる。とくに人間の目だけで観察するのでは不十分だと思う場合に、DVDやICレコーダーなどの機器を補助的に利用することで、保育をしながら自分の目だけに頼っていた時に比べると、気づかないことがみえてくることもある。

　そのほかの評価の方法として最近では、アセスメントの視点を入れる場合もある（*link* p.131）。一人ひとりの子どもの現状を評価し、その状況が実践の視点として入ることによって子どもの状況がどう変化するかを確認することも必要になる。

# 3
# 発達観・子ども観と保育・教育の考え方

## 1────子どもとはどのような存在か

　第1節でみたように、人間の赤ちゃんは他の人の世話を受けることを前提として生まれてくる。この世に生まれてきた子どもをどのような存在としてとらえるかということは、哲学者や子どもの発達や教育に関心のある人たちが昔から論じてきた問題である。第一に、子どもというものの存在を考え、そのうえで、保育や教育のあり方を考える方向があるだろう。第二に、子どもが生活する社会というもののあり方と結びつけて、子どもはどう発達するのかを考えることが大切である。

子どもをどのような存在としてとらえるのか、子どもはどのように発達するのかということを考えていくことは、保育や教育の方針の根本にかかわる問題である。これまでの子ども観の中には、子どもを小さな大人としてとらえるもの、子どもは大人とは別の存在ととらえるものなどがあった。その考え方の背景として、未熟な子どもが成長するにつれて完成品としての大人になっていくという変化の過程がある。しかし、このような考え方は次第に新しい考え方にとって代わられた。

　子どもが未熟というとらえ方は、研究が進むにつれて、子ども独自の能力が解明されて、子どもがユニークな存在であるという考え方に変わった（*link* p.24）。また、平均寿命が延び、長い人生と複雑な社会変動の中で大人イコール完成というとらえ方が難しくなってきた。そして、生涯発達の視点が取り入れられ、長い人生の中での子ども時代という位置づけがとられるようになった。つまり、胎児期から始まる人間の一生は絶えず変化し、また周囲に影響を与える存在として見直すことになったのである。

　これまでの保育・教育では、保育者・教師が子どもに影響を与え、また子どもをコントロールするものという考え方に立っていた。確かに、子どものしつけのしくみを考えると、大人がモデルを示したり、子どものふるまいの中での適切な行動にほめ言葉を与えたり注意を与えたりしている。

　しかし、保育場面での子どもと保育者・教師のやり取りをみていると、多くの子どもはさまざまな形で自分から主体的に環境に働きかけていることがわかる。ピアジェ（Piaget, J.）は自分の子どもを観察して、子ども自身が絶えず環境に働きかけていることを観察した（*link* p.53）。また、最近のさまざまな機器による赤ちゃんの観察記録から、子どもが大人からの働きかけとは関係なく積極的に環境探索を行っていることが明らかになった。つまり、子どもを能動的な存在としてみることが重要である。そして、働きかけを受けた保育者・教師の動きをみてみると、保育者・教師も子どもの動きに影響されながら変化しているのである。この様子を時間経過と関連づけてみると、環境の一要素である保育者・教師が子どもの自発的な働きかけを受け止め、子どもに働き返す。子どもは保育者・教師からの働きかけを受け止めて、次の働きかけを行う。こ

のやり取りの中で時間経過とともに大人も子どもも相手や周囲の環境に対する見方を変えていくのである。このやり取りの基礎には、相手に対する信頼感があり、やり取りをしたい、そしてすることが楽しいという子どもの気持ちがある。

## 2 ── 社会化と個性化

　一般に、子どもは家族の中で育っていく。そして、成長するにつれて次第にかかわる人の範囲を広げながら、社会の中のさまざまな人とかかわることになる。

　つまり、子どもが成長・発達するということはその社会の一員になることである。このように、社会の一員になるために必要な知識・技能・態度・価値観・生活習慣・行動様式などを身につけていくことを社会化という。社会化を考える時には、①その過程がどのようなものか、②何を社会化の目標とするか、が問題になる。

　子どもの発達過程をみていくと、社会から期待されている価値観や生活習慣を順々に身につけていくことが期待されていることがよくわかる。たとえば、言葉にしても生活習慣にしても、私たちは日常生活のさまざまな体験を通して身につけていくことを経験的に知っている。それは、社会化の第一の担い手が親であることと関係している。親は社会の代理人として、子どもが今後の人生において必要な事柄を身につけさせるために、さまざまな働きかけをしている。

　また、子どもたちが生きていくうえで、さまざまな行動をとるが、その中で基本的生活習慣としてまとめられているものを表1-3に示す。これらはその年齢になると自然にできるようになるのではなく、親や保育者・教師たちが家や保育所などでお手本を示したり、子どもたちがやりたがっている動作をほめたり叱ったりして次第に望ましい行動を身につけさせていくのである。これがしつけのしくみである。保育者・教師はしつけの基本を大学などで学んでいるが、親は必ずしも専門的に学んでいるわけではない。しかし、どうすれば子どもたちが気持ちよく生活習慣を身につけていくかを知っていると、毎日の育児

は楽になるだろう（*link* p.102）。

　表1-3には、以前に明らかにされた自立標準と最近の結果を示した。表から、基本的生活習慣の標準的年齢が時代によって異なっていることがわかる。言い換えれば、子どもたちの発達の様子は時代とともに変化しているのである。生活様式や栄養状態、親の考え方など変化の要因はさまざま考えられる。ここでは一つの例として、グローバル化を考えてみる。交通の発達と経済の発展によって、日本の子どもたちも外国で生まれたり外国で生活することも多くなってきた。また、外国から日本へやってくる家族も多くなった。そういう時代に社会化の目標とは何だろうかと考えることも大切である。ひとつの社会に合うように、みんな一緒という生き方は時代に合っていないようにも思われる。どういう社会で生活するにしても生きていくうえで大切な力が社会化の目標となる。

　社会化と個性化はしばしば一緒に論じられる。ひとつの社会に適応しようとするとみんな同じになるのではないかと考えてしまう。そこで、社会化を強調することに疑問を持って一人ひとりの個性を尊重したほうがよいという考え方も出てくるのである。社会化という視点と個性化という視点は、一人の人間の発達を多面的に考えることの重要性を教えてくれる。

　一人ひとりが人間として生きていくために必要な能力を育てていくことが個性化であり、また、グローバル時代にその人がどんな社会で生活しても、生きていくうえで必要な力を身につけることになるという意味で、社会化の基礎条件になるといえる。

　保育や教育の場面では、一人ひとりの行動をみながら社会のメンバーとして身につけてほしいことを指導することが大切である。最近の保育所や幼稚園では、さまざまな文化で育った子どもたちが一緒に生活することもある。その場合には、一人ひとりの社会文化的背景を理解するとともに、子どもたちにみんな一緒でしかも一人ひとり違うということを理解させることが大切になるだろう。

表1-3 基本的生活習慣の自立の標準年齢（谷田貝・高橋、2007）

| 年齢歳月 | 食事 山下調査（昭和11年） | 食事 本調査（平成15年） | 睡眠 山下調査（昭和11年） | 睡眠 本調査（平成15年） | 排泄 山下調査（昭和11年） | 排泄 本調査（平成15年） |
|---|---|---|---|---|---|---|
| 1歳 | | ・自分で食事をしようとする | | | ・排尿排便の事後通告 | |
| 1歳半 | ・自分でコップを持って飲む<br>・スプーンを自分で持って食べる | ・自分でコップを持って飲む<br>・スプーンを自分で持って食べる<br>・食事前後の挨拶 | ・就寝前の排尿 | | ・排尿排便の予告 | |
| 2歳 | | ・こぼさないで飲む | | ・就寝前後の挨拶 | | |
| 2歳半 | ・スプーンと茶碗を両手で使用<br>・こぼさないで飲む<br>・箸と茶碗を両手で使用 | ・スプーンと茶碗を両手で使用 | | | ・おむつの使用離脱<br>・付き添えば一人で排尿ができる | ・排尿排便の事後通告 |
| 3歳 | ・こぼさないで食事をする<br>・食事前後の挨拶<br>・箸の使用 | ・こぼさないで食事をする | | | ・パンツをとれば排便ができる | ・排尿排便の予告<br>・付き添えば一人で排尿ができる |
| 3歳半 | ・箸を正しく使う<br>・一人で食事ができる | ・箸の使用<br>・一人で食事ができる | | ・寝間着に着替える<br>・就寝前の排尿 | ・排尿の自立 | ・おむつの使用離脱<br>・排尿の自立<br>・パンツをとれば排便ができる |
| 4歳 | | ・握り箸の終了<br>・箸と茶碗を両手で使用 | ・添い寝の終止<br>・就寝前後の挨拶 | | ・排便の自立<br>・夢中粗相の消失 | ・排便の自立 |
| 4歳半 | | | | | ・排便の完全自立（紙の使用） | ・夢中粗相の消失 |
| 5歳 | | | ・就寝前の排尿の自立<br>・就寝時の付き添いの終止 | | | ・排便の完全自立（紙の使用・和式洋式の利用） |
| 5歳半 | | | ・寝間着に着替える | | | |
| 6歳 | | ・箸を正しく使う | | ・昼寝の終止<br>・就寝前の排尿の自立 | | |
| 6歳半 | | | | ・添い寝の終止<br>・就寝時の付き添いの終止 | | |
| 7歳 | | | | | | |
| 8歳 | | | | | | |

谷田貝・高橋、2007より引用。筆者一部改変。
出典：谷田貝公昭・高橋弥生『データでみる幼児の基本的生活習慣　第2版：基本的生活習慣の発達基準に関

第1章　保育・教育と心理学

| 年齢<br>歳月 | 着脱衣 | | 清潔 | |
|---|---|---|---|---|
| | 山下調査<br>(昭和11年) | 本調査<br>(平成15年) | 山下調査<br>(昭和11年) | 本調査<br>(平成15年) |
| 1歳 | | | | |
| 1歳半 | | ・一人で脱ごうとする | | ・就寝前の歯磨き |
| 2歳 | ・一人で脱ごうとする<br>・靴をはく | ・一人で着ようとする | | |
| 2歳半 | ・一人で着ようとする | ・靴をはく<br><br>・帽子をかぶる | ・手を洗う | ・うがい<br><br>・手を洗う |
| 3歳 | | ・パンツをはく | | ・顔を拭く<br>・石鹸の使用 |
| 3歳半 | ・帽子をかぶる | ・前ボタンをかける<br>・両袖を通す<br>・靴下をはく<br>・脱衣の自立<br>・着衣の自立 | ・石鹸の使用 | ・食前の手洗い |
| 4歳 | ・パンツをはく<br>・前ボタンをかける | | ・うがい<br>・顔を洗う<br>・顔を拭く<br>・鼻をかむ | ・顔を洗う<br>・髪をとかす<br>・鼻をかむ |
| 4歳半 | ・両袖を通す<br>・靴下をはく | | | |
| 5歳 | ・紐を前で結ぶ<br>・脱衣の自立 | | ・口ゆすぎ（朝）<br>・食前の手洗い<br>・髪をとかす | ・朝の歯磨き |
| 5歳半 | | | ・朝の歯磨き | |
| 6歳 | ・着衣の自立 | | | |
| 6歳半 | | | | |
| 7歳 | | | | |
| 8歳 | | ・紐を前で結ぶ | | |

する研究』一藝社　2009年　pp.120-121

【引用文献】

1）市川伸一「指定討論：実践研究の動向と今後の期待」『教育心理学年報　第48集』日本教育心理学会　2009年　p.49

2）長崎勤「なんのための実践研究？：実践になぜ「研究」が必要なのだろうか？どうすれば「研究」にすることができるのだろうか？」一般社団法人臨床発達心理士認定運営機構・日本臨床発達心理士会編『21の実践から学ぶ　臨床発達心理学の実践研究ハンドブック』金子書房　2010年　pp. 3－12

3）中澤潤「『教育心理学研究』における「実践研究」の意義と課題」『教育心理学年報　第48集』日本教育心理学会　pp.48－49

4）森敏昭「21世紀の教育評価のあるべき姿」森敏昭・青木多寿子・淵上克義編『よくわかる学校教育心理学』ミネルヴァ書房　2010年　p.19

【参考文献】

フィーニィ,S.・クリステンセン,D.・モラヴィック,E.（Who am I研究会訳・大場幸夫・前原寛訳者代表）『保育学入門　子どもたちと共に生きる保育者』ミネルヴァ書房　2010年

一般社団法人臨床発達心理士認定運営機構・日本臨床発達心理士会編『21の実践から学ぶ　臨床発達心理学の実践研究ハンドブック』金子書房　2010年

中澤潤・大野木裕明・南博文編著『心理学マニュアル　観察法』北大路書房　1997年

ソーヤー,R.K.編（森敏昭・秋田喜代美監訳）『学習科学ハンドブック』培風館　2009年

# 第2章
# 子どもの発達における初期経験の意味

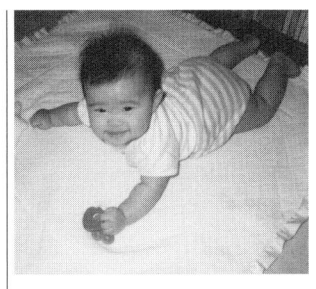

他の哺乳類に比べて未熟な状態で生まれてくる人間の赤ちゃんにもさまざまな能力が備わっている。乳幼児は周りの大人と相互作用し、周りの大人から存分にかわいがられることによって成長する。母性的養育が欠如した状態におかれた子どもたちの例や日本やアメリカで行われた追跡調査等から、子どもの発達における初期経験（どのような環境でどのような体験を積んだか）の意味を考える。

## 1
## 誕生時の未熟性―生理的早産

　鳥類は、ニワトリ・カモ等のように生後すぐに巣立つことのできる離巣性のものと、ツバメ・ハト等のように生後しばらくは巣にとどまり、親鳥の加護を受ける就巣性の2種類に分類することができる。スイスの動物学者ポルトマン（Portmann, A.）は、鳥類の分類にならい、哺乳類も離巣性と就巣性に分け、それぞれのタイプの哺乳類の妊娠期間、1回に生まれる子の数などの特徴を表2－1のようにまとめた[1]。長い妊娠期間を経て生まれるにもかかわらず、すこぶる未熟な状態で出生する人間はいずれにも分類することができない。ポルトマンは、人間を離巣性に分類するにはあと1年間胎内で過ごす必要があるとする生理的早産説を唱え、胎内にいるはずの1年間を刺激に満ちた外界で過ごすことの意味を問いかけたのである。

表2-1　留巣性と離巣性の特徴

|  | 留巣性 | 離巣性 |
| --- | --- | --- |
| 妊娠期間 | 非常に短い<br>（たとえば20～30日） | 長い<br>（50日以上） |
| 1回にうまれる子の数 | 多い<br>（たとえば5～20匹） | たいてい1～2匹<br>（まれに4匹） |
| 誕生時の子の状態 | 「巣にすわっているもの」<br>（留巣性） | 「巣立つもの」<br>（離巣性） |
| 例 | 多くの食虫類（モグラ、ハリネズミなど）<br>齧歯類（ネズミ、リスなど）、イタチ、キツネなどの小型肉食獣 | 有蹄類（ウマ、イノシシなど）<br>アザラシ、ゾウ、クジラ<br>霊長類（サルのなかま） |

出典：鎌原雅彦・竹網誠一郎『やさしい教育心理学』有斐閣　1999年　p.190

# 2
# 新生児の能力

　人間の赤ちゃんは、他の動物に比べて未熟な状態で生まれ、刺激に満ちた外界で過ごし、周りの大人の世話を受けて育てられるからこそ人間として成長できる、親が愛情豊かに育てることにより人として成長できると考えられる。しかし、大人が一方的に世話をすることのみで人間らしく成長できるのではなく、かつては全く白紙の状態で生まれてくると思われていた赤ちゃんの側にも、人間として成長する鍵が存在する。

　1960年代に入って、ファンツ（Fantz, R. L.）は新生児の視覚を確かめる実験を行った。顔パターンを描いた図、うずまき模様の図、単純に色が塗られた図、など6種類の図形を用いて実験し、2日目の新生児が、単純な図形よりも複雑な図形、中でも人の顔パターンにより注目することを示した（図2-1、2）[2]。生後わずか2日目の赤ちゃんでも図形を区別できるのである。

　ファンツの実験以後、新生児、乳児の研究が盛んになり、たとえ新生児、乳児であっても、さまざまな能力を持っていることがわかった。ゴロン（Goron, C. C.）は、新生児でも注視、追視ができることを明らかにし[3]、小林登は、新生

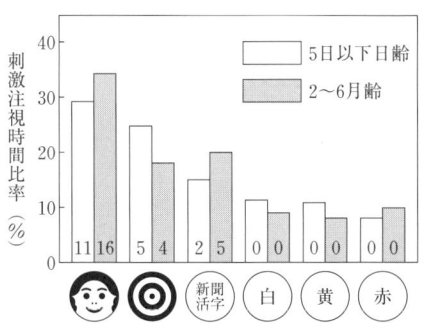

第2章　子どもの発達における初期経験の意味　●25

棒グラフの下の方にある数は、各刺激パターンを最も多く注視した乳児の人数である。たとえば、11とは18名の生後5日以内の新生児中、顔の図形を他の刺激パターンより長く注視した新生児の人数を表している。

図2-1　異なった刺激パターンに対する乳児の注視時間（Fantz, 1966）
出典：村田孝次『教養の心理学』培風館　1979年

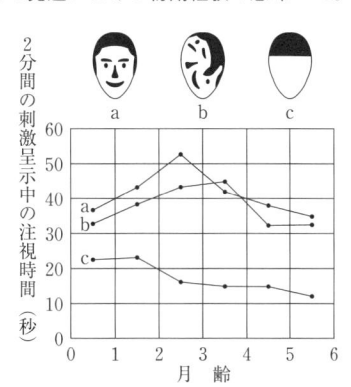

a、b、c3つの図形を2つずつペアにして呈示した結果による。

図2-2　各月齢において乳児が顔模様図形に示す「視覚的好み」
（Fantz, 1966）
出典：図2-1に同じ

児は顔から22〜25cmの距離内で一番よくみえることを示した[4]。コンドンとサンダー（Condon, W. S. & Sander, L. W.）は大人から話しかけられると、その声の調子やリズム、言葉の切れ目に合わせて手足を動かすことを明らかにした[5]。誕生直後の乳児には、身体的に生じる生理的な微笑反応がみられるが、生後1週間を過ぎるころから、高い声と低い声を区別し、とくに女性の声に反応が起こりやすいこともわかった。

　このように、赤ちゃんは誕生直後から人の顔や声に対して特別な感受性を備えていて、人と相互作用することができるように生まれているのである。幼児や大人に比べるとはるかに未熟ではあるが、人との結びつきを可能にする基本的な行動パターンが生得的に備わった、有能で、能動的、社会的な存在であるといえよう。

## 3
# 乳児期における周りの大人とのかかわり

　約280日の間、母親の胎内で過ごして出生した新生児の大脳皮質の機能はまだまだ未熟であるが、生まれつき備わっている「泣く」「微笑む」といった行動は、大人の注意を引きつけることができる。

　一方、大人の方でも、もともと乳児をかわいがろうとする気持ちを持っている。大きな頭、頬が丸い、目と目が離れている、目鼻口という顔の部分が低い位置にある、体系が丸くてずんぐりしているという「ベビーシェマ」に接すると、かわいいと思い、母性行動を起こす傾向がある。ローレンツ(Lorenz, K. Z.)はかわいらしさ反応や母性行動を触発するメカニズムについて、動物に生まれつき備わった、ある刺激に対して特定の反応をする生理的なしくみを仮定する[6]。

　乳児が泣いたり、微笑んだりすると、大人は抱いたり、あやしたりして乳児に反応する。ハイハイや歩けるようになった乳児は、自分から大人に接近する。

図2-3　ベビーシェマ

出典：Lorenz, K. Z., Die Angeboren Formen mögicher Erfahrung. Zeitschrift für Tierpsychologie. 5, 233-409, 1943.

第2章　子どもの発達における初期経験の意味　●27

このようなかかわり、ふれあいは毎日の生活の中で繰り返され、その結果として、乳児は自分の行動に反応してくれる特定の養育者に特別の感情をいだくことになる。特定の養育者に対して抱く情緒的結びつきをボウルビィ（Bowlby, J.）は愛着（アタッチメント）と命名した（***link*** p.74）。

クラウスとケネル（Klaus, M. H. & Kennell, J. H.）は、分娩直後の母親と新生児との接触の有無と愛着形成の関連をみた。そして、母親が自分の子どもに愛情を抱くのは新生児期に母子の相互交流があるからで、出生後数分、数時間、数日といった初期の接触が、母親がその後に子どもに抱く愛情の出発点になる

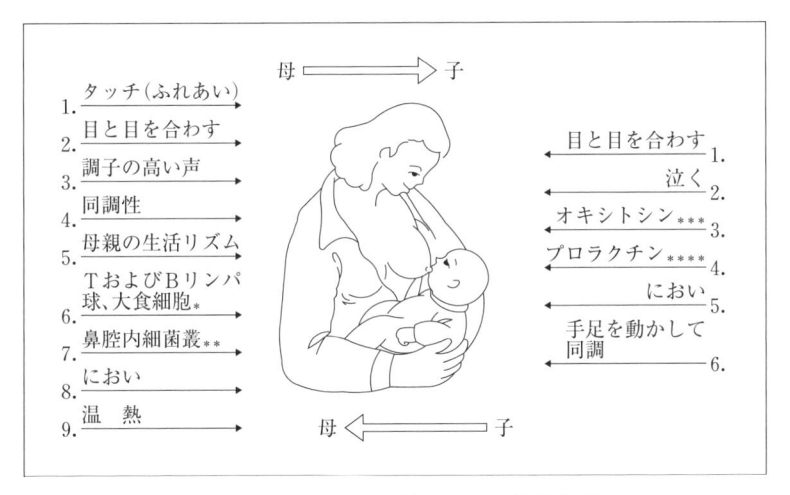

母 ⟶ 子

1. タッチ（ふれあい）
2. 目と目を合わす
3. 調子の高い声
4. 同調性
5. 母親の生活リズム
6. TおよびBリンパ球、大食細胞＊
7. 鼻腔内細菌叢＊＊
8. におい
9. 温熱

1. 目と目を合わす
2. 泣く
3. オキシトシン＊＊＊
4. プロラクチン＊＊＊＊
5. におい
6. 手足を動かして同調

母 ⟵ 子

図2-4　生後数日間に母子間に同時的におこる相互作用

注
＊　　　TおよびBリンパ球、大食細胞：母乳、特に初乳に多く含まれていて病気の感染を防ぐ。
＊＊　　鼻腔内細菌叢：母親から与えられた菌株が子どもの呼吸器系や消化器系で繁殖し、その後の菌の侵入を防ぐ。
＊＊＊　オキシトシン：ホルモンの一種で、この場合は、子どもが母乳を飲んだり乳首をなめると、母親にオキシトシンの分泌を促し、子宮を収縮させ、出血を減少させる。
＊＊＊＊プロラクチン：ホルモンの一種で、この場合は、子どもが乳首をなめると、母親のプロラクチンの値が上昇し、乳汁を分泌させる。また、子どもをかわいいと思う気持が高まるともいわれている。

出典：クラウス,M.H.・ケネル,J.H.（竹内徹・柏木哲夫・横尾京子訳）『親と子のきずな』医学書院　1985年

と考えた[7]。生後数日間に母子間に同時的に起こる相互作用は図2-4のとおりである。

彼らは、鳥類の臨界期のように短く、決定的ではなくとも、人間にも感受期もしくは敏感期があり、その間に母子の交流が図られることがその後の母子の結びつきにとって大切であると考えた。

## 4 母性的養育の欠如

　人間の成長にとって、誕生後ほとんど無意識のうちに成立する日々の親子の接触が重要であることがわかった。したがって、もしもこのような母性的養育を受けられない場合、さまざまな発達の遅れが生ずることが予想されるが、極端に欠けた場合を例に考えてみよう。

### 1 ── オオカミ少女

　初期経験の大切さをいう時、これまでよく例に出されていたのがオオカミ少女の例である。

　1920年、インドの小さな村で救出された2歳と8歳と推定された少女の話である。2歳のアマラはまもなく亡くなったが、8歳のカマラのその後の生活は、少女たちを救出し、孤児院で育てたシング牧師の記録からうかがい知ることができるとされてきた。救い出した時の顔かたちは人間であるが、することなすことすべてオオカミと同じで、日中はウトウトし、夜になると動き出す、手を使わず地面を舐めて食べる、言葉はしゃべれないし理解もできない、牧師夫妻や子どもたちにはなつこうとせず、子どもが近寄ると歯をむき出して嫌な声をたてる、といった様子であった。シング夫妻の努力により、救出後2年で口をそのまま食物にもっていくのではなく、手を使って食べることができ、3年ほどで両足で立って歩くことができたが、急ぐ時は四つんばい、4、5年で喜び、悲しみの心を表現できるようになった。言葉は死ぬまでに45の言葉しか使えず、

知能のレベルは３歳程度であったという[8]。夫妻の努力にもかかわらず十分な回復はしなかったのである。

しかし現実問題として、オオカミが人間の子どもを育てることがありえるのだろうか。シング牧師の記述の食い違いや写真の信憑性への疑問、1951年に行われた現地での聞き取り調査でも正確な情報が得られなかったことから、オオカミ少女の存在には疑問が持たれている。今となっては確かめるすべもなく、現在では、重い自閉症の子どもたちだったのではないか、自閉症あるいはほかの障害のゆえに育てにくいために遺棄された子どもたちが生き延びたのではないかと推測されている[9]。

## 2 ── 言葉を知らなかった少女ジーニー

母性的養育が極端に欠けた例として、1970年２月にロサンゼルスの病院に収容された13歳の少女ジーニーの例がある。

ジーニーは、１歳ころまではほぼ正常な状態で育てられたが、その後父親の異常な性格からベッドにくくりつけられ、そのまま10年以上が経過した。救出された時点で、衣服はほとんど着せられていないためであろうか、寒暖の温度変化を感じない、固形物を食べていないため噛めない、10年以上も座った姿勢でベッドにくくりつけられたままなので、立てない、歩けない、部屋の中しかみえない近視、音をたてるとたたかれるため声が出ない状態であった。栄養状態も当然悪く、身長は135cm、体重は29kgしかなく、大小便は垂れ流し、頭髪は薄く、感情を表せず、泣きもしなかった。

しかし、ジーニーを観察した医師によると、ジーニーは好奇心が強いらしく、周囲のものを探すしぐさがみられたし、また人が話しかけるとじっとみつめることも観察されている。

その後手厚いケアが行われ、言葉の面では、1970年12月時点で数個の単語の意味しか理解できなかったのが、1971年６月には100語が理解できたし、話すこともできるようになった。さらに、1972年２月には「お父さんが腕をぶった」のような文を自分でつくり出せるようになった[10]。

## 3 ── 日本で発見されたFとG

　ジーニーと類似の例として、1972（昭和47）年に東北地方で発見された、少女Fと少年Gの例がある。

　発見された当時、6歳と5歳であるにもかかわらず、身長80cm、体重8kgと、正常に発達している子どものほぼ1歳相当の成長で、つかまり立ち、いざり歩きしかできなかった。言葉に関しても、Fはようやく発語が始まったばかりで、心身ともに1歳半以下、Gは1歳程度の発達しか遂げていない状態であった。

　父親の父親（FとGの祖父）はこの地方の地主の嫡男で、中流上層の出身であったが、父親は小学校時代に実の母親、父親、継母を次々に失うという不幸な運命の持ち主であった。親の死後、父親を養育した祖母は、はしの上げ下ろしには厳しい反面、学業そのほかには無関心で、父親は、朝、家を出て山野で過ごし帰宅するという状態で義務教育を終えた。そのため、漢字の読み書きはほとんど不可能で、ひらがなの読み書きがやっとという学力しかなく、行商で生計を立てていた。児童期の不幸な体験と関連があるのであろうか、血統書つきの秋田犬を飼っているところを非難されて怒り、自ら生活保護の打ち切りを申請したというエピソードにみられるように、父親には、幼稚で未成熟、そこからくる強い顕示欲、依存性、怠け癖、制御されない攻撃性など人格的な問題が潜んでいるといわざるを得ない。父親は子どもたちに全く無関心であったわけではないが、わが子を所有物のように扱う反面、妻との愛情を争うライバルとみなし、長時間世話することを禁止し、興奮すると子どもに対していわれのない攻撃性を向けた。

　母親は、第2子のBがケガをした時の通院の様子から、もともとは平凡で質朴な母親らしい母親だったようである。しかし、生活力のない父親と母親の内職のみでは、一家は困窮に陥る。みかねた民生委員が住職の移住で無住になったお寺の留守番代わりに無料で住めるよう、また生活保護を受けられるようにした結果、4番目の子どもDが生まれるころまでは何とかやっていけたが、家計の窮迫はFとGの生まれたころにピークとなり、母親は心身ともに疲労し、子どもに対する拒否感を増大させ、次第に養育拒否の状態に陥った。FとGは、抱

いて授乳されたこともなく、言葉かけもほとんどなく、オシメをあてたまま本堂の板の間に転がされているというまさしく母性剥奪の状態で成長したのである。

そして、2人がハイハイをし始め、居間に出てきて、垂れ流しをするようになり、民生委員の計らいで畳替えをしてもらったにもかかわらず、父親は、またもう一度汚すようでは自己の体面にかかわるとして、2人を屋外に出すことにしたのである。このような状況の中で、ついに救出されることになった。

救出後、手厚い養育を受けた結果、小学校時代には、書き言葉で単純な誤字・脱字とは言い切れないような難点もあったが、高校入学後上昇傾向に転じ、高校3年生時点では進路を悩む等、発達課題に立ち向かう姿を示した（***link*** p.48、64）[11]。

## 5 初期経験の意味

前節第2項で紹介したジーニーの例は、人間が極端に社会や人から隔離された状態で育てられると正常な成長は保証されないが、その後の教育如何によって正常に近づく可能性があることを示す例である。第3項で紹介した少女Fと少年Gの場合も、発達初期の条件が劣悪であっても、その後発達にふさわしい条件が整えられれば、時間経過とともに発達の状態は改善し、一定のレベルにまで追いつくことを示している。FやGは身体的成長、運動機能、言語獲得いずれも急速に伸び、通常の新生児以降の発達過程を何と3分の2の短時間で達成した。これらの現象は一定レベルに追いつくキャッチアップ現象と称されるが、キャッチアップが可能であるということは、発達を規定する要因、言語、その他の学習に臨界期があるのか等々、人間の発達の根源的な問題を提起していると考えられる。

それにしても発達の遅れた幼いFとGが、氷点下10度以下にもなる屋外の寒気の中で、食物をほとんど与えられないままどうやって生存を維持しえたのであろうか、多くの疑問が残る。このことに関しては、あまりにも厳しい環境条件下では、発達を抑制し、その代わりに発達のポテンシャル（潜在的な力）は

維持するという、一種の冬眠現象が起こったものと仮定されている。

　以上のように、初期経験が人間の発達にとって決定的な要因ではないことが示されたわけであるが、ジーニーは生後1年間はほぼ正常に育てられていたこと、FとGは、剥奪がすべての面にわたるものではなかったこと、すなわち、母親との相互交渉はごくわずかで、愛着も確立していなかったが、きょうだいとの接触は比較的豊かで、また感覚・運動的制約はきわめて少なかったこと、そして救出後一貫した養育の下、総力をあげての回復訓練が可能であったことが目覚ましい回復を導いたものと思われる。しかしながら、キャッチアップが可能であったといえども、普通では考えられない、回復にとって恵まれた希有の条件が重なった結果であったといわざるを得ず、決して初期経験の重要性を否定するものではないと考えられる。

　人生の初期に当たる乳幼児期の生活環境は、鳥類で示された臨界期ほど決定的ではないにしても、子どもの成長・発達にとって何よりも重要であり、周りの大人に存分にかかわりを持って育てられるという経験が大切なのである。

　このことに関して、子どもの心身の発達は母親を中心とする養育環境に大きく影響されることを示唆する調査研究がある。子育ての実態を把握するために、1980（昭和55）年に大阪府下で出生した子ども約2000名を対象に行われた追跡調査と、20年を経て兵庫県で行われた同様の調査である。子どもの発達と親のかかわりをはじめとする環境との関係の主なものは、赤ちゃん体操や手にものを持たせるなどのかかわりは子どもの発達によい、天気のよい日に外で遊ばせている母親の子どもは発達がよい、近所に話し相手がいるとか子育て仲間がいる母親の子どもは発達がよい、子どもによく話しかける母親の子どもは発達がよい[12]、父親の育児への参加・協力は子どもの発達によい等々であり、これらは、一昔前に子育てをしていた人たちからすれば当然のことばかりである。乳幼児期の子どもは、私たちが当然と思う環境の中で、周りの大人のあたたかい肌触りに包まれ、かわいがられながら成長することが大切なのである。

　さらに、乳幼児期の意味を考える際に参考になる資料として、アメリカで行われた追跡調査をあげることができる。乳幼児期からの保育・教育が子どもの成長発達にどのように影響するのかについて、1991年に生まれた1364人の子ど

### 表2−2　第一段階における研究成果
（家族及び子どもの変数をすべて考慮したうえでの結果）

|  | 愛着 | 親子関係 | 保育時に従順でない | 問題行動 | 認知発達と就学レディネス | 言語発達 |
|---|---|---|---|---|---|---|
| 家族 | ＋ | ＋ | ＋ | ＋ | ＋ | ＋ |
| 保育の質 | ！ | ！ |  | ＋ | ＋ | ＋ |
| 保育の量 | ！ | ！ |  | ！ |  |  |
| 保育の種類 |  |  | ！ | ！ | ＋ | ＋ |
| 保育の安定性※ | ！ |  | ！ |  |  |  |

※安定性とは保育の施設や人を変えないこと　　＋一貫した影響　　！何らかの条件下での影響

出典：フリードマン．S.L.「米国NICHD早期保育研究の成果について」チャイルド・リサーチ・ネット（CRN）編『子育てのスタイルは発達にどう影響するのか〜乳幼児1364人を7年間にわたり追跡調査・米国NICHD〜　CRN国際シンポジウム2000「21世紀の子育てを考える」の報告』ベネッセコーポレーションチャイルド・リサーチ・ネット（CRN）　2000年　pp.4−13

もに行われた追跡調査研究である。家族、保育の質、保育の量、保育の種類、保育の安定性が愛着の形成、親子関係の望ましさ、保育時の従順さ、問題行動の有無、認知発達と就学レディネス（就学のための条件が準備されている状態）、言語発達にどのように影響するかが比較されている。結果は表2−2のとおりであり、家族の特徴並びに親の育児は、保育の特徴以上に、子どもの発達結果を説明するものであることがわかった[13]。

　以上に引用した日本とアメリカで行われた調査研究は、乳幼児期の早い時期から保育を受ける子どもが増加する傾向にある今日において、子育ての方法がどのように変化しようとも、少なくとも乳幼児期には、母子関係と家族のあり方が重要であることを明確に指摘する貴重な調査結果である。

　子どもをとりまく環境が子どもにとって決して望ましいものとはいえない現状の中で、わが国の子育てのあり方も急速に変化し、社会全体が子育てにかかわる時代になりつつあると考えられるが、本章で概観したようなさまざまな研究結果を基に、子どもの発達を支える父親、母親、保育者・教師のそれぞれが担うべき役割は何であるのかを、今一度じっくりと考える必要があるのではないだろうか。

【引用文献】

1) ポルトマン, A.（高木正孝訳）『人間はどこまで動物か』岩波書店　1961年　pp.25-76
2) Fantz, R. L. Pattern vision in newborn infants. *Science*, 140, 1963, pp.296-297.
3) Goron, C. C., Sarty, M., & Wu, P. Y. K. Visual following and pattern discrimination of face like stimuli by newborn infants. *Pediatrics*, 56, 1975, pp.544-549.
4) 小林登「母子相互作用の意義」『別冊発達　乳幼児の発育と母と子の絆』ミネルヴァ書房　1984年　pp.124-126
5) Condon, W. S. & Sander, L. W. Synchrong demonstrated between movements of the neonate and adult speech, *Child Develop*, 45, 1974, pp.456-462.
6) Lorenz, K. Z., Die Angeboren Formen mögicher Erfahrung. Zeitschrift für Tierpsychologie, 5, 1943, pp.233-409.
7) クラウス, M.H.・ケネル, J.H.（竹内徹・柏木哲夫・横尾京子訳）『親と子のきずな』医学書院　1985年　pp.85-119
8) シング, J.A.L.（中野善達・清水知子訳）『狼に育てられた子　カマラとアマラの養育日記　野生児の記録1』福村出版　1977年
9) 鈴木光太郎『オオカミ少女はいなかった　心理学の神話をめぐる冒険』新曜社　2008年　pp.1-37
10) カーチス, S.G.（久保田競・藤永安生訳）『ことばを知らなかった少女ジーニー―精神言語学研究の記録』築地書館　1992年　pp.2-60
11) 藤永保・斎賀久敬・春日喬・内田伸子『人間発達と初期環境―初期環境の貧困に基づく発達遅滞児の長期追跡研究―』有斐閣　1987年　pp.44-53
12) 原田正文『子育ての変貌と次世代育成支援―兵庫レポートにみる子育て現場と子ども虐待予防』名古屋大学出版会　2006年　pp.1-12
13) フリードマン, S.L.「米国NICHD早期保育研究の成果について」チャイルド・リサーチ・ネット（CRN）編『子育てのスタイルは発達にどう影響するのか～乳幼児1364人を7年間にわたり追跡調査・米国NICHD～　CRN国際シンポジウム2000「21世紀の子育てを考える」の報告』ベネッセコーポレーションチャイルド・リサーチ・ネット（CRN）　2000年　pp.4-13

【参考文献】

ボウルビィ,J.(黒田実郎・大羽蓁・岡田洋子・黒田聖一訳)『母子関係の理論　Ⅰ愛着行動』岩崎学術出版社　1991年

チャイルド・リサーチ・ネット（ＣＲＮ）編『子育てのスタイルは発達にどう影響するのか～乳幼児1364人を7年間にわたり追跡調査・米国ＮＩＣＨＤ～　ＣＲＮ国際シンポジウム2000「21世紀の子育てを考える」の報告』ベネッセコーポレーション　チャイルド・リサーチ・ネット（ＣＲＮ）　2000年

服部祥子・原田正文『乳幼児の心身発達と環境－大阪レポートと精神医学的視点－』名古屋大学出版会　1991年

原田正文『子育ての変貌と次世代育成支援―兵庫レポートにみる子育て現場と子ども虐待予防』名古屋大学出版会　2006年

中島誠編『[増補]発達臨床心理学』ミネルヴァ書房　1998年

# 第3章

# 子どもの発達のさまざまな側面

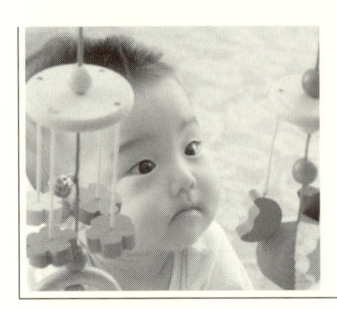

子どもの発達をさまざまな機能に分けて発達の特徴としくみについてみていくことは、子どもを客観的に理解する助けとなるだろう。
本章では、①生きる主体としての動機の働き、②身体とその動き、③物事を見、理解する知覚・認知の働き、④言葉や社会性の働きなどに分け、それぞれの発達の過程としくみについて考える。

## 1
## 自我と自己

### 1 ── 子どもは生き続けようとする

　保育・教育の仕事を志す人びとの多くは、子どもの心がわかる保育者・教育者になりたいと願う。その心の重要な要素としてまず思い浮かぶのは、「○○したい」「○○が好きだ」という子どもの「気持ち (feeling)」であろう。これに対して、本章で取り上げる子どもの「心」や「心の理論 (theory of mind)」(***link*** p.58) は、子どもの「考え」や「考えについての理解」を問題にしている。
　子どもの心のうち「気持ち」の側面は、心理学では「動機 (motivation)」「情動 (emotion)」という概念で扱われることが多い。動機とは、生命の活動を支える力として仮定されているものである。また、情動とは感情や活動を推進する総合的な力として仮定されているものである。「気持ち」も、一人ひとりの子

どもが生き続けようとする活動から形づくられていくものであると考えることができるだろう。

## 2 ── 子どもの命と心は形づくられていく

命を受けた子どもは環境とのかかわりの中でその生命活動を維持するよう、自らの行動を編み上げていく。最初は心臓の律動と同期するような律動的な泣き声が、対応する外界の反応、母親が声をかけ、身体をさすり、調整するような活動などに応じて、子どもの方もさまざまに変化する。

この変化がもたらす最初の形は、後で述べるように快（プラス）の方向と不快（マイナス）の方向への分化である（*link* p.39）。これは、一般に感情とか情動と呼ばれているものにあたる。

動機は本来、主体的なものであり、子ども自身から外界に向かっていく力としてとらえられるが、成長とともに次第に動機に表現の形を与え、自己の行動を制御する手がかりとしての機能を果たすこともある。自分自身の動機[*1]を客観的にとらえ、一貫性を維持しようとしたり、他者とのコミュニケーションに生かしたりする（*link* p.40）。

## 3 ──「動機の担い手としての子ども」と「自分からみた人としての子ども」

子どもはまず、「微笑」「泣き」など「快」や「不快」の感情の担い手として私たちの前に現れる。しかし、たとえば以下のような状況ではどうだろうか。

　　子ども：お菓子に手を出す。
　　母　親：「お菓子はあとにしましょうね」
　　子ども：「お菓子ほしくないの」

---

*1　動機の問題は、視点を変えて見てみると第5章で扱う「主体性」の問題へもつながっていくことに注目してみよう（*link* p.107）。

自分はどのような子どもであるのか、どのような子どもとして行動したいと考えているのか、という要因が子どもの行動に影響を与えていると考えられないであろうか。

　ここで、お菓子に手を伸ばす行動の背後に「お菓子がほしい」という動機があると考えると、この「動機の持ち主（担い手）」としての側面は、「主体としての自分」ということになる。一方で、「お菓子ほしくないの」という言葉の背景には、「欲張りではない私」「行儀のよい私」というように「自分をみるという働き」によってとらえられた「私の姿」がある。こちらは「客体としての自分」として表される。

　このように、人と人とがかかわる場面で起きてくる「子ども自身」の問題は、しばしば「自我」と「自己」という用語を用いて区別して表現されてきた。「自我」とは生理的な基盤をもって外界に向けられる情動を表し、「お菓子がほしい」というような要求の言語表明あるいは行動をとおして、周囲の人びとに理解される。「自己」とは自分自身を対象として見た姿である。自分はふさわしくない場ではお菓子をほしがらないよい子である、というようにである。

　こうした心のありようについて、人びとはさまざまに仮説的な概念を提示し、とらえようとしてきた。社会心理学の立場からミード（Mead, G. H.）が提起した「Ｉ」（主体としての自己）と「Ｍｅ」（客体としての自己・客我）の概念、プラグマティズムの視点からジェームズ（James, W.）が行った同様の提起、精神分析学のフロイト（Freud, S.）が唱えた「自我」（エゴ）と「自己」（セルフ）、最近では天谷祐子の「自分1」と「自分2」[1]など、類似する概念は数え切れない。また、後で紹介するデーモンとハート（Damon & Hart）のモデル[2]では、主体自我、客体自我という用語を用いている（***link*** p.41·42）。

　そして、研究者たちはこれらを、身体の活動と心の働きとのつながりにおいて探りあてようとしてきたのである。

## 4 ── 感情はどのように発達するのか

　発達心理学では、感情という用語と同時に情動という用語も用いる。ここでは、両者を区別せず、より一般的な用語として用いられる感情という語を用いることにしよう。自我と自己という枠組みで子どもをとらえるとすると、感情の発現そのものは自我の問題としてとらえられる。また、自らの感情を子ども自身が理解したり、制御したりするいわば理性的な活動は自己の問題として考えられる。

　さて、子どもの感情はどのようにとらえ、理解することができるであろうか。感情が人の内部にあるものと考えると、容易には理解できない場合が少なくないとみなされるであろう。子どもの感情に気づかない場合、大人の「思い込み」から断定してしまうおそれはないであろうか。そこで発達心理学は長い間、直

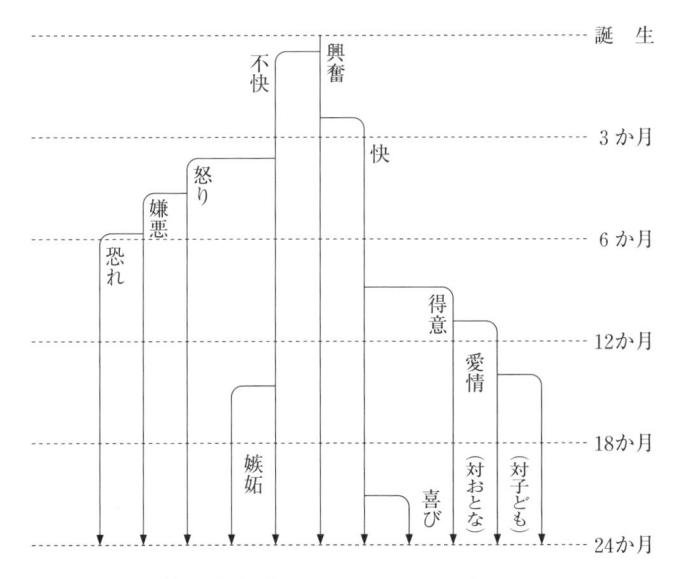

図3-1　感情の発達（ブリッジェス、1932）
　出典：久世妙子「赤ちゃんから3歳児まで」久世妙子編『保育者と母親のための保育相談室』中央法規出版　1981年　p.240

接あるいはなんらかの計測器をとおして観察して客観的に把握できる手がかりに基づいて心の問題をとらえようとしてきた。表情、心拍数、体温などがしばしばその指標として用いられてきたのである。

ブリッジェス（Bridges, K.M.B.）[3]は、表情や動作の観察に基づいて子どもの感情の発達についてのモデルを示した。子どもの感情は未分化な興奮の状態から「快」というプラスの感情と、「不快」というマイナスの感情の双極性を発生し、その後次第に分化し、さまざまな感情へと発展していく。出生直後には未分化な興奮の状態として示された感情（情動）は、生後3か月までの間に快と不快の2方向に分化する。不快の感情は生後6か月ごろまでに怒り、嫌悪、恐れなどに分化していく。また、快の感情は12か月から24か月にかけて得意、意気揚々という感情、大人への愛情、子どもへの愛情へと分化していく（図3－1）。もちろん、これらは子どもが自分の感情を言葉で理解し、それであることを意識しているということを意味しない。あくまでも、子どもの状態を観察し、そこからこれらの感情が表出されているととらえたのである。

## 5 ── 自分からみた自分──客観的自己の成立

### 1 自分を知ることとは自分以外の存在を知ること？

　ある日、女王さまは、鏡の前にいって、おたずねになりました。
「鏡や、鏡、壁にかかっている鏡よ。
　国じゅうで、だれがいちばんうつくしいか、いっておくれ。」
　すると、鏡は答えていいました。
「女王さま、ここでは、あなたがいちばんうつくしい。
　けれども、白雪姫は、千ばいもうつくしい。」
　女王さまは、このことをおききになると、びっくりして、ねたましくなって、顔色を黄いろくしたり、青くしたりなさいました。

グリム（菊池寛訳）『白雪姫』[4]

よく知られ、子ども向けの絵本にも登場する話である。このように女王が問

う時、鏡の中に「女王自身とは異なるだれか」が存在し、女王に対し答えを出している。そのように女王はみなしている。しかし、実際は鏡に映った映像は女王自身であり、その映像を鏡のこちらから査定しているのである。答えるのは女王自身。いつも見知った白雪姫の映像と比べ、わが美貌が劣るかと恐れているのである。

さて、このような心の働きのうちには、客観的・外面的な特徴の持ち主としての自分（たとえば、「私は背が高い」「私の髪は黒い」）を理解することや、感情や行動特徴の持ち主としての自分（「私は真面目である」「私はやさしい」「私はこつこつと取り組む」）を把握することなど、さまざまな要素が含まれている。そして、自分をとらえるとは、きわめて個人的なことのように見えながら、日常の関係に根ざし、他者との比較に支えられているのである。

## 2 鏡に映った自分をとらえる―自己を対象化する―

鏡に映った姿を、子どもはいつごろから自分自身であるとみなしているのであろうか。あるいは、ビデオに映った自分の姿を子どもは自分であると判断できるのはいつからであろうか。子どもがそれらをどのように見ているか、私たちは何によって知ることができるだろう？

たとえば、眠っている間に子どもの顔に墨を塗ってパンダのようにしたとする。目を覚ました子どもを鏡の前に連れていったとして、子どもはどのように反応するだろう。驚いて鏡の姿に手を伸ばすだろうか、それとも自分自身の顔を触ってみるだろうか。自分自身と鏡に映った自分の姿、あるはずの自分の姿と奇妙な自分の姿、それらの関係を子どもはどのように理解するのだろうか。自分自身の子どもの時代の体験を振り返りながら少し考えてみよう。

## 3 デーモンとハートによる自己理解の発達モデル

鏡の例からもわかるように、自分自身がわかるということは、実は意外と難しい問題である。では、それはどのように発達していくのであろう。

デーモンとハート（Damon & Hart）は、児童期から青年期にかけて自分自身を理解することがどのように展開していくかについて、図3-2のように発達

的なモデルを提案した[5]。

　子どもが自分自身について表現する内容を、身体的・外面的な自己、行動や人格特性の側面に分けてみていくことにしよう。彼らのモデルでは身体的・外面的な自己記述は年齢に伴い減少し、行動や人格特性に関する自己記述は増加していく。

　また、佐久間、遠藤、無藤[6]は、このデーモンとハートの自己理解発達モデルを基礎にして構成した分析枠組みに従って、日本の子どもの幼児期から児童期の状況を分析した。その結果、幼児期から児童期にかけても、年齢が上がるに従って身体的・外的属性に関する描出が減り、行動および人格特性に関する描出が増加することが明らかになった。そのほか、協調性に関する言及が全体に多くみられ、勤勉性や能力への言及は増大する傾向がみられた。

　このように、佐久間らの研究ではおおむねデーモンらのモデルに表される発達が示されたが、幼児期でもすでに、人格特性に関する表現がみられること、発達的変化を周辺的特性の記述から中心的特性の記述への変化としてとらえることができることを示している。また、年齢が上がるにつれて、自己肯定的な

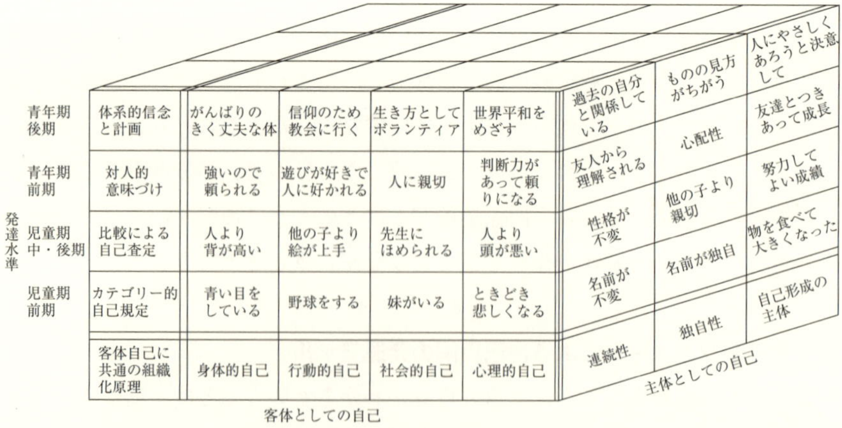

図3-2　客観的な側面における自己理解の発達モデル（Damon, & Hart, 1988）
出典：山路弘起「第5章　自己の発達」井上健治・久保ゆかり編『子どもの社会的発達』東京大学出版会　1997年　p.100

側面よりも、自己否定的な側面での表現がより多くみられるようになることを指摘している。

## 2
## 身体と運動

### 1 ── 身体・運動の発達とその意味

　受精卵が母胎に着床し妊娠が成立して出生に至るまで、および母胎から分離されてのち、子どもは形態、大きさ、重量、身体活動全体におよぶ大きな変化を遂げる (*link* p.4)。この変化は、遺伝情報に基礎づけられている一方で、母胎内における胎内環境および出生以後の生育環境にも影響を受けると考えられている。

　身体の大きさや活動の状態は、環境の側からの子どもに対する働きかけにも影響を与える。「抱く」「制止する」「援助する」などの活動が、子どもの身体の状態によって促進されたり抑制されたりすることもある。

　また、身体とその活動は、身体をとおした外界認知にも影響を与える。移動の可能性の増大、手による操作活動は多面的・実験的な事物の把握を可能にする。移動してものを見る位置を変えることにより、さまざまな姿を重ね併せてそれをとらえることができるのである。さらに手で触り、動かしてみることにより、そのものの特徴をつかみ、変化する側面と一貫性のある側面をとらえることもできる。

### 2 ── 身体の形態変化

#### 1　胎児期の身体の変化

　胎児期の成長は、受精後の日数・週数あるいはより一般的に用いられる妊娠週・妊娠月齢によって記述される。受精卵から妊娠の成立までに関してはしばしば受精後日数を用い、また、ここから起算して、在胎週数（発生週数）とい

う用語を用いる場合もある。母胎を中心に問題にする場合には、妊娠週、妊娠月齢を用いる場合が多い。

　生命の誕生の初めとなる受精卵は、ただひとつの細胞によって構成された小さなもの（人間の場合、直径約0.2mm）である。卵管内で受精が成立すると、受精卵は自らが持っている栄養分によって細胞分裂を繰り返しながら子宮内へ移動する。さらに受精後1週間くらいで子宮内膜に着床を始め、母胎から栄養と酸素の補給を受けるようになる（図3－3）。

　受精卵は順に胎芽、胎児と呼ばれ、急速な成長を遂げていく。萱村と萱村にしたがって、そのおよその過程を示す。6週目にはおよそ1g、極小ながら、すでに手足への分化が始まり、それらの運動が認められている。10週目には15g、母胎内で得られる刺激に反応する様子が認められる。18週目には270g程度に増加し、26週には1,000g程度の大きさになっている。この時期にはすでに外部の音や光への反応がみられること、反射の反応がみられることなどが知られている。これらの反応は、2,200gとなる34週ごろまでにはより明確になる。38週では3,000gに達する[7]。

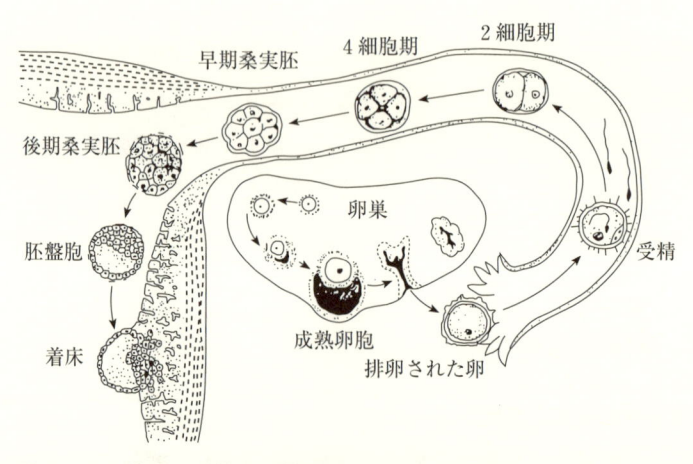

図3－3　排卵、受精から着床まで（萱村、1995）
出典：萱村朋子・萱村俊哉「胎生期の発達」倉戸直実監修　成田朋子編『発達心理学　最新保育テキストブック6』聖公会出版　2007年

## 2　出生後の身体の変化

　出生時には身体は頭部から足（かかと）までの身長によって測るが、この時の平均値は50cmである。その後の20歳までの男女の平均身長の変化は、図3－4（出生から5歳まで）、図3－5（6歳から20歳まで）に示すとおりである[8]。
　発達速度という視点からみると、12歳前後に身長増大の速度の高まりがみら

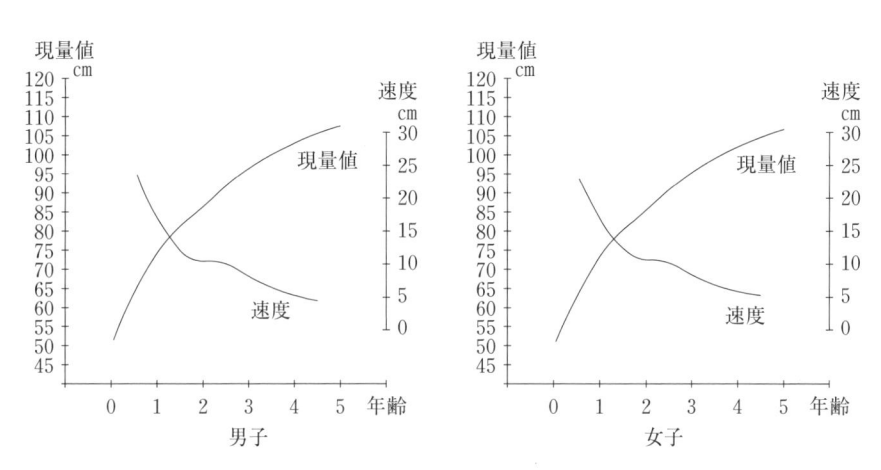

**図3－4　身長の発育**（出生から5歳まで）
出典：松浦義行『身体的発育発達論序説』不昧堂出版　2005年　p.57

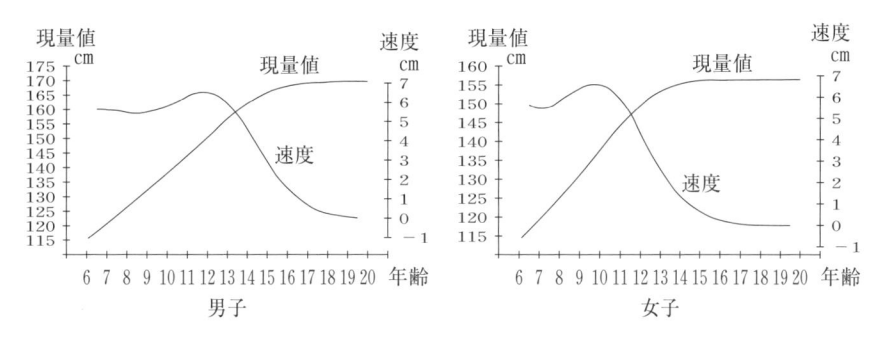

**図3－5　身長の発育**（6歳から20歳まで）
出典：松浦義行『身体的発育発達論序説』不昧堂出版　2005年　pp.107-108

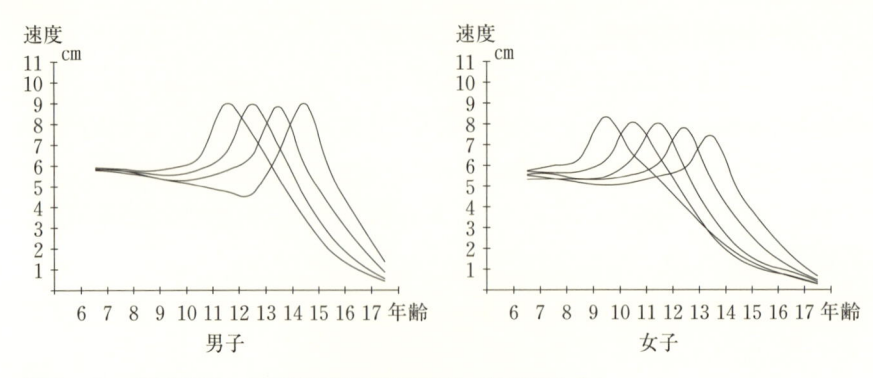

図3-6　身長のピーク年齢別発育速度曲線（児童期から）
出典：松浦義行『身体的発育発達論序説』不昧堂出版　2005年　p.110

れる。この発育速度のピークが現れる時期によってグループを分けて発育速度の変化を詳しくみてみると、この思春期・青年期の身体の変化がいかに急激に現れるものであるかがわかる（図3-6）。

## 3　発達を正しく知るには―縦断的データと横断的データ―

　身長発達のおよその様子を理解するために、手っ取り早く現在3歳、5歳、7歳、9歳の子どもの測定をするという方法を思いつく人は多いだろう。しかし、よく考えてほしい。新聞紙上で最近の子どもは足が長くなった、身長が高いなどという情報が流れてくることはないだろうか。6年前の3歳と現在の3歳とは異なる。成長著しい現在3歳の子どもが9歳になった時の身長と6年前3歳だった目の前の9歳の身長とは、その平均値においてもかなり異なったものになることが予想されるのである。このように、生まれ年を同じくする人びとをコホートと呼び、発達の様相を理解するにはコホートを追いかけて調べる縦断的研究が必要とされると考えられるようになった。図3-4、5はいずれもこの縦断的な方法によって得られた資料によっている。
　また、仮に同じコホートを縦断的にとらえたとしても、全体をまとめて平均値の変化をみた場合には、図3-6に示したように個人の変化の様子は十分反映されないことになる。

## 3 ── 運動の発達

### 発達の過程

　胎児期、すでに6週ごろには脳幹や手足にあたる部分を動かす筋肉がつくられているという[8]。10週から12週ごろには刺激への反応で動く様子が観察される。この動きは、妊娠後期26週から30週でははっきりとした反射やその他の運動として認められる。この胎児期にみられる反射は出生後しばらくは保持され、その後、随意（意図的・能動的）の運動が次第にそれらにとって変わっていく。

表3-1　代表的な運動様式の成就可能となる平均的年齢（1歳から5歳）

| 運動様式（パターン） | 年齢（歳） |
| --- | --- |
| 後ろ向きに歩ける。<br>補助されて階段を登れる。<br>補助されて階段を降りれる。<br>階段を両足をそろえて登れる。<br>階段を両足をそろえて降りれる。<br>早足で歩ける。<br>低い台から降りれる。 | 1歳 |
| 歩行のリズムが安定し、規則的になる。<br>両足を揃えて未熟ながらジャンプが出来る。<br>小さなボールを1.2〜1.5m投げれる。<br>走運動が出来るようになる。<br>左右の方向へ、後方へ歩ける。 | 2歳 |
| 直線上を"かかと着地から爪先着地へ"の歩き方で3m程度歩ける。<br>利き足で2〜3歩ホップ出来る。<br>平均台上をわずかな距離歩ける。<br>ボールを3m程度投げられる。 | 3歳 |
| 両腕・両脚を適切に協調させて走れる。<br>床に描かれた円に沿って歩ける。<br>跳躍が上手に出来る。<br>平均台上を歩ける。 | 4歳 |
| 立幅跳で60〜100cm跳べる。<br>15m程度を11秒でホップ出来る。<br>片足で4〜6秒間バランスを保持出来る。<br>大きなボールの捕球が出来る。 | 5歳 |

出典：松浦義行『身体的発育発達論序説』不昧堂出版　2005年　p.86

新生児期にはさまざまな反射が現れ、消えていく。この反射の出現と消失の時期と順序はほとんどの子どもにも共通している。これには神経系と筋組織の発達がかかわっていると考えられる。したがってこの反射の出現と消失は、子どもの発達を診断するのに用いられている。新生児に見られる反射には、嚥下反射、吸啜反射、モロー反射、探索反射原始歩行反射、緊張性頸反射、手掌-足底把握反射がある。それぞれがどのようなもので、一般的にどのような発達経過をたどるのかを調べてみよう（*link* p.6）。

また、乳児期から中枢神経系の関与が大きいとみなされる随意運動が現れてくる。この随意運動の発達について、松浦[8]によれば、①その制御は頭部から足部へと進行する、②大きな筋の制御は小さな筋の制御より早く発達する、③身体の中心から遠い方向へと進む（*link* p.139）。新しい活動が形成されるためには神経系の形成・発達、筋の発達、運動の習熟が必要となる。実現可能な活動を何度も繰り返すことにより、神経回路の形成がなされ、習熟した運動が可能になるとされる。具体的な随意運動の発達については、表3-1に示されている。

## 4 ── FとGの事例にみる身体発達の遅れと回復

第2章で紹介されている育児放棄の状態で発見された6歳の女児および5歳の男児（*link* p.30）の身体発達は、以下のとおりであった。発見時、この2人はともに身長80cmしかなかった。この身長は、1歳の子どもの平均身長に相当する（図3-4）。一般に、子どもは生後2年までの間に高い成長率を示し、急速に身長や体重を増していくのであるが、この子どもたちは、発見後の2年間（5歳～7歳、6歳～8歳）に、この乳児期から幼児期前期の成長率に匹敵する成長を示したのである。このように、劣悪な環境条件の下で発達の遅れを生じていたと思われる子どもも、身体・運動の側面では十分なキャッチアップを果たしたとみてよいであろう。思春期に一般に観察される急速な身長の増大についても、出現の時期も含めて大きな遅れは認められなかった[9]（図3-7）。

第3章 子どもの発達のさまざまな側面 ●49

Fの身長発達の速度曲線
（点線は女児の全国平均を示す）

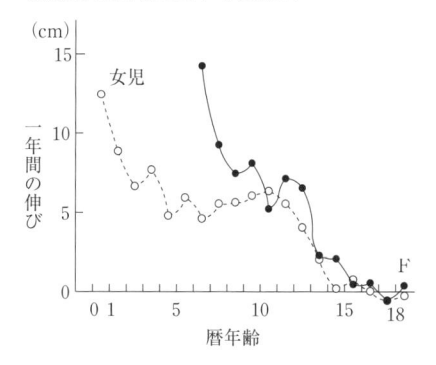

Gの身長発達の速度曲線
（点線は男児の全国平均を示す）

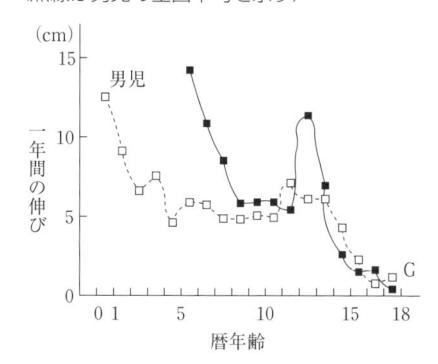

図3-7　FとGの身長発達の回復と一般児童の身長発達

出典：藤永保「第7章　養育放棄事例とことばの発達」小林春美・佐々木正人編『新・子どもたちの言語獲得』大修館書店　2008年　p.184（一部改変）

## 3
## 世界をとらえる・理解する：知覚・認知の発達

### 1 ── 知覚・認知の働きとその発達の位置づけ

　子どもが母親の胎内から生まれてくる時、世界は一体どのようにとらえられているのだろうか。また、たとえば聴覚に障害を持つ子どもにとって、音の世界はどのようにとらえられるのであろうか。そして、音楽はまったく意味を持たないのであろうか。

　歌手の今井絵里子さんは男の子が生まれて、最初、とても静かな子だと思ったという。まもなく、病院での検査を受けて、内耳とそこにつながる神経系が欠損していることを告げられる。この子には音の世界はまったくないから音楽を聞かせることもできないと思った。子どもに聞こえない音楽を母親が享受するのは子どもに申し訳ないとも思い、音楽をやめようかと思ったという。その後、今井さんはアメリカに渡って音を聞くことができない人びととダンスのレッスンをともにした。彼らがベースの振動など身体をとおして感じるリズム

や視覚的な身体の動きによって音楽を感じ、全身で音楽とダンスを共有しているのを経験して、たとえ内耳から伝わる音の世界がなくとも、子どもの世界はもっと豊かなものであると感じたという。

　このような事例について考えることは、日常生活で意識しないうちに行っている世界をとらえるというはたらきについて、改めて考えてみる機会となるだろう。

　日常の子どもの行動の多くは、「状況をとらえ（認知し）て、行動を組み立て、実際に行動（反応）する」というサイクルに当てはめて考えることができる。子どもの発達は、このように「環境の認知」という項をその重要な部分として持っており、このことが発達のさまざまな側面でかかわっていくことになる。たとえば、言葉を構成する音の単位「音韻（音素）」[*2]を聞き分けることは適切な音韻（音素）の構成につながり、言語によるコミュニケーションの発達にかかわっていくことになる。母親を他者から見分けることは、母親との関係や他者との対象に合わせた関係構成とかかわることになる。運動発達の側面から見ても、子どもはさまざまな感覚・認知の機能を用いて自らの行動を組み立てていくのである。

## 2 ── 感覚・知覚器官

　子どもが外界をとらえる働きをする感覚器官として、触覚・聴覚・視覚・味覚・嗅覚などさまざまな器官がある。そのほかに、自分自身の姿勢から得られる体内感覚も加えることができるであろう。それぞれの感覚器官をどのように利用できるかは神経系の発達とかかわってくる。子どもは利用できる感覚器官を用いて外界とかかわり、外界の理解を進めていくのである。

　感覚器官から得られる刺激を神経が伝達して感覚知覚経験となる。その神経器官の機能は、子どもが得られる刺激によって発達すると考えられる。たとえ

---

> *2　単語の意味の違いをつくる音を小さな単位に分けていく時、その最小単位を音韻または音素という。

ば、暗い環境の中で育った乳児は、視覚の発達が阻害されてしまう。同様に、音声刺激に対する感覚・知覚器官の障害を持つ子どもや、音韻環境が貧しい中で育った子どもは、音韻を聞き分ける神経機構が未発達な状態にとどまることがある。子どもは身の回りにある映像に注目し見分けていき、身の回りでよく用いられている音韻を聞き分け、音韻構造を獲得していくのである。

## 3 ── 子どもの感覚・知覚世界をどのようにして理解するか

　子どもが事物をどのようにとらえているか、どのように区別して理解しているかを知ることは、言語による報告を得ることができない場合には難しい。心理学ではこのような場合、人が目新しいもの（新奇な刺激）に対して注目し、同じものを見ていると次第に慣れ（馴化）が生まれ、そのものを見なくなるという現象に着目する。図3－8[10]は子どもがこのような「慣れ」により、対象を見なくなるという現象を示したものである。新奇な刺激に対し着目し「じっと見る」（注視）、そのうち「慣れ」、見なくなるという時系列的な変化がよく現れている。

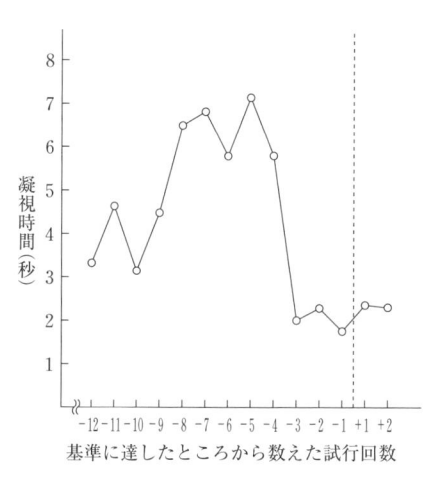

慣れを起こした時点からさかのぼって注視時間の変化を調べてみる。すると、慣れは急激に起こり、その前に注視時間の最大値（ピーク）が現れることがわかる。

図3－8　慣れが発生する過程

出典：Cohen, L. B. & Gelber, E. R.（1975）　浅野敬子「第2章　生まれて二年」梶田正巳編
　　　『子どもはどう発達するか』有斐閣　1980年　p.68

## 4 ── 視覚の発達

　視覚について、胎児期をみてみると受精後9週ごろ（妊娠週およそ11週、妊娠3か月）には視覚器官、眼の形成が始まっている（*link* p.4）。視覚機能のいわば土台はできあがっており、母胎内でも母胎をとおして伝わる明暗の変化に感応していることが知られている。出生以後、視覚は眼球や周囲の毛様体の調節機構の発達を経て、対象に合わせた調節が可能になると考えられている。事物を見分ける機能については、さきほど紹介した注視と馴化の手続きを用いて調べられている。同じものを繰り返し見ると次第に慣れが起き、注視しなくなる。馴化を起こしたのち、異なる画像（刺激）を見せて注視が起きなければ前に見たものと同一とみなしており、馴化が引き継がれると考えられる。


## 5 ── 聴覚の発達

　聴覚をつかさどる器官である内耳は、すでに胎児期の16週ごろには器官分化を果たしており、20週ごろには内耳の感覚器官ができあがり、妊娠中期の終わり（妊娠27週まで）には聴覚は機能し始めていることが、母胎外の音に対する胎児の心音の変化から推測される。このように、胎児期にすでに母胎をとおして伝わる音声を受容しているものと考えられており、その音は母胎の羊水をとおして伝わるので、水中で音を聞いているようである。胎児の期間にもこのように人の声や生活音を間接的に受け取っているのであろう。

　さて、出生後は、頭部に電気的な変化を調べる測定装置をつけて、脳内に現れる変化により、音を受け止めたことが把握できると考えられる。また、馴化の方法によって、さまざまな音や音韻を聞き分けることができるかを調べることもできる。ベストとマックロバーツ（Best & McRoberts）が調べたところでは、音源への定位反応（音のした方向へ頭を向ける）は出生直後にも見られる。子どもの環境から得られる音の重要なものは、次節で取り上げる言語である。音韻を聞き分ける働きについては、この言語発達とかかわって研究が行われている。新生児期から2～3か月で音韻を聞き分けることができる[11]（*link* p.61）。

## 6 ── 事物の動きやものとものとの関係について理解する

　目に見える世界は多様性に富み、刻々と変化していく。このようなさまざまな感覚・知覚情報との関係を、子どもはどのように組み立てていくのであろうか。

### 1　ピアジェの認知発達段階モデル

　スイスの心理学者、ピアジェ（Piaget, J.）は子どもが世界と能動的にかかわりながら、世界のとらえ方を組み立てていく過程を発達段階モデル（表3-2）として示した。1920年代に発表されたこの子どもの世界観は、幼児の生活を観察する中で子どもが客観的な視点や言語表象を獲得していく過程を描こうとしたものである。その後ピアジェは言語が発生する前の子どもの観察を続けて、本節でこれまでに取り上げてきた感覚・知覚の働きを編成して言語表象を世界とかかわる道具として獲得していく過程を「感覚・運動期」として描いた。幼児期以降については世界の論理的な構造を直接比較し、働きかけた結果を観察する「具体的操作」の活動によって理解することができるようになり、さらに記号操作によって論理を組み立てていく活動の発達についても描いている。

　彼のモデルでは、子どもの認知活動は、身体の諸感覚および運動機能を用いて相互作用を繰り返しながら外界をとらえていく、乳児期の感覚運動的な段階から始まる。さらにピアジェは、この感覚運動的な活動を基礎に手がかりとしての言葉をつくり上げ、習得しながらそれを環境との相互作用の道具として用いて外界を把握する過程を前操作的活動、具体的操作的活動の段階としてモデル化した。

### 2　他者の立場に立って空間を理解する─ピアジェの「三つ山課題」─

　ピアジェは子どもが客観的な視点を取るに至る過程を、自己中心的な自分の立場からの見方を他者にも押し広げていく段階から、他者の立場に立って理解することができるようになる段階へと発達すると考えた（**link** p.63・64）。この問題を明らかにするための実験装置としてつくられた三つの山からなる模型

（図3-9）と、その実験手続きはその後多くの研究者にも用いられた。異なる視点からの山の見え方についての正答率を、多数の子どもについて実験した事例を表3-3に示した。この実験についても、その後の研究は子どもの他者の視点についての理解が手続きを変化させること、すなわち、模型や見え方をめぐる子どもの活動に伴って変化していくことを示した。

表3-2　ピアジェの認知発達段階モデル

| 期 | 年齢 | 段階 | | 内容 |
|---|---|---|---|---|
| I期 | 0歳〜2歳 | 感覚運動的段階 | | 感覚と運動とを組み合わせることにより、外界に対応していく時期。この時期の赤ちゃんは、吸う、なめる、触る、掴む、叩く、見るなどによって外界を知る。 |
| II期 | 2歳〜7歳 | 前操作的段階 | 2歳〜4歳　象徴的思考段階 | 表象が形成され、見ていた物が隠されてもそれがなくなるわけではないという物の永続性が理解される時期。この時期の子どもは目の前にない物を思い描くことができ、母親が見えなくてもやがて戻ってくると分かって泣かずに待てる。ごっこ遊びをする。 |
| | | | 4歳〜6・7歳　直観的思考段階 | 見た目に左右された考え方をし、背後にある本質には考えが及ばない時期。この時期の子どもは、細いコップの水を太いコップに移すと水の量が減り、再び細いコップに移すと水の量は増えたと考える。水位が下がったり上がったりしたという、見た目に左右されてしまう。また、位置によって、他の人からの見え方と自分の見え方が異なることを理解していない。 |
| III期 | 7歳〜11歳 | 具体的操作段階 | | 具体的事物や活動に助けがあれば、見た目に左右されずに考えることができる時期。この時期の子どもは、コップの形に左右されずに、移し替えられた水は水位が変わっても水の量は変わらないこと（保存の概念）が分かる。 |
| IV期 | 11歳〜 | 形式的操作段階 | | 論理的な思考ができる時期。この時期の子どもは、頭の中で1つずつ考えて具体的操作を確かめるだけでなく、ことばだけで考えることもできる。 |

出典：小松歩「第6章　幼児期前半の発達」倉戸直実監修　成田朋子編『発達心理学　最新保育テキストブック6』聖公会出版　2007年　p.89

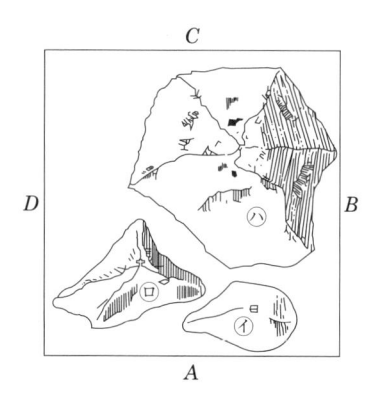

1 m²の板の上に、高さ20〜30cmの山を三つ配置する。一番手前の山㋑は低い緑の山で、頂上には「家」がたててある。真ん中の山㋺は、茶色の山で、頂上に赤い十字架が立ててある。後方の一番高い山㋩は、灰色の山で頂上には雪がつもっている。
子どもはこの模型を1周した後A地点にすわらされる。

図3−9 三つ山課題（ピアジェ型）

出典：湯川隆子「三、四歳児」梶田正巳編『子どもはどう発達するか』有斐閣　1980年　p.124

表3−3 三つ山課題の正答者数

| 年齢 | 人数 | 正答者の人数 |||
|---|---|---|---|---|
| | | B地点 | C地点 | D地点 |
| 12：0 | 50 | 39 | 13 | 34 |
| 11：0 | 50 | 34 | 33 | 28 |
| 10：0 | 50 | 31 | 25 | 23 |
| 9：0 | 50 | 22 | 17 | 23 |
| 8：0 | 50 | 21 | 21 | 13 |
| 7：0 | 50 | 16 | 16 | 7 |
| 6：0 | 50 | 10 | 13 | 10 |
| 5：0 | 48 | 3 | 1 | 5 |
| 4：6 | 50 | 3 | 4 | 4 |

出典：Laurendeau, M. & Pinard, A.（1970）
　　　湯川隆子「三、四歳児」梶田正巳編『子どもはどう発達するか』有斐閣　1980年　p.124

表3-4　ピアジェの保存課題

| 保存概念のテスト課題 | | | 直観的思考段階 | 具体的操作段階 |
|---|---|---|---|---|
| 長さの保存 | 長さが等しい棒を2本並べ、同じ長さであることを確認させる。 | 片方をずらし、棒の端が合わないようにする。 | 2本の棒の置き方によって、どちらかを長いと判断してしまう。 | 端がずれていても長さが同じであると答えることができる。（6～7歳で正答。） |
| 液量の保存 | 2つの同じ形同じ大きさの容器に同じ量の水を入れ、同じ量であることを確認させる。 | 片方の容器の水を、形状の異なる容器に移し替える。 | 液面の高さが異なることから、「多くなった」「少なくなった」と答えてしまう。 | 見かけ上の高さが変わっても水の量は変わらないことを理解する。（6～7歳で正答。） |
| 物理量と重さの保存 | 同じ形同じ大きさの粘土のボールを2つ作り、同じ重さ・量であることを確認させる。 | 片方の粘土をつぶしてソーセージ状にする。 | 大きさや長さが異なることから、重さや量が変わったと答えてしまう。 | 形が変わっても同じ重さ、同じ量であると答えることができる。（6～7歳で正答。） |
| 数の保存 | 同じ数のおはじきを2列に並べ、同じ数であることを確認させる。 | 片方の列のおはじきの間隔を広げたり縮めたりする。 | 列の長さや密度が異なることから、数が「多い」「少ない」と答えてしまう。 | 列の長さや密度が変わっても数は変化しないことを理解できる。（6～7歳で正答。） |
| 面積の保存 | 同じ大きさのボードの上に同じ数のブロックを端に寄せて並べ、空いたスペースが同じ広さであることを確認させる。 | 片方のブロックをボード上に散らばらせる。 | ブロックの配置に惑わされて、空白部分の面積が狭くなったと答えてしまう。 | ブロックの数が変化しなければ空白部分の面積が変化しないことを理解できる。（9～10歳で正答。） |

出典：菅原創「第7章　幼児期後半の発達」倉戸直実監修　成田朋子編『発達心理学　最新保育テキストブック6』聖公会出版　2008年　p.109

## 3　数や量の保存

　ピアジェはまた、子どもが数や量について的確にとらえるようになっていくみちすじについても、さまざまな実験をとおして明らかにしようとしている。子どもは、たとえば、10個のクッキーをお皿に並べておく。お皿の真ん中に集めておいた時、お皿の中いっぱいに広げておいた時、どちらも同じだけのクッキーがあると子どもは見るだろうか。また、コップに入ったジュースをより細長いコップに移し変えた時、たくさんになったと見るだろうか。

　量や数がそのまま同じと見る時、子どもに保存の概念ができたとピアジェは考えた（表3－4）。ものの見かけに左右されやすいものだ、小さな幼児には保存の概念はない。そのように考えたのである。その後、発達心理学者はピアジェが考えたよりもっと有能だと見るようになった。条件を変えれば、小さな幼児でも保存の概念はあるように見えるとしている。

## 4　隠れているものもなくならないことを理解する―「事物の永続性」―

　ピアジェが構成した認知発達観はその後、さらに精緻化され、発展を遂げた。バウアー（Bower, T. G. R）は1970年代に、子どもが隠れたものを探す活動の発達過程について、乳児が参加する実験をとおして解明しようとした（図3－10）。この実験は子どもが、ものが視界から消えても、実際には存続しているという「事物の永続性」の理解が可能であるのかを調べようとしたものであった[12]。

## 5　障害物の存在を子どもは忘れない

　線路の上に障害物があれば、列車は通過できない。では、この障害物が長い塀の向こうにある場合、列車は通過できるであろうか。障害物の存在を知っている乳児は塀の向こうを列車が通過すると驚き、途中で止まると驚かない。動きを遮るものの存在から、乳児が列車の動きを予測することができると考えられるのである。

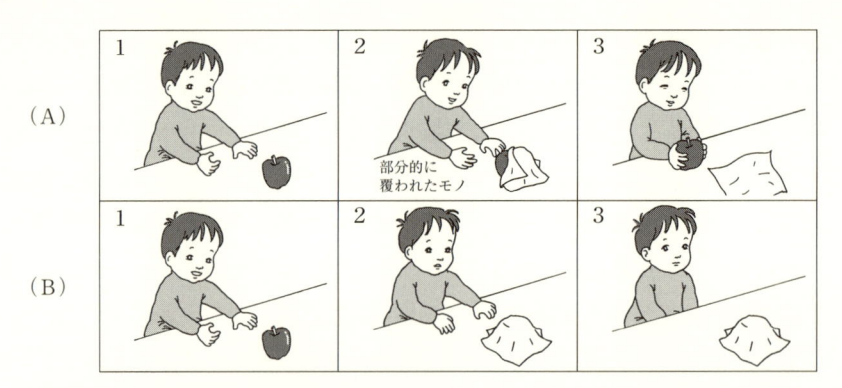

乳児は部分的に覆われたモノは手を伸ばしてとる（A）が、布で覆い隠されてしまったモノはとることができない（B）。

図3-10　隠されたものへの反応（バウアー、1974）

出典：Bower, T. G. R. (1974) 浅野敬子「第2章　生まれて二年」梶田正巳編『子どもはどう発達するか』有斐閣　1980年（一部改変）

## 6　かかわることで理解する

　以上のように、バウアー以後の研究では、乳幼児はより有能に隠されたものを隠されていると理解することができることが示されてきている。実験状況や測定の方法により、子どもの理解力についての見解は変わってくるのである。
　これらの研究を総合的にみると、子どもは環境条件の中で活動し、子ども自身が実験を繰り返しながら、環境把握・理解を進めていくのだと考えられる。

## 7 ── 他者の考えを理解する（心の理論）

　バウアーは、子どもが「隠されたもの」を見つけ出すことができるかを調べることをとおして、事物が隠されていても存在していることを子どもが理解していくようになると考えた。さらに、目の前で隠し場所を動かした場合、子どもはどこを探すのかを調べ、子どもがもののありかや移動をどのように理解しているかを明らかにしようとした。
　ところで、子どもは、自分以外の他者が目の前のもののありかや移動について、どのようにとらえていると理解しているのであろうか。

第3章 子どもの発達のさまざまな側面 ●59

　自分以外の他者の心の働きについて推察したり、他者が自分とは異なる考えや信念を持っていることを理解することを、「心の理論」と名づけている。

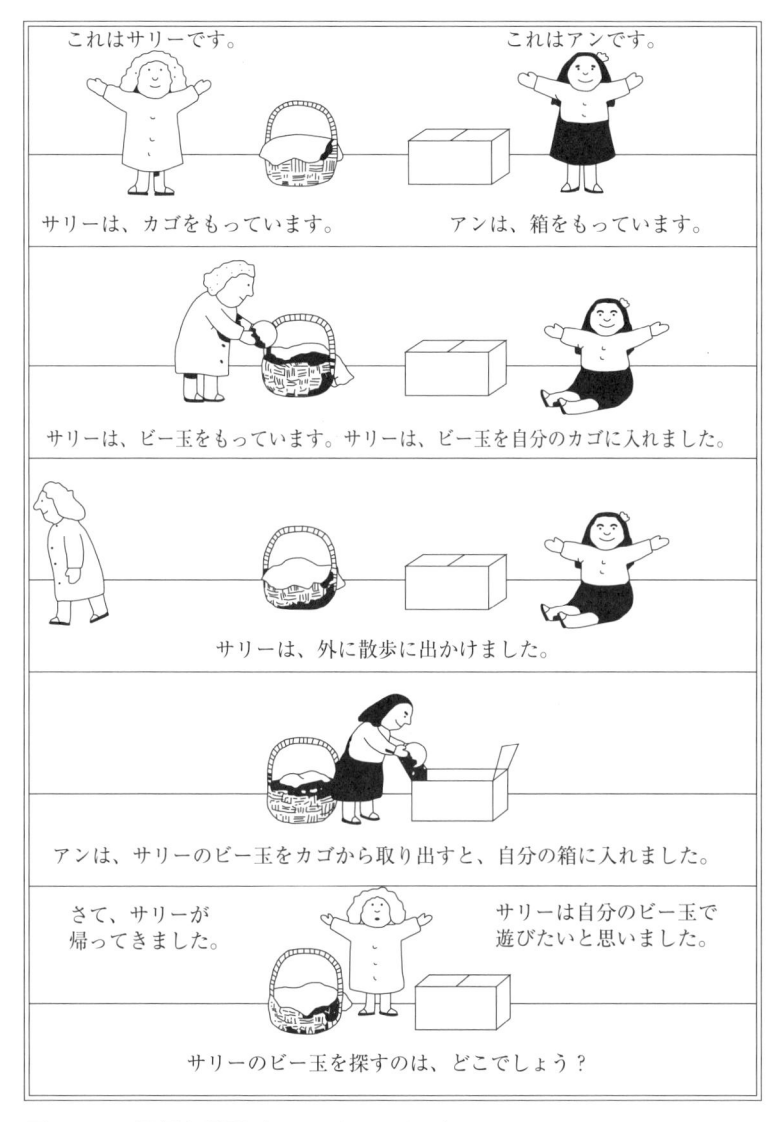

> これはサリーです。　　これはアンです。
> サリーは、カゴをもっています。　　アンは、箱をもっています。
>
> サリーは、ビー玉をもっています。サリーは、ビー玉を自分のカゴに入れました。
>
> サリーは、外に散歩に出かけました。
>
> アンは、サリーのビー玉をカゴから取り出すと、自分の箱に入れました。
>
> さて、サリーが帰ってきました。　　サリーは自分のビー玉で遊びたいと思いました。
> サリーのビー玉を探すのは、どこでしょう？

図3－11　誤信念課題（サリーとアン課題）
　　　　（Baron-Cohen, S., Leslie, A. M. & Frith, U., 1985）

本章の第1節では、子どもが自分をどのように理解するかについてのデーモンらのモデルを紹介した（*link* p.41・42）。また、ピアジェの三つ山課題（図3-9）のように、他者が事物をどのようにとらえているかについての理解が発達していくことも示した。

1980年代以降の研究では、隠し場所を変えたことを見ていた子どもが、見ていなかった人の行動を言い当てることができるかを調べるなどの実験を組み立てている（図3-11）。これらの実験をとおして、子どもが他者の先行経験と認知の因果関係を理解することが、どのように発達していくかについての検討を進めている。

## 4 言語と社会性

### 1 ── 言葉のさまざまな働き（機能）

言葉の働きとは一体なんだろう。インド出身で英語で書いた詩によって、ノーベル文学賞を授与された詩人、タゴール（Tagore, R., 1861-1941）を例に考えてみよう。少年時代、彼は友人たちとバラモン教の経典「ウパニシャッド」を歌うことを教わったという。それはバラモン教の修行のひとつだったが、彼らは互いにいたずらをしたり遊んだりしながら修行を続けた。のちに、彼はイギリスに渡り、英語で詩を書くこととなる。哲学者の鶴見俊輔はタゴールについて、次のように述べている。

「タゴールは、言語をメロディーとしてきいている。ベンガル語、サンスクリット語の朗唱から得たこの感覚が、英語に対した時にも、彼自身の参入の仕方をつくった。なるほど、このように対するならば、世界のさまざまの言語も、さまざまの小鳥のさえずりのように、仲間が仲間に対して持つあいだがらの表現の様式としてとらえることができ、ここには、世界語への新しいいとぐちがあらわれる」。

「少年はウパニシャッドを歌うことをおそわった。その意味がわかったとい

うのではない。『けれど言葉の意味がはっきりわかるというのは、人間の理解の最も必要な働きでないことだけは確かである』」[13]。

　言葉が「意味」を伝えるための「情報」の容れ物という役割を超えた働きをしていることを、このエピソードをとおして鶴見は伝えようとしたのであろう。

　言語は「コミュニケーション」と、「概念的・論理的把握の手段」という2つの側面からみることができる。コミュニケーションはよく似通った仲間との間の応答的な関係や共振的な（歌いあう・さえずりあう）相互関係から始まる。まさに、タゴールの詩とメロディーの話につながるものである。また、ボールなどをチョウダイ、ドウゾ、アリガトウというように、役割交替（ターンテイキング）をしながらやり取りすることは、コミュニケーションの原初的な形態のひとつと考えられている。これらの原初的なコミュニケーションは、最初の1年間にすでに頻繁にみられる。音声言語の基礎的な要素となる音韻も、この中で獲得・形成されていくと考えられる。

## 2 ── 音声の聞き分けと音韻の構成

　第3節の知覚・認知の発達において、生後2か月ごろには、母語・その他の言語を問わず、さまざまな音韻を聞き分けていることを示した（**link** p.52）。その後、子どもの音韻弁別は母語を構成する音韻に収斂（れん）していく。母音に関しては生後6か月ごろ、子音に関しては生後12か月ごろに選択的な弁別がなされ、音韻を聞き分けることができるようになるといわれている[14]。これらの基礎には人に対する関心を持ち、その行動をまねることが必要となる。

## 3 ── 応答的な関係の形成と同調関係

　乳児期から、子どもが大人の簡単な行動をまねていると思われるような行動が出現する。また、ボールやその他のものを渡し、受け取るというもののやり取りを交替で行うような行動もよく観察される。このような応答的な関係において、子どもは相手の行動を予測し、それに対応する行動を組み立てることが

できるようになる。

## 4 ── 身振りと指さしおよび共同注意

　乳児期、子どもは関心の対象となるものを指で触るようなしぐさを見せる。このような行動はその後、身体から離れた位置にあるものへ手指を向けるような行動へと発展していく。生後1年前後になると、はっきり指でさし示すこと（指さし）を記号的な働きとして使いこなし、読み取ることができるようになる。また、

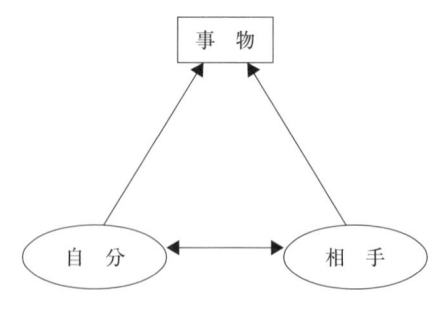

図3-12　三項関係の構造

スプーンやコップなど、ものの使用法に沿った扱い方で扱うことができるようになる。これらは、その後、ほかのものを見立ててスプーンのように扱う、コップのように扱うなどという行動にも発展していく。いわゆる三項関係（自分―相手　自分―事物　相手―事物）が成立して、ものや記号的意味を持つものとの関係を相手と共有していく働き（共同注意；joint attention）もこの時期に出現する（図3-12）。

## 5 ── 語彙の獲得（一語文の使用）

　1歳の誕生日前後に初めての単語らしいもの（初語）が出現することは、多くの研究で認められている。マンマ、ワンワン、ブブなど、いわゆる幼児語にあたるものが多いが、それらを記号的に用いることができるようになる。これらが単語の獲得というより、一語で構成される文（一語文）であると考えられている。それは、一語文がそれぞれ「マンマ（ちょうだい）」「ワンワン（いるよ）」など、文としての働きを持って使われているためである。

## 6 ── 語彙爆発

　子どもは、最初ゆっくりと語彙を増やしていくが次第にその速度を増し、1歳半くらいには、「語彙の爆発的増加」期を迎えるといわれている。この状況がいかに特異なものであるかは、小林が紹介するような、子どもが語彙を獲得するのに合わせて中国語を覚えようとして、子どもに追いつけなくなったある心理学者の逸話[15]からも理解できるだろう。

　初語の出現から語彙は次第に増えていくが、2歳の誕生日前ごろには急速に語彙数が増えていくことが認められ、これを「語彙爆発」と呼んでいる。この時期に、語彙数は1000語前後になる。また、この時期には子どもはいろいろな事物を指さして「これ何？」と尋ねることから、「これ何期」といわれることもある。

## 7 ── 社会関係の構成：関係を客観的に表す言葉

　「ずっと昔、「お祖父さん」「お祖母さん」が「お父さん」「お母さん」のそのまた「お父さん」「お母さん」であると知ったときの衝撃と感動はいまだに忘れられない。しかもお祖父さん・お祖母さんにはさらにそのお父さん・お母さんがいて、自分にとってのひいお祖父さん・ひいお祖母さんは、お父さん・お母さんにとってのお祖父さん・お祖母さんでもあったのだ」。

　　　　　　　　　　　（岸本佐知子『気になる部分』白水社　2006年）

　ニコルソン・ベイカーのユニークな小説『中二階』の翻訳家として知られる岸本佐知子はまた、小味の利いたエッセイを数多く提供してくれている。この一節は、子どもが自分自身の視点から言葉を手がかりに関係を組み立てていること、それは、大人や親の立場からとらえる関係とは異なる場合があることを、示してくれる。自分自身の立場からのみ「お父さん」「お母さん」「お祖父さん」「お祖母さん」をみることは、いわゆる子どもの「自己中心性」によって説明される（*link* p.53）。子どもが「自己中心性」を抜け出て、自在に「母の視点

からの母」「子どもの視点からの祖母」という視点を行き来できるようになることを、「脱中心化」と呼ぶ。このように、関係を表す語彙が子どもの社会関係を再構成するための手がかりとして働いていくことになる（***link*** p.162）。

## 8 ── ＦとＧにみる言語発達の遅れと回復

　劣悪な発達環境のもとで発見されたＦ児とＧ児の事例（***link*** p.30、48）は、言語発達の側面でも幼児期・児童期初期としてはきわめて貧しいものであった。その後、乳児院での生活を経由し、児童養護施設においての生活と支援教育を受けた２人は、学校教育においても十分な達成を遂げ、回復を果たしたとみられた。言語についても、日常的なコミュニケーションにおいては問題がなかった。しかし、藤永[9]は、第１に手紙に代表される「書き言葉」による表現に困難が残ったこと、第２に語彙の回復には特定の保育者との愛着的で密接な関係の形成が必要であるとみなされたこと、第３に統語法の獲得に困難があったこと、などを指摘している。藤永[9]はまた、ヴィゴツキー（Vygotsky, L. S.）の用いた「内言」（思考のための言語）と「外言」（コミュニケーションのための言語）という言語のカテゴリーを用いて以下のように述べている。

　「ＦとＧの言語獲得でめだった第３の問題は、その基本的統語能力の領域にある。……外言ではゆるやかだった形式的な厳密性の比重がはるかに高くなる。日常会話なら……相互のやりとりの中でいつしか明らかとなるが手紙文で誤りがあれば致命的となりかねない。当然、内言のほうが文法的手段（時制、受動か能動か等々）をより厳密にまた豊富に備えていることとなる」[9]。

　「一般的な生活では問題はないが、統語的な側面の遅延が目立った。能動文と受動文の書き換えができるようになったのは、実に中学３年生になってからだった」[9]。

第3章　子どもの発達のさまざまな側面　●65

## 9 ── 生涯にわたる社会関係の構成──エリクソンの発達段階説

　本章では子どもの発達をさまざまな面から概観してきたが、人が幼児期から児童期、青年期から成人期へと発展させていく社会関係の発達のみちすじを一般化して描くことは、本来きわめて複雑な仕事である。一人ひとり個性ある子どもたちの発達のみちすじを、どのようにとらえることができるであろうか。

　このような複雑な発達過程を「発達段階」として描こうとする試みは、「発達段階論」として多くの人びとに受け入れられてきた。これは、不連続で質的に異なる時期が順にやってくるという考え方で、大人に必要とされる技能や特性の加算的な習得ではなく、発達を質的な展開過程としてとらえるものである。

　エリクソンは、この発達段階を乳児期から順に乗り越えていく発達課題の積み重ねとして描いた（*link* p.72）。発達課題の解決の過程は個人にとっての危機的な状況でもあり、その解決をとおして、社会関係の質的な変化が起きると考えたのである。

# 5
# 子どもの「変化」をとらえる学習理論の視点

　子どもが環境とのかかわりの中で新しい行動やその可能性を獲得・変化させることを、マイクロ・システム（*link* p.9・10）としてみていくとき、その変化のしくみはどのようになっているだろうか。心理学では経験による新しい行動の獲得を「学習」として、そのしくみを解明しようとしてきた。本章の最後にこの学習の論について、簡単に振り返っておくことにする。

## 1 ── 古典的条件づけによる学習

　学習のもっとも単純なしくみは、ロシアのパブロフ（Pavlov, I. P.）によって発見された生理的な行動（反射、または反応）の学習である。もともとは特定の刺激への反応として発生する不随意の行動が新しい刺激がその特定の刺激と

関連づけて与えられるという条件のもとで、新しい刺激に対しても発生するようになるという。これを新しい刺激に対して条件づけられた行動の学習という意味で、条件づけ学習といい、以下の道具的条件づけ学習に対して古典的条件づけ学習と呼ぶようになった。

## 2 ── 道具的条件づけ（オペラント条件づけ）による学習

　探索活動などの自発的・能動的に示される（随意の）行動も、系統的に「よい結果」を得ることにより、出現の頻度が増していく。この学習はアメリカのスキナー（Skinner, B. F.）によって組織的に研究された。単純な学習のしくみを明らかにするため、ねずみを使った実験研究が数多く行われた。

図3-13　古典的条件づけ　　図3-14　道具的条件づけ
　　　　　　　　　　　　　　　　　　　（オペラント条件づけ）

## 3 ── 問題解決学習

　あらかじめ明確な目標があり、その目標に到達するために新しい行動が獲得されることを問題解決学習という。アメリカのソーンダイク（Thorndike, E. L.）によって「問題箱」を用いたネコの実験として提示された。鍵をあけるという新しい行動を、ネコは「試行錯誤」を通して学習した。

## 4 ── 洞察学習

　ソーンダイクとは独立して、目標を達成する行動についての研究がドイツのケーラー（Köhler, W.）によって、チンパンジーの「協力」を得て行われた。ケーラーは、チンパンジーが新しい解決法を試行錯誤によってではなく、「場」のしくみを了解し、洞察することによって見つけ出すとした。手の届かないところにあるエサを枝を使って手繰り寄せる、高いところに吊るされたエサを箱を積み上げて、時には仲間の背に乗って手に入れるなどの解決に結びつく行動が洞察的に出現することが、記録された。

## 5 ── 観察学習

　20世紀の前半までに示された学習の原理が「本人に与えられるよい結果」とそれを求める「動機」を前提としていたのに対し、アメリカのバンデューラ（Bandura, A.）は、単に観察するだけで新しい行動を獲得するようになることを示した。これを観察（による）学習という。テレビで放送されるアニメのキャラクターの攻撃的な行動を子どもが観察するだけで、同じような攻撃行動を頻発するようになるとも考えた。

【引用文献】

1）天谷祐子『私はなぜ私なのか ―自我体験の発達心理学―』ナカニシヤ出版 2011年

2）Damon, W. & Hart, D. *Self-understanding in childhood and adodescence.* Cambridge University Press, 1988.
　　山路弘起「第5章　自己の発達」井上健治・久保ゆかり編『子どもの社会的発達』東京大学出版会　1997年

3）ブリッジェス　1932（久世妙子「赤ちゃんから3歳児まで」久世妙子編『保育者と母親のための保育相談室』中央法規出版　1981年　p.240）

4）グリム，L.K.（菊池寛訳）『白雪姫』青空文庫（底本：グリム（菊池寛訳）『世

界文学』光文社　1949年）
5 )『前掲書2)』に同じ
6 ) 佐久間（保崎）路子・遠藤利彦・無藤隆「幼児期・児童期における自己理解の発達：内面的側面と評価的側面に着目しつつ」『発達心理学研究』11　2000年 pp.176-187
7 ) 倉戸直実監修　成田朋子編『発達心理学　最新保育テキストブック6』聖公会出版　2007年
8 ) 松浦義行『身体的発育発達論序説』不昧堂出版　2005年
9 ) 藤永保「養育放棄事例とことばの発達」小林春美・佐々木正人編『新・子どもたちの言語獲得』大修館書店　2008年
10) Cohen, L. B. & Gelber, E. R. 1975 Infant visual memory, In Cohen, L. B. & Salapatek (eds.), *Infant perception: From sensation to cognition, I.*, Academic Press.
　浅野敬子「第2章　生まれて二年」梶田正巳編『子どもはどう発達するか』有斐閣　1980年による。
11) Best, C. T. & McRoberts, G. W. Infant perception of non-native consonant contrasts that adults assimilate in different ways. *Language and Speech*, 46, 2003, pp.183-216.
　梶川祥代「第2章　音声の獲得」小林春美・佐々木正人編『新・子どもたちの言語獲得』大修館書店　2008年による。
12) Bower, T.G.R. *Development in infancy*, Freeman Company, 1974.
　浅野敬子「第2章　生まれて二年」梶田正巳編『子どもはどう発達するか』有斐閣　1980年による。
13) 鶴見俊輔『思想の落し穴』岩波書店　1989年
14) Kuhl, P.K., Williams, K.A., Lancerda, F., Stevens, K.N., & Lindblom Linguistic experience alters phonetic perception in infants by 6 months of age. *Science*, 256, 1992, pp.606-608.
　梶川祥代「第2章　音声の獲得」小林春美・佐々木正人編『新・子どもたちの言語獲得』大修館書店　2008年による。
15) 小林春美「第4章　語彙の獲得」小林春美・佐々木正人編『新・子どもたちの言語獲得』大修館書店　2008年

## 【参考文献】

井上健治・久保ゆかり編『子どもの社会的発達』東京大学出版会　1997年　第5章

久世妙子編『保育者と母親のための保育相談室　赤ちゃんから3歳児まで』中央法規出版　1981年

Damon, W. & Hart, D. *Self-understanding in childhood and adodescence,* Cambridge University Press, 1988.

松浦義行『身体的発育発達論序説』不昧堂出版　2005年

小林春美・佐々木正人編『新・子どもたちの言語獲得』大修館書店　2008年

Cohen, L.B. & Gelber, E.R.　Infant visual memory, In L.B. Cohen & Salapatek (eds.), *Infant perception: From sensation to cognition,* I., Academic Press, 1975.

梶田正巳編『子どもはどう発達するか』有斐閣　1980年

倉戸直実監修　成田朋子編『発達心理学』聖公会出版　2007年

Bower,T.G.R.　Development in infancy, Freeman Company, 1974.

# 第4章
# 生涯発達における環境と人との相互的かかわりの変化

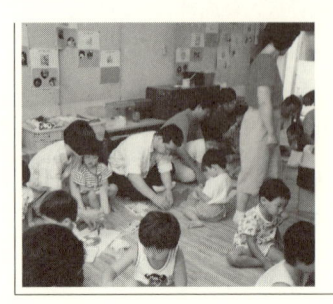

本章では、乳児期から、幼児期、児童期、青年期以降と、発達に応じて変わりゆく人間関係について学ぶ。限られた人々との密着した関係の形成と、それらの人々への依存的関係から、次第に自立していく過程の中で、脱依存的関係へ、対等な関係へ、そして保護する関係への変化の様子をみる。また、発達とともに広がる人間関係を学ぶ。

## 1 基本的信頼感の形成

### 1──母親を中心にした家族との関係

#### 1 母子関係の成立の基礎

　人の妊娠期間は40週である。この間に、母体の中で胎児が育つとともに、女性は妊婦である自分を受容し、徐々に母親となる自覚を深めていくことになる（*link* p.4）。

　哺乳類の馬や牛の赤ちゃんは生まれて数時間もしないうちに歩行できるようになるし、サルの赤ちゃんは母ザルにしっかりしがみついていることができる。これに対して、人間の赤ちゃんは身体的・体力的には極めて未熟な状態で生まれてくる（*link* p.23）。これらは、それぞれの動物が進化の過程の中で選択してきた生き残り戦略であると考えられる。

では、人間の赤ちゃんにみられる特徴にはどのような意味があるのであろうか。たとえば、人の赤ちゃんの出生時平均体重は3000 gであり、親との体重比をみると、他の霊長類の子どもに比べて、大きく生まれてくる[1]。このため、親がずっと抱いて（ダッコして）育てることができず、授乳時やあやす時などの他は寝かせて育てる時間が長くなる。このことは、母ザルにしがみついている子ザルに比べ、赤ちゃんの顔を母親（養育者）がみる時間が多くなることを意味する。

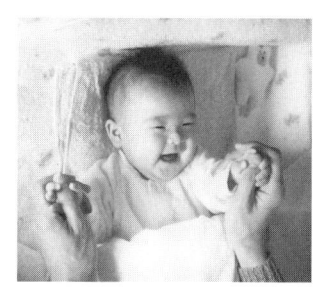

社会的微笑

赤ちゃんの視力は0.01から0.02程度あり、30cmから40cmの距離に焦点があてられており、母親の顔をぼんやりであってもみることができる。また、赤ちゃんの関心を示す図形は、髪の生え際のようにコントラストがはっきりし、目や鼻や口などのある人間の顔模様である（*link* p.25）。そして、生後2か月ごろから、赤ちゃんは誰かれの区別なしに、人に対する微笑を示す。3か月スマイル（社会的微笑）と呼ばれる現象である。

一方、赤ちゃんの顔には、みる者にかわいらしさを感じさせる形態的特徴がある（*link* p.26）。このように、赤ちゃんの形態的、特徴的反応は大人の養育を引き出すのである。

母親も赤ちゃんの顔をみるし、また赤ちゃんも母親の顔をみるのであり、その相互作用が繰り返されることになる。

## 2 基本的信頼感の形成

新生児が生まれてから繰り返し経験する感覚は、摂乳時のくつろぎ、入眠時のまどろみ、空腹時のひもじさ、排尿便後の不快感や、身体を動かす時に生じる身体感覚などであろう。これらの感覚に慣れるとともに、不快な感覚が生じた時には「泣く」あるいは「ぐずる」ことによって、やがて不快感が取り除かれることを経験する。

このような経験の中で、乳児は外界世界（社会）に対する「基本的信頼感」

## 図4-1 エリクソンによる精神発達の漸成図式

| 段階 | 生物的発達 | 中心となる環境 | virtue 徳 | 社会的発達の主要危機 |
|---|---|---|---|---|
| I 乳児期 | 1 口唇期 oral | 母 | hope 希望 | 信頼 対 不信 |
| II 早期幼児期 | 2 肛門期 anal | 両親 | will 意志力 | 自律性 対 恥・疑惑 |
| III 遊戯期 | 3 男根期 phallic | 家族 | goal 目標 | 主導性 対 罪悪感 |
| IV 学童期 | 4 潜伏期 latent | 近隣・学校 | competency 適格性 | 生産性 対 劣等感 |
| V 青年期 | 5 性器期 genitality | 仲間・外集団 | fidelity 誠実 | アイデンティティ 対 アイデンティティ拡散 |
| VI 初期成人期 | 6 成人期 adult | 性愛・結婚 | love 愛 | 親密さ 対 孤立 |
| VII 成人期 | 7 成人期 | 家政・伝統 | care 世話 | 生殖性 対 自己吸収 |
| VIII 成熟期 | 8 老熟期 | 人類・親族 | wisdom 英智 | 統合性 対 嫌悪・絶望（死へのレディネス） |

V青年期の主要項目:
- 時間的展望 対 時間的展望の拡散
- 自己確信 対 自己意識過剰
- 役割実験 対 否定的同一性
- 達成期待 対 労働麻痺
- アイデンティティ 対 アイデンティティ拡散
- 性的同一性 対 両性的拡散
- 指導性の分極化 対 権威の拡散
- イデオロギーの分極化 対 理想の拡散

その他の関連項目:
- 労働アイデンティティ 対 アイデンティティ喪失（IV学童期）
- 遊戯アイデンティティ 対 アイデンティティ空想（III遊戯期）
- 両極性 対 自閉（II早期幼児期）
- 一極性 対 早熟な自己分化（I乳児期）

出典：西平直喜「青年期における発達の特徴と教育」大田堯他編『子どもの発達と教育 6 青年期発達段階と教育 3』岩波書店 1979年 p.9

（エリクソン：Erikson, E. H.)[2]を形成する。この感覚は、時には不快な思いもするが、泣くことによって不快感は改善されるので、このまま身を任せていても大丈夫だという安心感といえる。

　エリクソンは、人間の発達を、生物的発達と制度や文化などの社会的環境の影響を受ける社会的発達の両面からとらえて人生周期（ライフサイクル）を8段階に分け、最初の段階の発達的危機（developmental crisis：人生の分岐点）として、「基本的信頼　対　不信」をあげている（図4－1）。基本的信頼の感覚をより多く経験することがこの段階の課題であり、次の段階の発達的危機に取り組む基盤となる。

## 2── 母子関係の成立─愛着の発達

　子どもの特定の人に対する情緒的な絆を、ボウルビィ（Bowlby, J.）は愛着と呼んだ。子どもの養育者（母親）に接近・接触しようとする行動が、愛着行動である。「泣く」「微笑む」「声を出す」などの発信行動（「信号」）、「注視する」「目で追う」「後を追う」などの定位行動（「定位」）、「しがみつく」「抱きつく」「よじ登る」などの能動的身体接触行動「（接近）」に分けられる。その行動の向けられる他者が愛着対象である。

　人の弁別ができるようになる生後3か月ごろから、愛着は次第にはっきりしだし、2～3歳までには明確になる（表4－1）。子どもの養育者（母親）に対する接近、接触などの愛着行動に応じて、養育者（母親）が適切に反応することによって、子どもの愛着は強められていく。

　エインズワース（Ainsworth, M. D. S.）らの研究によると、母親の接し方と子どもには次のような関係がみられる。

　母親が子どもの要求に適時対応すると、子どもは母親を信頼し安心感が得られるので、たやすくいつでも母親からやすらぎを得られるし、そのため積極的に探索行動ができる。母親が子どもに対して拒否的、統制的に振る舞うことが多いと、子どもは母親を安全基地とすることができず、母親を避けがちで、探索行動も活発ではない。母親が子どもの要求にこたえたり、こたえなかったり

表4-1　ボウルビィの愛着の段階

| 愛着の発達段階 | 発達のようす |
|---|---|
| Ⅰ　前愛着段階　〈誕生〜2、3ヶ月頃〉<br>人の弁別ができないため、誰に対しても同じように追視、微笑、発声、泣き、つかむなどの愛着行動を示す。 | 生後30日<br>原始反射（探索、頭部回旋、吸啜、把握、モロー反射など）。<br>母親の顔・目・声に対する反応と識別。（生後3〜4週）母親の声に対して優先的に微笑む。 |
| Ⅱ　愛着形成段階　〈3ヶ月頃〜6ヶ月頃まで〉<br>人の弁別ができ始め、日常生活でよく関わってくれる人（通常は母親）に対して、頻繁に微笑や発声を示す。 | 生後1〜3ヶ月<br>アイコンタクト。社会的発声。社会的微笑。<br>生後4〜6ヶ月<br>母親の声を聞けばすぐに落ち着きご機嫌になる。自然に自分の意思で母親に近づく。<br>識別したうえで母親への選択性が高まる。母親に対する反応の微調整。 |
| Ⅲ　明確な愛着段階　〈6ヶ月頃〜2、3歳頃まで〉<br>人の弁別がさらに明確になり、特定の人に対する愛着行動が顕著になる。また、ハイハイや歩行による移動が可能になるため愛着行動のレパートリーも多様化する。<br>一方、見知らぬ人に対する恐れと警戒心は強くなり、人見知りや分離不安が生じるようになる。母親を安全基地として、母親から情緒的補給を受けながら探索行動に出る。 | 生後7〜9ヶ月<br>愛着行動はより相手を識別し、その行動は母親に特に集中する。<br>分離不安、人見知り、見知らぬ場所への不安。<br>生後10〜15ヶ月<br>母親との好意的な対話がはっきりと定着する。声の抑揚、顔の表情など母親を模倣する初期段階。母親の後追い。より明確に分離不安と母親選択が発現する。母親からくっついたり離れたりして歩く。母親と離れていた後の再会に陽性の情緒反応を示す。指さしで意思表示をする。<br>生後16ヶ月〜2歳<br>自我の芽生え・第一反抗期の始まり。首を振っていやいやをする（15〜16ヶ月）。<br>移行対象の使用。分離不安の低減。母親がそばにいると見知らぬ状況や人見知りを制御する。<br>遅延模倣。対象の不変性の理解。表象を用いる能力。小世界での象徴遊び。 |
| Ⅳ　目標修正的協調性の形成　〈3歳以降〉<br>愛着対象と自分についての内的ワーキングモデルが安定した形で機能するようになり、愛着対象が近くにいなくても必ず自分のところへ戻ってきてくれる、何かあれば助けてくれるという確信がもてるようになる。同時に、他者の感情や動機を洞察し、相手の行動目的や計画を理解するようになる。自分の行動を目標に合わせて修正することができるようになり協調的な関係が形成される。 | 生後25ヶ月〜3歳<br>慣れ親しんだ環境で母親が戻ってくる保証があれば母親からの分離に不安なく耐える。人見知りがさらに減弱。<br>二語文から三語文へ。<br>対象恒常性（母親がいなくても退行せずに落ち着いて心理社会的機能）を維持する。<br>小世界での遊びと社会的遊び。他者との協調の始まり。 |

出典：谷向みつえ「愛着障害」大石史博・西川隆蔵・中村義行編『発達臨床心理学ハンドブック』ナカニシヤ出版　2005年　p.54

と一貫せず、タイミングがずれていることが多いと、子どもは安心できず母親との分離不安が強く、時には激しい怒りの感情をみせる。母親が虐待された経験や気分（感情）障害などがあり、子どもに対して無秩序的・無方向的に接すると、子どもは母親の存在におびえたり、接近や回避という葛藤を示すことが多い。

　子どもの行動に対する母親の反応、その反応に対する子どものさらなる行動といった相互の関係によって、双方の絆が深まる。

　この愛着関係に基づき、子どもはあいまいな状況や不安な状況では、母親の表情などを手がかりにして行動する。これは社会的参照といわれる。見知らぬ人にあった時、子どもは母親が肯定的態度を示すと肯定的反応をみせる。母親が否定的・防衛的態度を示すと、子どもは拒否や回避などの否定的反応をみせる。

## 2 乳児・児童期における他者との関係

### 1ーー家庭内での人間関係

　家族が生活する場ないしは生活空間が、家庭である。家族は「夫婦を始め、生活を共にする親子・兄弟などの血縁集団。社会構成の基本的単位」（『広辞苑』）である。家族の人数が多くなると、そこでの人間関係は複雑多様になる。

　母親との関係に基づいて、幼児期、児童期そして青年期にかけて、子どもは家族との関係からさまざまなことを学び、成長していく。

　子どもにとって家庭は、①やすらぎの場、②学習の場、③反抗の場ととらえることができる。

#### 1　やすらぎの場としての家庭

　子どもは、家族（親）から大事にされているし、親を信頼している自分を感じ、安心感や基本的信頼感を持つことによって、くつろぎ、やすらぎを得るこ

とができる。外の世界でのストレスや葛藤を家族との関係の中で癒やすこともできる。

## 2　学習の場としての家庭

　親との強い情緒的絆のもとに、子どもはさまざまな学習をする。たとえば、親から何度も何度もある言葉とその意味（概念）を繰り返し伝えられることによって、それらを習得する。しつけを通して、社会規範や価値観などをも学ぶ。子どもは受け身的に学習するだけではなく、自ら積極的に、親の日常生活の行動を観察しながら、さまざまな行動様式を身につけていく。また、対人関係の持ち方、他者理解などの人間関係そのものを親子関係や同胞関係から学ぶ場でもある。

## 3　反抗の場としての家庭

　青年期初期の第2反抗期は、多くの青年にみられる（「2――親子関係―心理的離乳、第2反抗期」p.85を参照のこと）。

# 2 ―― 幼児期および児童期における同世代の友だちとの関係

## 1　社会的スキルの形成

　人間は、生まれた直後から周りの人たちとの関係の中で成長・発達する社会的存在である。社会の中で、他者との円滑な生活を送るためには、対人関係を適切に形成保持する能力である社会的スキル（ソーシャルスキル）を獲得し発達させることが重要である（*link* p.179）。

　子どもは家族との関係に始まり、保育所や幼稚園での友だちとの関係や保育者・教師との関係を通して、社会的スキルを身につけていく。社会的スキルは、「協調」行動、「自己抑制」「自己表現」に分けることができる。「協調」行動とは、他者を励ましたり慰めたりする、元気づける、共感するなどの共感的、向社会的行動である。「自己抑制」とは我慢する、順番を待つ、ものを独占しないで分けあうなどの自制的行動である。「自己表現」とは、他者への関心を示す、

受け答えをするなど、自分の気持ちや考え、行動を適切に相手に対して表出する行動である。

これらの社会的スキルの幼児期の縦断的発達（図4-2）をみると、男児女児ともに「協調」行動と「自己抑制」が次第に強まる[3]（***link*** p.152）。

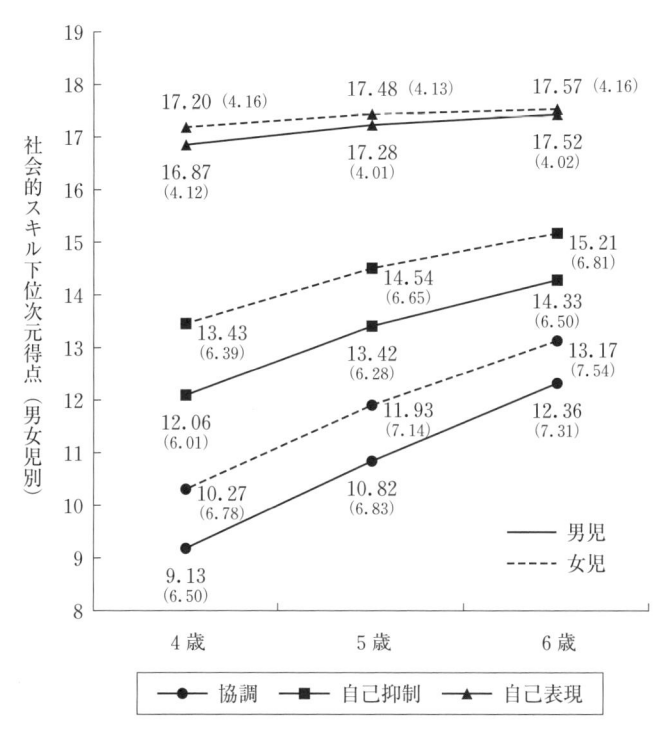

発達的変化を示すため、4・5・6歳の3時点すべてで評定が行われた2625名の児に限って結果を示した。図中の数値は平均値、括弧内の数値は標準偏差。

**図4-2 社会的スキル尺度下位次元得点の年齢時点ごとの発達的変化**

出典：高橋雄介・岡田謙介・星野崇宏・安梅勅江「就学前児の社会的スキル：コホート研究による因子構造の安定性と予測的妥当性の検討」『教育心理学研究』56　2008年　p.85

## 2　友だちとの遊び

　他の子どもとの人間関係に注目して、子どもの遊びをみてみよう。パーテン（Parten, M. B.）は、乳幼児の遊びを次のように分類している。

①傍　　　観：他の子どもが遊んでいる様子をみていて、参加しようとはしない。

②ひとり遊び：近くに他の子どもが遊んでいても、かかわりを持とうとせず、一人で遊んでいる。一人で走り回る、ブランコするなど動的なものと、一人で絵本を読むなど静的なものがある。

③平 行 遊 び：近くにいる子どもと同じような遊びをするが、かかわりを持った遊びにはなっていない。

④連 合 遊 び：何人もの子どもで同じ遊びをするが、役割分担やルールを共有しての遊びにはなっていない。

⑤協 同 遊 び：役割分担し、ルールを共有して組織的、協力的に遊ぶ。

　幼児の遊びの発達（図4-3）をみると、ひとり遊びは次第に減少し、連合遊びや協同遊びが多くなる。

　子どもは遊びを通して他者とかかわることによって、社会的スキルを身につけるとともに、自分たちで遊びのルールをつくったり変えたりして、積極的に社会的ルール形成の過程をも学ぶ（*link* p.149・150）。

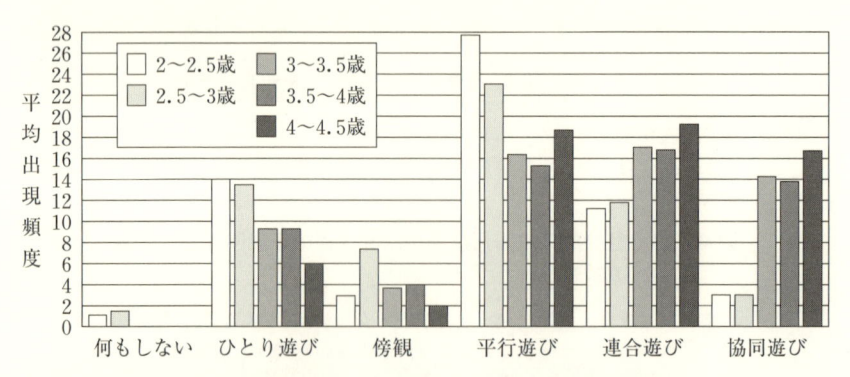

図4-3　パーテンによる仲間遊びの発達（Parten, 1932による）

出典：宮川充司「幼児期」二宮克美・大野木裕明・宮沢秀次編『ガイドライン生涯発達心理学』ナカニシヤ出版　2006年　p.54

## 3 子ども同士の好悪関係

　幼児期の後半になると、子どもの間に好きあるいは嫌いという情緒関係がみられるようになる。他者への理解が進むにしたがって、興味や関心、能力などが似ている子ども同士が仲間集団（peer group）を形成し始める。そして、類似性に基づいて、「われわれ集団」としての意識が共有され、ともに行動する（遊ぶ）仲良し集団（chum group）となる。一緒に行動することは、仲間へ同調することが必要になり、同調行動が増えてくるのは幼児期から児童期の特徴である。一方、類似性が低く、そのため気が合わない子どもとは次第に遊ぶ機会は少なくなる。

　幼稚園や小学校の組・学級という公式集団（formal group）のメンバー（クラスメイト）間の人間関係を好悪感情からとらえる方法が、ソシオメトリー（sociometry）である。誰と一緒に遊びたいか、遊びたくないかといった質問を子どもに直接するソシオメトリック・テスト（sociometric test）は、モレノによって考案された。しかし、これの利用は、子どもに選ばれるかといった不安や他者に対する好悪感情の区別化を意識させることになり、問題が多い。利用に際しては、質問の仕方に工夫が必要である。むしろ日頃からの観察によって、子ども同士の関係を把握することが望ましいといえる。

　子ども同士の好悪関係を図にしたものがソシオグラム（sociogram）である。関係を図に表すと、サブグループ、人気児（スター）、周辺児、被排斥児、孤立

―――― 好意的関係
------ 拒否的関係

⑤ 人気児（スター）
③ 周辺児（フォロアー）
⑩ 孤立児
⑪ 被排斥児
⑦-⑧-⑨ サブグループ

（矢印は選択の方向を示す）

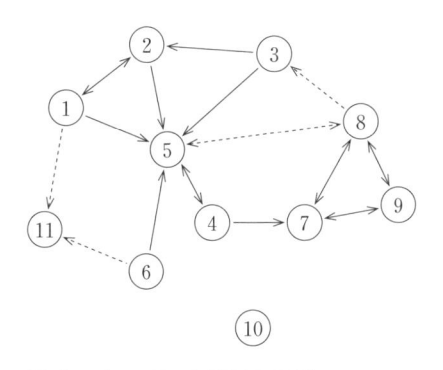

図4-4　ソシオグラムの例
出典：著者作成

児などが視覚的にとらえられる（図4-4）。人気児は、性格的には社交的で明るく、知的にも優れているものがなりやすく、周辺児への勢力（影響力）、情報の発信力などが強い。

### 4 ギャング・エイジ

小学校の中学年ころには、比較的少人数（5人前後）のグループが自然発生的に形成される。これはギャング集団といわれ、結束（集団凝集性）が強く、グループ内のルール（集団規範）が意識されて、秘密的で閉鎖的・排他的な特徴を示す。この時期をギャング・エイジ（ギャング時代）という。

この集団活動によって、子どもは役割分担、連帯やわれわれ意識、順法意識などを学び育成する。万引きなどの反社会的集団行動をすることもあるが、発達上での一過性であることが多い。

最近は、社会生活の変化や少子化などもあって、ギャング集団活動がみられなくなっているともいわれる。

## 3 青年期における親や同世代の友だちとの関係

### 1 ── 親子関係の変化の基礎

青年期は、子どもから大人への移行期といわれる。児童期から青年期にかけての大きな変化は、①身体的・生理的側面、②認知的側面、③自己意識、④社会的位置づけ（社会的扱い）にみられる[4]。これらの側面の変化は人間関係の変化と密接にかかわっている。

### 1 身体的・生理的側面の変化

高校生の時期には、身長や身体能力などが、その人が大人になった時と同等のレベルにほぼ達する。たとえば、女子の身長は平均的には15歳ごろには伸び止まり、高校3年間で平均1cmも伸びない。男子は平均的には17～18歳ごろ

に伸び止まる（*link* p.45）。身体能力もこれとほぼ同様である。

　中学生から高校生の時期に、身長や身体能力が親や大人のそれと少なくとも同等かそれ以上になることは、親との関係に少なからず影響をもたらす。青年期には、身体面の力関係は拮抗、逆転し、それまでの親の圧倒的な威圧感は揺らいでくる。二次性徴の発現（体毛の発生、初潮／精通現象、女性的／男性的身体など）による生理的な面での身体変化は、大人になる自他の身体への関心をもたらすことになる。

## 2　認知的側面の変化

　認知的にみると、児童期は「具体的操作期」（ピアジェ）にほぼ対応する（*link* p.54）。具体的事物に基づいた概念、およびそれらの操作を中心とした思考特徴を示す段階である。具体的事物や現象を扱うことによって、かなり高度な思考ができるものの、具体的であるがための「見かけ」にとらわれてしまいがちである。次の認知的発達段階は、中学生以降の時期にあたる「形式的操作期」である。この段階では「見かけ」にとらわれず、具体的事物や現象の背景にあるシンボルを操作し、仮説検証的思考、抽象的論理的思考ができるようになる。

　このような思考段階に入ることは、それまでとは違った観点や関心から自分や人生、社会、親や大人などを論理的にとらえることにつながっている。

## 3　自己意識の高まり

　認知的発達を基礎にして、「自我の発見」がなされる。みる自分（I）とみられる自分（Me）が分化し、「自分（I：主我）が自分（Me：客我）をみる」ようになり、自分の存在の意味や価値、自分の生き方についての主体的な探求をし始める。自分をみる視点は複眼的になる（*link* p.38）。

　次の文には、高校1年生のA子が日記を「あなた」と表現し、日記に書くことによって、自分を他者の視点からとらえようとする様子がみられる。

　「私はあなたにお手紙書きましょう。あなたと大の仲良しになりたいと思います。時にはあなたは私のお母さん、お姉さんになって私に教えてください。／書く事により、知り考える事が出きるなら、私は本当に嬉しく思います」[5]。

表4-2　法令上の子どもとおとな

| 法令 | 子ども・少年 | おとな・成人 |
| --- | --- | --- |
| 児童福祉法　第四条 | この法律で、児童とは、満十八歳に満たない者をいい、児童を左のように分ける。<br>一　乳児　満一歳に満たない者<br>二　幼児　満一歳から、小学校就学の始期に達するまでの者<br>三　少年　小学校就学の始期から、満十八歳に達するまでの者 | |
| 少年法　第二条① | この法律で「少年」とは、二十歳に満たない者をいい、 | 「成人」とは、満二十歳以上の者をいう。 |
| 　　　　第三条① | 次に掲げる少年は、これを家庭裁判所の審判に付する。<br>一　罪を犯した少年<br>二　十四歳に満たないで刑罰法令に触れる行為をした少年<br>三　次に掲げる事由があつて、その性格又は環境に照して、将来、罪を犯し、又は刑罰法令に触れる行為をする虞のある少年<br>　イ　保護者の正当な監督に服しない性癖のあること。<br>　ロ　正当な理由がなく家庭に寄り附かないこと。<br>　ハ　犯罪性のある人若しくは不道徳な人と交際し、又はいかがわしい場所に出入すること。<br>　ニ　自己又は他人の徳性を害する行為をする性癖のあること。 | |
| 労働基準法　第五六条① | 使用者は、児童が満十五歳に達した日以後の最初の三月三十一日が終了するまで、これを使用してはならない。 | |
| 　　　　　第六一条① | 使用者は、満十八才に満たない者を午後十時から午前五時までの間において使用してはならない。ただし、交替制によつて使用する満十六才以上の男性については、この限りでない。 | |

| 法令 | 子ども・少年 | おとな・成人 |
|---|---|---|
| 民法　第四条 | | 年齢二十歳をもって、成年とする。 |
| 　　　第五条① | 未成年者が法律行為をするには、その法定代理人の同意を得なければならない。ただし、単に権利を得、又は義務を免れる法律行為については、この限りでない。 | |
| 　　　第七三一条 | 男は、十八歳に、女は、十六歳にならなければ、婚姻をすることができない。 | |
| 公職選挙法　第九条① | | 日本国民で年齢満二十年以上の者は、衆議院議員及び参議院議員の選挙権を有する。 |
| 　　　　　　第一〇条① | | 日本国民は、左の各号の区分に従い、それぞれ当該議員又は長の被選挙権を有する。<br>一　衆議院議員については年齢満二十五年以上の者<br>二　参議院議員については年齢満三十年以上の者<br>三　都道府県の議会の議員についてはその選挙権を有する者で年齢満二十五年以上のもの<br>四　都道府県知事については年齢満三十年以上の者<br>五　市町村の議会の議員についてはその選挙権を有する者で年齢満二十五年以上のもの<br>六　市町村長については年齢満二十五年以上の者 |
| 道路交通法　第一四条③ | 児童（六歳以上十三歳未満の者をいう。以下同じ。）若しくは幼児（六歳未満の者をいう。以下同じ。）を保護する責任のある者は、交通のひんぱんな道路又は踏切若しくはその附近の道路において、児童若しくは幼児に遊戯をさせ、又は自ら若しくはこれに代わる監護者が付き添わないで幼児を歩行させてはならない。 | |

| 法令 | 子ども・少年 | おとな・成人 |
|---|---|---|
| 第八八条① | 次の各号のいずれかに該当する者に対しては、第一種免許又は第二種免許を与えない。<br>一　大型免許にあつては二十一歳（政令で定める者にあつては、十九歳）に、中型免許にあつては二十歳（政令で定める者にあつては、十九歳）に、普通免許、大型特殊免許、大型二輪免許及び牽引免許にあつては十八歳に、普通二輪免許、小型特殊免許及び原付免許にあつては十六歳に、それぞれ満たない者 | |
| 未成年者飲酒禁止法<br>第一条 | 満二十年ニ至ラサル者ハ酒類ヲ飲用スルコトヲ得ス | |
| 未成年者喫煙禁止法<br>第一条 | 満二十年ニ至ラサル者ハ煙草ヲ喫スルコトヲ得ス | |

注　：法令条文は縦書きであるので、表中の「左」は「下」と解する必要がある。

出典：著者作成

## 4　社会的位置づけ（社会的扱い）

　社会に生きる人間（社会的存在）は、その時代的制度的環境の影響からまぬがれることはできない。中学生になると多くが学生服を着用し、バスや電車の利用は大人料金になる。個々の法律によるものの、法律的には中学生ごろから大人扱いがされるようになり、次第に子ども扱いは少なくなって大人扱いの比率が高くなる。そして、ほぼ権利や責任が認められる年齢は、だいたい20歳である（表4-2）。

　また、中学生になると、社会的教育的制度のもとに、学校でも家庭の中でも、多くにとっては最初の進路選択となる高校受験が重要な問題事となる。周囲の扱いは受験生に対するものとなり、児童期から変化してくる。

　このように、青年は、社会制度的に、子ども扱いから次第に大人扱いされることが多くなる。

## 2 ── 親子関係─心理的離乳、第2反抗期

自己意識の高まりは、人間関係における自己のあり方についても見直しを迫ることになる。

青年期は、それまでの保護され依存する関係から、対等な関係へと親子関係が再体制化される時期である（図4-5）。青年期は、親から心理的に独立していく過程であり、「心理的離乳」あるいは「脱衛星化」といわれる。この時期は、親の監督庇護から離れて、独力で選択決定をしたいという要求と、これに伴う葛藤克服が課題となっている。

それまでのように子ども扱いされることに反発して、親や権威に対する否定的態度が顕著になる「第2反抗期」は、この青年期初期にみられる。社会的事象への理解の未熟さや問題解決能力の不足のため、親からの独立や自立は、親を否定することによって獲得できるという思いが強く、それが反抗現象となるのである。

自分への不満が強いと、小さい時には、自分を自分の主体的判断で形成することができないため、今このようになっている自分を育てた親が悪いと、親への一層強い反発がみられる。

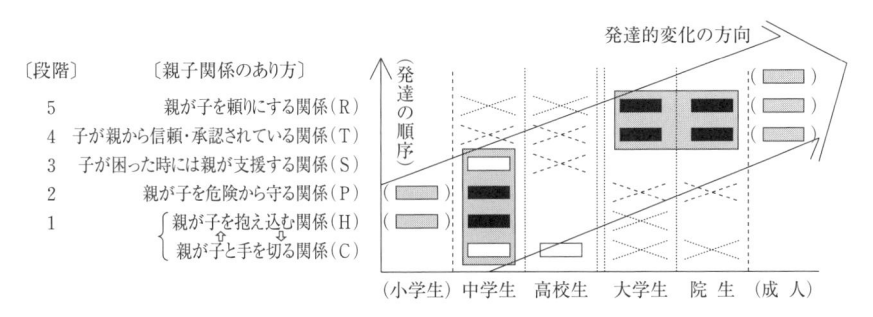

〔段階〕　〔親子関係のあり方〕
5　親が子を頼りにする関係（R）
4　子が親から信頼・承認されている関係（T）
3　子が困った時には親が支援する関係（S）
2　親が子を危険から守る関係（P）
1　｛親が子を抱え込む関係（H）
　　親が子と手を切る関係（C）

図4-5　親子関係のあり方の変化から見た心理的離乳への過程
出典：落合良行・佐藤有耕「親子関係の変化からみた心理的離乳への過程の分析」『教育心理学研究』44　1996a　p.21

## 3 ── 友人関係

　親から心理的に独立していく過程では、親への依存から、親に甘えつつ、次第に仲間、友人への心理的な傾斜がみられる。友人との関係が重要であり、重視される。

　友人関係が成立する過程は、お互いにほとんど知らない段階、一方が他方を認知し関心を向ける段階、あいさつや簡単な会話を交わす表面的な接触段階、相互に接触交流する段階に分けることができる。一般に友人関係は、この相互接触段階にある人間関係をさしている。相互の自己開示（自分のことを打ち明けること）によって、お互いの理解が深まり、対象や行動、内面の共有をする関係が形成され、維持され、親密化していく。

### 1　友人とのつきあい方

　落合ら[6]によると、友人関係の持ち方のタイプを「友達と選択的に深くかかわろうとするか―防衛的に浅くかかわろうとするか」という「友達とのかかわりに関する姿勢」次元と、「人を選択し限定した友達とかかわろうとするか―広い範囲の友達とかかわろうとするか」という「自分がかかわろうとする相手の範囲」次元から分類している（図4-6）。①浅く広くといった志向タイプ（A）、②浅く狭くといった志向タイプ（B）、③深く広くといった志向タイプ（C）、④深く狭くといった志向タイプ（D）である。

　中学生の浅くといった志向タイプ（AやB）から、高校生や大学生の深くといった志向タイプ（CやD）への発達的変化がみられる（図4-7）。女子高校生ではDタイプのような密着した友人関係が、男子高校生ではAやBタイプのような浅い友人関係が特徴的にみられる。

### 2　友人関係の機能

　自己意識の形成にとって、友人との相互作用は次のような意義がある[7]。
① 情報提供者としての友人：自分に深い関心をもち、自分の姿を探し求めている青年は、他者の目（評価）を気にしていて、敏感に反応しやすい。他者

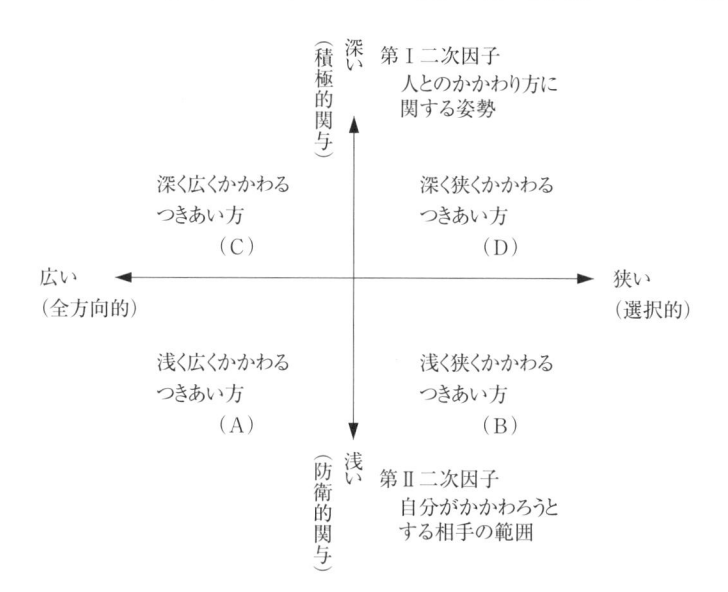

第4章　生涯発達における環境と人との相互的かかわりの変化　●87

```
                      深い
                  （積極的関与）
                  第Ⅰ二次因子
                  人とのかかわり方に
                  関する姿勢

   深く広くかかわる        深く狭くかかわる
   つきあい方           つきあい方
      （C）             （D）

広い ←─────────────────→ 狭い
(全方向的)                    (選択的)

   浅く広くかかわる        浅く狭くかかわる
   つきあい方           つきあい方
      （A）             （B）

                  浅い
                （防衛的関与）
                  第Ⅱ二次因子
                  自分がかかわろうと
                  する相手の範囲
```

図4－6　友達のつきあい方を構成する2次元とつきあい方の4パターン

出典：落合良行・佐藤有耕「青年期における友達とのつきあい方の発達的変化」『教育心理学研究』44　1996b　p.59

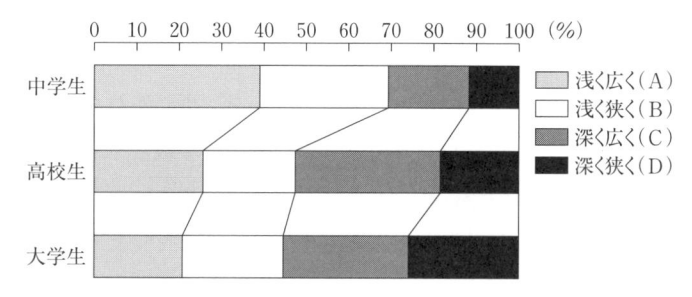

```
       0  10  20  30  40  50  60  70  80  90 100 (%)
中学生                                              ▢浅く広く(A)
                                                   ▢浅く狭く(B)
高校生                                              ▨深く広く(C)
                                                   ■深く狭く(D)
大学生
```

図4－7　友達のつきあい方の4パターンの発達的変化

出典：図4－6に同じ。p.62

が自分をどのようにみているか、その内容を知ることは自分をみる視点を広げることになる。時には、積極的に友人などの他者の自分に対する見方や評価を求めることもある。

② 比較対象としての友人：自己の状態が不明瞭な時、人と比較して自分を認識することがあるように、自分と対等、同条件にある友人を比較して、自分についての評価をする。

③ 同一視の対象としての友人：同一視とは、他者の性格や行動の特徴をあたかも自分のそれであるかのように無意識的に取り入れてしまうことである。子どもは親に同一視し、その結果として自己を形成するが、青年は自分の価値観に基づいて広くいろいろな人々を取捨選択して意識的に取り込もうとする。

また、社会的知識やルールを習得する「社会化」の過程においては、次のような意義をあげることができる（*link* p.18）[8]。

① 安定化の機能：友人は悩みを打ち明ける相談相手である。打ち明け、相談することによって、カタルシス（心の中に抑圧された感情を表出し、ストレスを解消すること）の機能を果たしてくれる。

　気持ち、目標、秘密の共有は、「お互いを支えあいながら努力できる」「楽しく過ごせる」「周りから自分たちが評価される」という精神的充実や心理的安定をもたらす[9]。しかし、一方では、一緒に行動することや同じ趣味を持つことは、「自分らしさがなくなる」「かえって周囲との距離をつくる」というような負担感や拘束感、周囲からの否定的評価をも生じかねない。

② 学習の機能：社会的知識やルールを学ぶいろいろな機会をもたらしてくれる。いろいろな友人とのつきあい方を学ぶことができる。

③ モデルの機能：自分とは異なる考え方や趣味などを持つ友人は、自己形成していく中でのモデルになる。「同一視の対象としての友人」とみることもできる。

## 3　友人関係のつまずき―いじめ

　友人関係における問題行動（反社会的行動）のひとつがいじめである。いじめは、「冷やかし・からかい」「言葉での脅し」「暴力を振るう」「仲間はずれ」「持ち物隠し」「集団による無視」などをさす。

　文部科学省は、いじめについて、「①自分より弱い者に対して一方的に、②身体的・心理的な圧力を継続的に加え、③相手が深刻な苦痛を感じているもの」という定義を、2006（平成18）年からは、「当該児童生徒が、一定の人間関係のある者から、心理的、物理的な攻撃を受けたことにより、精神的な苦痛を感じているもの」と変更した。

　いじめであるかどうかの判断は、学校や教師などによって異なることも多いが、被害者の「いじめられていて苦痛である」という認識を重視するようになってきている。

　いじめは、中学生、特に中学1、2年生に多い（図4－8）。中学生の時期は、社会制度的には高校受験を控えてストレスの多い時期である。また、発達的には他の時期に比べ情緒的に不安定であり、パーソナリティや社会的・対人スキルが未熟である。そして、いくつかの小学区からの通学者からなる中学区となり、小学区からの人間関係と新たに出会う人との関係とが入り混じる時期でもある。いじめは、これらを背景にして起きていると考えられる。

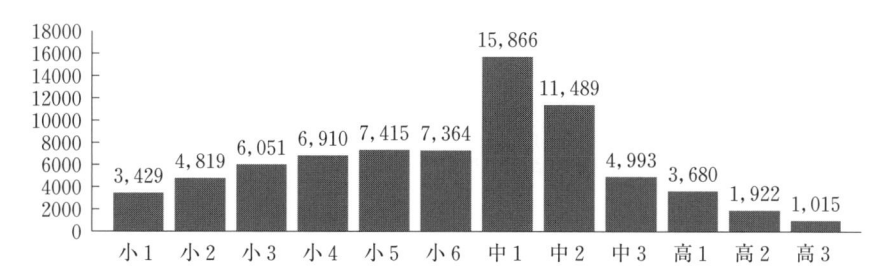

| 学年 | 認知件数 |
|---|---|
| 小1 | 3,429 |
| 小2 | 4,819 |
| 小3 | 6,051 |
| 小4 | 6,910 |
| 小5 | 7,415 |
| 小6 | 7,364 |
| 中1 | 15,866 |
| 中2 | 11,489 |
| 中3 | 4,993 |
| 高1 | 3,680 |
| 高2 | 1,922 |
| 高3 | 1,015 |

図4－8　学年別いじめの認知件数
出典：文部科学省　平成22年度「児童生徒の問題行動等生徒指導上の諸問題に関する調査」について　2011年

## 4 ── 異性関係

　児童期から青年期にかけて、二次性徴の発現という身体生理的変化とあいまって、異性への関心が高まり、観念的な異性へのあこがれと特定の異性への思いが生ずる。

### 1　異性との関係形成と発展過程

　容貌といった外見やスポーツ能力、社交性などに基づいた好感から、具体的に好きな異性が選択され、思慕が高まる。その異性に関する情報を集めて理解を深めようとしつつ、自分が相手にふさわしいか、好意的に受け入れられるか、といった不安や迷いの時期を経て、思いを伝える（「告白する」）行動をとる。

　特定の異性との恋愛関係は、一方の「告白」によって双方の合意のもとに成立する。「お互いにつきあっている」という意識が共有され、中学生や高校生では、登下校を一緒にするという行動や休日などでのデートがなされることになる。

　交際が始まると、さらに相手についての理解を深めようと、お互いに自己開示しあうことになる。行動の共有（一緒に行動すること）とともに、楽しい・うれしいといった感情の共有、そして「理解しあっている」「信頼しあっている」といった安定感・安心感を実感する。現実生活での適切な役割分担と思いやりが、さらに関係を深め関係は安定してくる。

### 2　異性関係の二面性

　恋愛は、他者に対しては閉鎖的で排除的である。他者の介入に拒否的であり、他者も２人からは距離をとりがちになる。また、恋愛相手に対しては独占支配的で拘束的である。相手に対して、自分の思いに沿って行動することを求め、行動支配しようとする。

　恋愛には、精神愛と性愛の両面がある。相手への献身的愛情やお互いに愛に包まれているという幸福感を追求しようとする面と、性的に満たし満たされるというお互いの満足を追求しようとする面である。

これらの二面性を、2人がともに発達しながら、協力し克服していかなければ、関係は崩壊していくことになる。

---

# 4
# 青年期から成人期以降の人間関係

## 1 ── 恋人、配偶者との関係

　青年後期から成人初期において重要な人間関係のひとつは、恋人あるいは配偶者との関係である。エリクソンはこの時期の発達的危機を「親密性　対　孤立」としている（*link* p.72）。親密性とは「自分の何かを失いつつあるのではないかという恐れなしに、自分のアイデンティティと誰かのアイデンティティとを融合する能力」[10]である。主体的な自分をお互いに失うことなく、気持ちが深く通じあっているという一体感や相互信頼感を持てる親密な関係を形成することである。時には、気持ちや意思のすれ違いから理解しあっていないと感ずること（孤立感）や対立も経験するが、お互いにきっと克服できると信じあっていることである。

### 1　結婚観
　若者は結婚についてどのように考えているのであろうか。「第8回世界青年意識調査」[11]をみると、77.3％以上の男女（18歳から24歳）は、「結婚すべきだ」、あるいは「結婚したほうがよい」と考えている。その理由は、「自分の子どもや家族をもてる」（男75.8％、女82.1％）、「精神的な安らぎの場が得られる」（男65.6％、女60.2％）、「愛情を感じている人と暮らせる」（男63.9％、女61.4％）である。
　男女ともに20％ほどが「結婚しなくてもよい」、あるいは「結婚しないほうがよい」と考えている。理由には、「自分の趣味や娯楽を楽しむことができる」（男58.1％、女55.6％）、「1人でも不便を感じない」（男47.6％、女41.0％）などがあげられる。

18歳から34歳の未婚者（2010年時点）をみると、男86.3%、女89.4%が「いずれ結婚するつもり」であり、「一生結婚するつもりはない」は男9.4%、女6.8%となっている[12]。

## 2　異性と交際するうえでの不安

未婚者は、異性と交際するうえでの不安には、「自分は異性に対して魅力がないのではないかと思う」「そもそも異性との出会いの場所がわからない」「自分が恋愛感情を抱くことが出来るのか不安だ」などがあげられる。結婚生活を送っていくうえで不安に思っていることには、「経済的に十分な生活ができるかどうか」「配偶者の親族とのつきあい」「配偶者と心が通わなくなる」などがあげられる[13]。

## 3　離婚

恋人や配偶者との関係の破綻が、失恋や離婚である。

2000（平成12）年以降、毎年25万組以上が離婚しており、離婚率は約30%となっている。離婚率10%未満であった1960年代から次第に増え続けてきた。そこには人々の結婚についての考え方の変化がみられる。

離婚について、内閣府の調査[11]によれば、若者（18歳から24歳）は、
「いったん結婚したら、いかなる理由があっても離婚すべきではない」（男15.4%、女8.3%）
「子どもがいれば離婚すべきではないが、いなければ、事情によってはやむをえない」（男47.6%、女49.3%）
「子どもの有無にかかわらず、事情によっては離婚もやむをえない」（男28.6%、女31.9%）
「互いに愛情がなくなれば、離婚すべきである」（男6.3%、女8.3%）
と考えている。子どもの有無や事情によって異なるものの、離婚に対して許容的な考えの若者は、80%近くみられる（図4-9）。2003（平成15）年までの調査に比べれば、2007年調査時には「子どもがいれば離婚すべきではないが、いなければ、事情によってはやむをえない」が10ポイント増加し、「子どもの有無

|  | N | いかなる理由があっても離婚すべきではない1 | 子どもがいれば離婚すべきではない2 | 事情によっては離婚もやむをえない3 | 愛情がなくなれば離婚すべきである4 | わからない"無回答" |
|---|---|---|---|---|---|---|
| 第5回(1993) | 1,063 | 8.8 | 36.0 | 41.6 | 10.6 | 2.9 |
| 第6回(1998) | 1,047 | 9.9 | 37.9 | 35.8 | 12.8 | 3.5 |
| 第7回(2003) | 1,042 | 8.1 | 38.2 | 37.5 | 10.3 | 6.0 |
| 第8回(2007) | 1,090 | 11.8 | 48.4 | 30.3 | 7.3 | 2.1 |

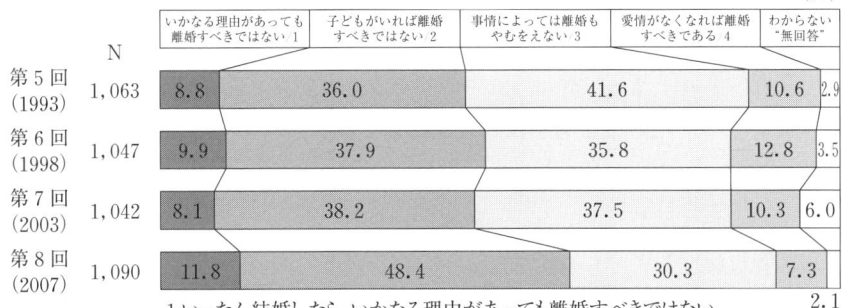

1 いったん結婚したら、いかなる理由があっても離婚すべきではない
2 子どもがいれば離婚すべきではないが、いなければ、事情によってはやむをえない
3 子どもの有無にかかわらず、事情によっては離婚もやむをえない
4 互いに愛情がなくなれば、離婚すべきである

図4-9 離婚観（時系列比較）
出典：内閣府「第8回世界青年意識調査」2009年

にかかわらず、事情によっては離婚もやむをえない」は5ポイント以上減少している。

## 2 ── 子どもとの関係

　自分の家庭を持つということは、「育てられる家庭」から「育てる家庭」へと家庭内での立ち位置が変化することを意味する。扶養され保護される側から、保護し扶養する側への変化である。

　エリクソンは成人期の発達的危機を「生殖性　対　自己吸収」としている。生殖性とは、家庭内で自分の子どもを育てるだけではなく、社会的に次の世代を育てていくことに伴う充実感である。人との関係に生きる社会的存在として、人は関係の中で自己存在の意味を確認でき、充実した感覚を持つことができる。しかし、一方では関係の中に自己が埋没したり、関係に振り回され、主体性や独自な存在としての自己を見失ってしまうことも生ずる。親であることを生き生きと実感できることと、子どもおよび自分の発達とともに関係が変化することを受け入れていくことが必要になる。

## 1 養育態度からみる親子関係

　親の養育態度に関する研究は、1930年代から盛んに行われてきた[14]。そして、親の養育態度は子どもに対して受容的であるかという「受容的（愛情）―拒否的（敵意）」次元と、子どもを統制しようとするかという「自律的（自由）―統制的（制限）」次元からとらえられてきている。この2次元の組み合わせから4タイプの養育態度が分類できる（図4－10）。

　親の養育態度と子どもの性格形成や問題行動との関係が研究され、民主的な養育タイプの優位性が指摘されてきた。しかし、親の養育態度は、親の一般的な子ども観や性役割観などを背景に、子どもとの相互作用によって形成される面があって、子どもの側の要因（気質、心身の状態や疾患、発達状態など）と密接にかかわっている。

　たとえば、活発な女の子に対して、しとやかさを求める親は統制的であろう。子どもは、統制的な親に反発し、さらに親は統制的になり、子どもはさらに反発するといった循環が起こるかもしれない。あるいは、統制的な親に素直な子どもは、しとやかさを身につけていき、親との良好な関係ができていくかもしれない。

```
                 受容的（愛情）
          ┌──────────┬──────────┐
          │ 過保護・過干渉的│ 共同的・民主的 │
          │   養育タイプ  │   養育タイプ  │
  （統制的）├──────────┼──────────┤（自律的）
   制限    │ 支配的・独裁的 │ 無関心・放任的 │  自由
          │   養育タイプ  │   養育タイプ  │
          └──────────┴──────────┘
                 拒否的（敵意）
```

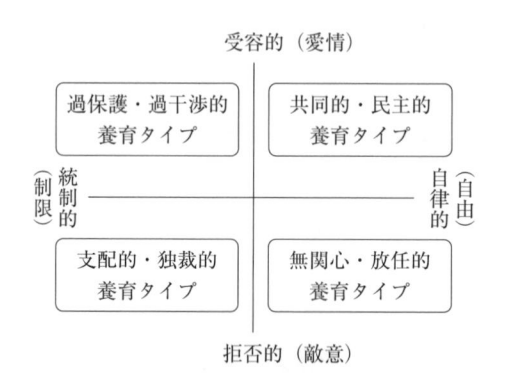

**図4－10　親の養育態度の2軸と4つのタイプ**
（Vinacke, 1968）

出典：菅原ますみ「親の養育態度と親子の相互作用」中島義明・繁桝算男・箱田裕司編『新・心理学の基礎知識』有斐閣　2005年　p.349

## 2　親子関係のつまずき—児童虐待

親子関係の悲惨な破綻のひとつが児童虐待である。

児童虐待の対応機関は児童相談所である。児童相談所における児童虐待に関する相談対応件数は2001（平成13）年に2万3000件であったものが、毎年増え続け、2007（同19）年には4万件を超え、2010（同22）年には5万5000件となった。児童虐待は、2000（同12）年に「児童虐待の防止等に関する法律」が施行され、その内容が「身体的虐待」「性的虐待」「育児放棄（ネグレクト）」「心理的虐待」とに分けられている（*link* p.202）。主たる虐待者は、実母が60.6％、実父が24.8％以上であり、実親が85％以上を占め、「身体的虐待」（38.3％以上）と「育児放棄（ネグレクト）」（32.7％）をあわせて71％となっている[15]（図4-11、12）。

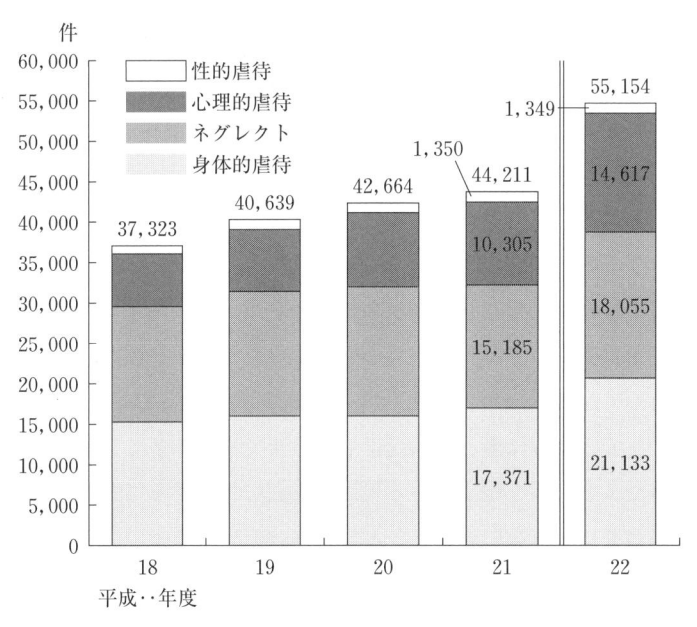

図4-11　児童虐待の相談種別対応件数

注：平成22年度は、東日本大震災の影響により宮城県、福島県を除いて集計した数値である。

出典：厚生労働省「平成22年度福祉行政報告例の概況」2010年

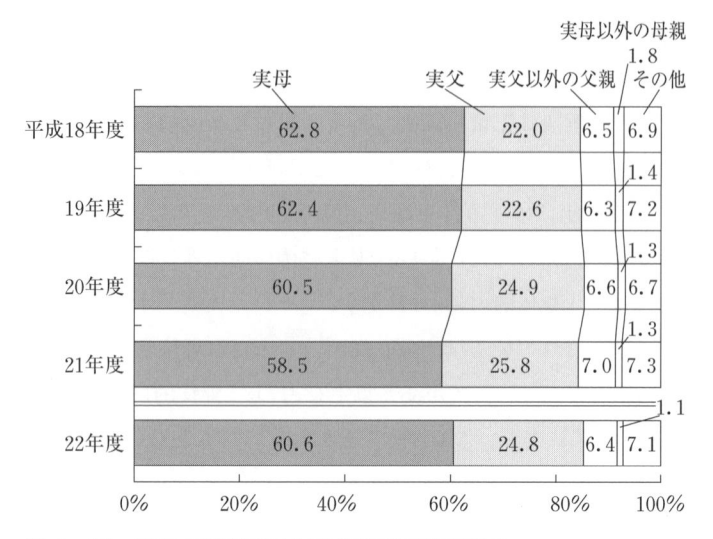

| | 実母 | 実父 | 実父以外の父親 | 実母以外の母親 | その他 |
|---|---|---|---|---|---|
| 平成18年度 | 62.8 | 22.0 | 6.5 | 1.8 | 6.9 |
| 19年度 | 62.4 | 22.6 | 6.3 | 1.4 | 7.2 |
| 20年度 | 60.5 | 24.9 | 6.6 | 1.3 | 6.7 |
| 21年度 | 58.5 | 25.8 | 7.0 | 1.3 | 7.3 |
| 22年度 | 60.6 | 24.8 | 6.4 | 1.1 | 7.1 |

図4-12 児童虐待相談の主な虐待者別構成割合

注：平成22年度は、東日本大震災の影響により宮城県、福島県を除いて集計した数値である。

出典：図4-11に同じ。

実のわが子に対して、母親や父親が暴力を振るい、満足に食事を与えないという虐待を与え続けているのである。

若い母親が離婚後に起こしたケース、自分をコントロールできない未熟な親のケース、親自身が小さい時に虐待を受けていたケース、周囲の人からの同情を得たいために起こしたケース、子どもに知的障害があってのケースなど、個々の事例によって、虐待に至った状況はさまざまである。多くに共通していることは、悩みやストレスを抱えている親が、周囲に相談することもできず、孤立して、思い通りにならない思いを子どもに向けていることである。

## 3 ── 親との関係—年老いてゆく親との関係

自分の親との関係は、乳児期・幼児期・児童期の依存し庇護される関係から、青年期・成人期初期の対等な関係への移行期、そして成人期中期・後期の逆に

保護援助する関係へと変化する。

　核家族化、および少子化と高齢化の現代社会においては、三世代世帯は少なくなっている。親元にいた子どもは、大学入学や就職、そして結婚することによって、親元を離れる（別居する）ことになる。親から物理的に離れることは、自分のことは自分でしなければならない状況になることである。そして、経済的な自立と精神的自立とは前後し、あいまってなされていく。その後やがて、年老いてゆく親との関係に変わることになる。

　内閣府の調査[11]をみると、年老いた親の扶養に関して、若者（18歳から24歳）の7割近くは、「自分の生活力に応じて親を養う」と考え、「どんなことをしてでも親を養う」は28.3％ほどである。

　親の扶養については、「自分ができる限り面倒をみたい」と、社会保障より「子が親の面倒をみる」という伝統的な社会慣習に基づいた考え方が支配的である。

　なお、親は「子どもに面倒をみてもらう」のではなく「自分たちで生活する」と考えていて、子どもと親との間には微妙な違いがみられる。

## 4 ── 職場での人間関係

　就職によって、若者は新しい環境（職場）で、これまでとは違った人間関係を持つことになる。自分で選択する人間関係ではなく、強いられる人間関係である。勢力関係を背景にした上司や部下との人間関係と同僚関係は、情緒的な好意的人間関係とは異質な面を持っている。職場では、課題（目標）達成に向けて、相手に対する自分の感情面を抑制し調節することが要求される。仕事の上では、好き嫌いを基準にして、上司やパートナーあるいは仕事相手などを選ぶ自由はほとんどないため、人間関係でのストレスが生じやすい。より一層自分をコントロールすることや意思疎通に関する社会的スキルと、ストレスの適切な発散解消や軽減の方法を習得していくことが要請される。

　職場での人間関係のつまずきには、パワーハラスメント（パワハラ）、セクシャルハラスメント（セクハラ）、対人関係によるうつ病、離職や退職などがあげられる。

【引用文献】

1）竹下秀子「あおむけで、他者、自己、物とかかわる赤ちゃん：子育ちと子育ての比較行動発達学」『発達心理学研究』20(1)　2009年　pp.29−41
2）エリクソン（仁科弥生訳）『乳児期と社会Ⅰ』みすず書房　1977年
3）高橋雄介・岡田謙介・星野崇宏・安梅勅江「就学前児の社会的スキル：コホート研究による因子構造の安定性と予測的妥当性の検討」『教育心理学研究』56　2008年　pp.81−92
4）宮沢秀次「青年期の特徴」二宮克美・宮沢秀次・大野木裕明・譲西賢・浦上昌則『エッセンシャルズ教育心理・生徒指導・教育相談』福村出版　1999年　p.12
5）山田良一『青春の軌跡―自己確立への道』大日本図書　1981年
6）落合良行・佐藤有耕「青年期における友達とのつきあい方の発達的変化」『教育心理学研究』44　1996 b　pp.55−65
7）宮沢秀次「青年期中期（高校生の時期）」二宮克美・大野木裕明・宮沢秀次編『ガイドライン生涯発達心理学』ナカニシヤ出版　2006年　pp.87−99
8）松井豊「友人関係の機能」斎藤耕二・菊池章夫編『社会化の心理学ハンドブック―人間形成と社会と文化―』川島書店　1990年　pp.283−296
9）高坂康雅・池田幸恭・葉山大地・佐藤有耕「中学生の友人関係における共有している対象と心理的機能との関連」『青年心理学研究』22　2010年　pp.１−16
10）エヴァンス　1967（岡堂哲雄・中園正身訳）『エリクソンは語る―アイデンティティの心理学―』新曜社　1981年
11）内閣府　第8回世界青年意識調査　2009年（HTML）
　　http://www8.cao.go.jp/youth/kenkyu/worldyouth8/html/mokuji.html#02-7
　　（平成24年6月7日閲覧）
12）国立社会保障・人口問題研究所「第14回出生動向基本調査　結婚と出産に関する全国調査　独身者調査の結果概要」2011年
　　http://www.mhlw.go.jp/stf/shingi/2r9852000001wmnj-att/2r9852000001wmt0.pdf（平成24年6月7日閲覧）
13）内閣府「結婚・家族形成に関する調査報告書【概要版】」2011年
　　http://www8.cao.go.jp/shoushi/cyousa/cyousa22/marriage-family/g-mokuji-pdf.html（平成24年6月7日閲覧）

14）菅原ますみ「親の養育態度と親子の相互作用」中島義明・繁桝算男・箱田裕司編『新・心理学の基礎知識』有斐閣　2005年　pp.349-350
15）厚生労働省「平成22年度福祉行政報告例の概況」2010年

**【参考文献】**

Frantz,R.L., Pattern discrimination and selective attention as determinants of perceptional development from birth. In A.L.Kidd & J.L.Rivoire(Eds.), *Perceptual development in children*, NewYork: International Universities Press, 1966.

宮川充司「幼児期」二宮克美・大野木裕明・宮沢秀次編『ガイドライン生涯発達心理学』ナカニシヤ出版　2006年　pp.45-56

文部科学省　平成22年度「児童生徒の問題行動等生徒指導上の諸問題に関する調査」について　2011年
　　http://www.mext.go.jp/b_menu/houdou/23/08/__icsFiles/afieldfile/2011/08/04/1309304_01.pdf（平成24年6月7日閲覧）

村田孝次『教養の心理学』培風館　1979年

西平直喜「青年期における発達の特徴と教育」大田堯他編『子どもの発達と教育6』岩波書店　1979年　pp.1-56

落合良行・佐藤有耕「親子関係の変化からみた心理的離乳への過程の分析」『教育心理学研究』44　1996a　pp.11-22

谷向みつえ「愛着障害」大石史博・西川隆蔵・中村義行編『発達臨床心理学ハンドブック』ナカニシヤ出版　2005年　pp.49-60

# Ⅱ

## 実践編
子どもを援助するために

# 第5章
# 保育・教育実践における発達援助の考え方

子どもの発達の道筋と、子どもと親の主体者としての成長を支える保育者のかかわりについて学ぶ。子どもと親が自分なりに困難に対処し、自信を持って成長していけるような援助とはどのようなものであろうか。援助の方法や技術だけではなく、その背景にある考え方についても理解を深める。

## 1 基本的生活習慣の発達と援助

### 1 ── 基本的生活習慣とは

　生まれたばかりの乳児は空腹になったら目を覚まして泣き、乳を飲んで排泄をし、また眠ることを自然な体内リズムで繰り返している。しかし他者とともに生活し、生活において刺激を受け反応することを繰り返す中で、次第にその社会の生活様式や習慣を身につけていく。子どもはその社会特有の行動様式やルールを身につけ、自立した大人として成長し、社会の一員として生活していけるようになるのである。
　食事・衣服の着脱・身の回りを清潔にするなど、人が心身ともに健全な社会生活を送るために欠かせない生活習慣を、基本的生活習慣という。自主性が育

つ幼児期に身につけることが必要なもので、一般的には食事・睡眠・排泄・清潔・着脱衣の5つをさす。

これら食事・睡眠・排泄・清潔・着脱衣における生活様式や習慣の獲得は、乳幼児期の発達課題そのものでもあり、養育者が子どもの主体性を尊重しながら、しつけとして養育の中で子どもに繰り返し示す中で獲得されていくものである（*link* p.20）。

## 1 食事

新生児は、昼も夜もほぼ3～4時間ごとに授乳を求め、養育者はそれに応じる。哺乳量が増加すると授乳間隔が広がる。徐々に夜の授乳は少なくなり、大人の食事リズムに近づいていく。

保育の工夫としては、手づかみの時期には、子どもが自分でつかんで食べられるような工夫をすることが、子どもの食に対する関心や主体性をはぐくむ。噛む、飲み込むなどの口腔機能の発達や消化能力の増大に合わせて食品の種類を増やし、食事の回数を調節する。6か月ごろから離乳食を食べられるようになり、1歳過ぎにはほぼ大人と同様の咀嚼能力へと成長する。

口腔機能が未熟な段階で、ストローなどをいきなり吸うことはできない。最初はブクブクと吹くことを繰り返すうちに吸うことを学習し、ようやく吸えるようになる。

手指の微細な運動機能が発達するにつれて、コップを持ったり、年長児や大人のまねをして、スプーンや箸を自分で使いたがるようになる。

他者と食事をともにする中で「いただきます」「ごちそうさま」のあいさつをきちんと言ったり、自分に食べられる分だけもらって残さず食べるなど、食事のマナーも身につけていく。食事の時間が楽しくなる工夫も大切である。

## 2 睡眠

新生児はほとんど昼夜の区別なく、眠りと目覚めを繰り返す。月齢が上がると、1回の起きている時間や睡眠時間が長くなる。昼は活動、夜は休息と、昼夜の差ができるようになり、次第に大人の生活リズムに近づいていく。

昼間にいきいきと活動するために、夜は十分休むことが必要である。大人の生活に合わせ夜遅くまで起きていると子どもの生活リズムが乱れ、睡眠時間も不規則になる。寝起きが悪く不機嫌になりがちになるので、配慮が必要である。「おはよう」「おやすみ」のあいさつを習慣づけることも、生活リズムの自覚という点で大切である。

　乳幼児はまだ体力もないので、午前中の疲れをとるための午睡（昼寝）が必要である。乳児期は午前・午後各1回、幼児期は午後（昼食後）1回の午睡が必要である。年長になると次第に体力がつき、午睡をしなくても1日を過ごせるようになるが、早朝の登園や延長保育の場合は、子どもの疲れを癒すためにも午睡が必要になる場合もある。

　入眠時に興奮していたり不安があると、甘えたりぐずったりすることもある。安心して睡眠できるように、添い寝したり、子守唄を歌ったり、お話を読み聞かせるという配慮も必要になる。

## 3　排泄

　まだ自覚のできない乳児期から、おしっこが出たら「チイ、出たね」など声かけすることは、排泄の自覚につながる。乳児期はおむつ交換をこまめに行い、声かけをしながら、汚れたら気持ち悪いことやきれいにすると気持ちよいという感覚が身につくようにする。1歳半を過ぎると次第に子どもの生理的機能が成熟し、排泄を自覚できるようになる。トイレットトレーニングはそうした時期以降に始める。排泄は決められた場所で行うことも理解させるようにする。

　排泄の自立は、生理的機能の発達、心理的状況、季節的な問題などが複雑に影響するので個人差が大きい。一般的には、2～3歳ごろには便意や尿意を知らせることができるようになり、その後トイレットトレーニングを経て自立する。子どもが自分でやりたいという気持ちを持ち始めるのを尊重し、おまるやトイレに誘導する。失敗を叱らずできたことを認め、自分でできるという気持ちをはぐくむようにする。養育者は、「いつできるようになるかは自分で決めていいよ」という気持ちで接したい。自分でできるようになったら、我慢しなければならない時もあることを理解させたり、排泄後の手洗いや、紙でおしり

を拭くこと、汚れたら着替えることを教えることも必要となる。

## 4　清潔

　健康を保つためには身体や身の回りを清潔に保つことが必要である。沐浴の体験はもちろんであるが、新生児期から顔や口周りが汚れたら拭き、汗をかいたら着替え、おむつが汚れたらこまめに交換することで、清潔に保つことの気持ちよさを体験させることが大切である。幼児期になったら、朝起きたら顔を洗う、外出後や食事の前後の手洗い、うがい、食後の歯磨き、髪をとかしたり鼻をかむなど、日常生活の中で養育者と一緒にまねをさせながら習慣づけるようにする。

　清潔は健康のために大切なことであるが、養育者が清潔にこだわり過ぎたり神経質になり過ぎないようにする。子どもの意思を無視して強いることで、かえって嫌がるようになることもあるので注意する。子どもがみずから気持ちよいと思えるような体験を大切にする。

## 5　着脱衣

　社会生活を送るのに必要な着脱衣が一人でできるようになり、気温や気候の変化にしたがって必要な衣服の調節をし、脱いだ衣服の整理を自分でできるようになって着脱衣の習慣は自立する。乳児期には、養育者が気温の変化に応じて調節したり、汗をかいたり汚れたら着替える習慣をつける。幼児期になると、自我の芽生えとともに自分でやりたい気持ちが出てくるので、やる気を大切にしながら自立を援助していく。やりたい気持ちが先行して手先の器用さが追いつかないこともあるが、上手にできなくても自分でやったという達成感を大切にする。一人でやるのが難しい時は養育者がそっと仕上げを援助し、自分で最後までできたという満足感を味わえるようにすることもやる気につながる。自分で脱ぐことから始め、次に着ること、履くことへと進めていく。ゴムや大きなボタン使いの衣服など、子どもが自分で脱いだり着たりしやすいデザインの衣服を選ぶことも大切である。

## 2 ── 保育者の役割

　基本的生活習慣の習熟を支えているのは、子どもたちの意欲である。子どもたちは、興味のあること、好きなこと、認められることを安心できる環境の中で喜んで学習しようとする。また、子どもは周囲の人の行動を模倣しようとする。年齢の大きな子どもが自分でやっていることに小さな子どもが憧れを持ち、自分もあのようにやりたいという希望を持って、模倣しながら身につけられる状況があることも大切である。初めから大人のように上手にできなくて当然であるから、励ましながら子どものペースで身につけさせたい。

　一旦できるようになっても常にきちんとできるとは限らない。状況によってできなくなることもある。身につける意欲や楽しさを失わない工夫も大切である。たとえば、子どもの状況を無視して、「歯磨きは毎回必ずきちんと磨かなければ」と常に無理やり磨かせることは、主体的な気持ちを損ねる結果になりかねない。子どもができるようになる過程や自分でやれた達成感を大切にする。養育者が主体の保育ではなく、子どもの伸びゆく状態と心の成熟や気持ちに添った保育とは何かを常に意識してみる必要がある。そもそも生活習慣は、叱って強いて身につけさせるものでなく、優しく言って聞かせ励ます中で獲得されていくものである。

> 〈事例1〉5歳児の甘え
> 　「やって」と甘える5歳児について、実習生が保育者に「もう5歳だから自分でできるので、自分でやらせた方がいいですよね？」と尋ねた。保育者曰く「5歳というと、園では年長さんで一番大きくてなんでもできると思うけど、まだ人生5年しか生きていないの。まだまだ甘えたい時もいっぱいある。じゃあ一緒にやろうかと甘えを受け止めて、自分でできたらそれを認め励ましてみてはどうかしら」。
> 　0〜6歳の幼児期だけでなく長いスパンの発達の視点を持つことや、できるはずだからといって機械的に自分でさせるのではなく、その時の状況により甘えたい気持ちに寄り添う保育者の配慮も必要であることを保育者の助言から学んだ。

> 〈事例2〉 小さなおむすびをお友だちとともに
> 　1歳半の子どもの親が、子どもが食べさせてもらうばかりで自分から手を出して食べようとしないことを悩んでいた。よく観察してみると、パンもおむすびもまるのまま大人と同じサイズでドカンと子どもの前に出している。「自分で食べられる大きさだと食べたくなるかもしれないね」と、子どもの一口大サイズにしてお友だちと一緒に食事をしてみたら、お友だちのまねをして自分でつかんで喜んで食べられた。工夫によって、できないと思っていたことができたりするものである。

## 2　主体性の発達と援助

### 1 ── 主体性とは何か

#### 1 「主体性」の意味するもの

　園見学や実習などで保育所・幼稚園へ行き、砂場で無心に遊び続ける子どもの姿をみたり、あるいは靴が一人でうまく履けない子どもに手を貸そうとして「自分でやる！」などと拒否され、大学生の自分以上に主体的な子どもの姿に感心したり、微笑ましく思ったような経験はないだろうか。

　こうした乳幼児の発達の姿が示すように、人間は生まれた時から、自分自身の意思を持ち行動を起こそうとする存在なのである。しかし一方で、成長した私たちは、「追い込まれないとやる気が起きない」とか「指示待ちになってなかなか主体的になれない」自分を自覚することが多いのも事実であろう。

　現代日本の社会においては、「主体的に判断・行動できない」「指示待ち・無気力」などの言葉にうかがえるように、本来あるはずの「主体性」がうまく育っていない状況を指摘する声がしばしば聞かれる。これは一体なぜだろうか。

　私たちは、子どもの主体性がうかがえる様子を日常的には「意欲」とか「やる気」等の言葉で表現している。心理学的には、「やる気」や「意欲」を含め、

より広い意味で何かを達成しようとするありように用いる言葉として、「動機づけ（モチベーションmotivation）」という概念がある。「動機づけ」は、「モチベーションが上がる」などの表現で日常的にも用いられているが、本来は、「空腹により食物を食べる」「眠くなったので寝る」などの活動も含む概念であり、人が行動を起こし、目標に向かって持続・コントロールしようとする心身の機能をさす。人間を行動へと駆り立てる原動力となるのが「欲求」である。「意欲（やる気）」「動機づけ」「欲求」などは「主体性」にもかかわる概念である（*link* p.36）。

主体性とは、自分の意思・判断で行動しようとする態度のことをさす。今日の子どもの育ちを考える時、大人の都合に合わせる管理的な養育態度によって、気づかないうちに子どもの主体性が奪われていないか振り返ってみる必要がある。主体性が奪われることにより、子どもは興味・関心を失い、やる気を喪失してしまう。

## 2　人間は能動的存在

人間に対する心理学的考え方の一つに、人間は環境に影響を受けて生きる受動的存在であるという考え方がある。いわゆる「賞と罰（アメとムチ）」の学習理論は、そうした人間観に基づき、人間に効果的にアメ（賞、ごほうび）とムチ（罰、叱咤）を与え、他者の望む行動を意図的に学習させ、人の行動を変容させようとする心理学の理論である。こうした考え方の一側面を教育に取り入れて、子どもの学習活動を強制・管理しようという発想が残念ながら根強くある。

しかし一方で、そうした受動的な人間観に反する考え方も存在する。カナダのヘロン（Heron, W.）[1]が大学生を対象に行った「感覚遮断の実験」（図5－1）は、人間の受動性に対する反証的実験の一つである。ここでは被験者は、視覚・聴覚・触覚などの刺激を与えられず、外部からの感覚的な刺激が遮断された部屋の中で何もせず横たわっていることが要求された。何もしないでただ横たわっているだけで高額の報酬がもらえるという条件にもかかわらず、多くの被験者はこの状態に耐えられず、予定より早く実験を中止した。なぜなら、時間

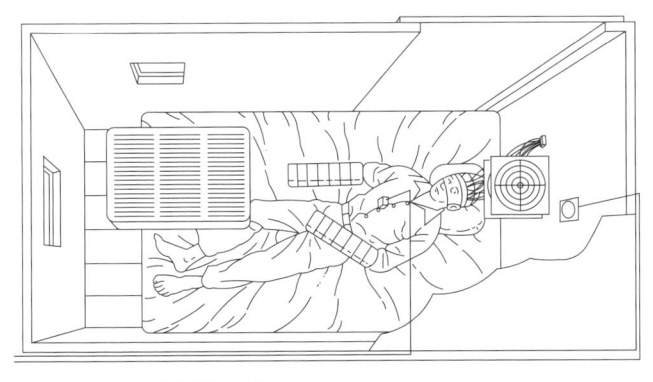

図5−1　感覚遮断の実験（Heron, 1957）

が経つにつれ、思考力は鈍化し、まとまったことが考えられなくなり、場合によっては幻覚が生じ、精神状態は不安定になってしまったからである。つまり、刺激も何もなく何もしない状態に人は耐えられないのである。こうした事実からも、人間は単に受動的な存在ではなく、自ら知覚を求める能動的存在であることが認められるようになった。

## 3　幼児教育・保育における「主体性」の位置づけ

　1989（平成元）年に「幼稚園教育要領」が改訂され、翌年の1990（同2）年に「保育所保育指針」が改訂された。それまでの「幼稚園教育要領」「保育所保育指針」では、年齢ごとの望ましい経験や活動が詳細に記述され、保育者が子どもに望ましい環境や経験を与え「指導する」という特徴があった。これに対して、平成元年以降の要領・指針においては、子どもを受動的存在から能動的存在としてとらえるという根本的な子ども観の転換があった。保育は子どもの「主体的活動」を保障し援助する保育へと変化したのである（***link*** p.7、156）。

　2008（同20）年に改訂された現在の「幼稚園教育要領」では、「第1章　総則　第1　幼児教育の基本」[2]において、保育者・教師が幼児との十分な信頼関係に基づき、一人ひとりの発達課題に即した環境のもとで、自発的活動としての遊びを通して、幼児の主体的活動を促すことが幼児教育の基本であることが明確に示されている。

## 4　主体性を支えるもの―内からの意欲―

　意欲（動機づけ）は、その「エネルギー」のあり方と「方向性」から3タイプに分類できる（図5-2）。「エネルギー」は意欲の量的側面であり、エネルギーが枯渇して何もしようとしない状態が無気力である。「方向性」は意欲の質的側面である。意欲のエネルギーがあるタイプについては、意欲の「方向性」により大きく2タイプに分けられる。「おもしろいからやる」など、自ら関心を持って課題に取り組み、課題遂行それ自体が目的となるタイプ（内発的動機づけ）と、プレッシャーや「○○に必要だから」という外発的な理由で取り組み、課題遂行は手段となるタイプ（外発的動機づけ）とがある。

　主体性は、内からの意欲（内発的動機づけ）に支えられていると考えられる。

```
              ┌ 自発的な取り組み ──→ 内発的意欲（内発的動機づけ）
              │ 課題の遂行自体が目標：「面白いからやる、やりたいからやる」など
エネルギーがある┤
              │ 外発的な取り組み ──→ 外発的意欲（外発的動機づけ）
              └ 課題の遂行は手段：プレッシャーによりやる、「必要だからやる」など

エネルギーがない ──→ 無気力
```

図5-2　意欲の分類

出典：桜井茂男『学習意欲の心理学―自ら学ぶ子どもを育てる―』誠信書房　1997年　p.5を改変

## 5　欲求の階層と分類

　私たちの主体性を支え、すべての行動の源となっているのが「欲求」である。表5-1にあるように、欲求は「基本的欲求」と「社会的欲求」の2つに大きく分けられる。基本的欲求は生まれつき持っている欲求であり、社会的欲求は生まれてからの学習経験によって獲得される。

　基本的欲求はさらに3つに分類される。1つは「生理的欲求」で、飢え、渇き、排泄、睡眠、体温維持などの欲求が含まれる。これらは、人の身体に備わった「ホメオスタシス（恒常性維持）」という体内の環境を一定に保とうとする働きに基づいている。たとえば、体温が上がれば汗が出て体温を下げようとする

表5-1　欲求の分類

| 基本的欲求（1次的欲求）<br>：生まれつき持っている欲求 | 生理的欲求*：個体が生きるために必要な欲求（生理的な基礎があり、ホメオスタシスに規定される）<br>飢えの欲求、渇きの欲求、排泄の欲求、睡眠（休息）の欲求、呼吸の欲求、適温維持の欲求など |
|---|---|
| | 種保存欲求：種が保存されるために必要な欲求（生理的な基礎がある）<br>性の欲求、母性の欲求など |
| | 内発的欲求：よりよく生きるために必要な欲求（生理的な基礎がない）<br>接触欲求、感性欲求（刺激を求める欲求）、活動欲求、好奇欲求あるいは好奇心（新奇な刺激を求める欲求）、操作・探索欲求、認知欲求（知る欲求）など |
| 社会的欲求（2次的欲求、派生的欲求）<br>：社会での学習経験により獲得される欲求 | 達成欲求<br>親和欲求<br>承認欲求<br>自己実現の欲求（成長欲求など） |

（注）＊生理的欲求と種保存欲求を一緒にして「生理的欲求」という場合もある。

出典：桜井茂男編『たのしく学べる最新教育心理学―教職にかかわるすべての人に―』図書文化社　2004年　p.44を改変

働きなどである。2つめは「種保存欲求」で、性欲などが含まれ、生理的基盤を持つ。3つめは「内発的欲求」でこれは先の2つと異なり生理的基盤を持たない。接触欲求は養育者との心の絆である愛着を形成するために必要であり、好奇欲求（好奇心）、操作・探索欲求、認知欲求などは人が、文化的、創造的に生きることを可能にする。

社会的欲求もいくつかの下位欲求からなる。達成欲求（よりよく物事を成し遂げようという欲求）、親和欲求（人

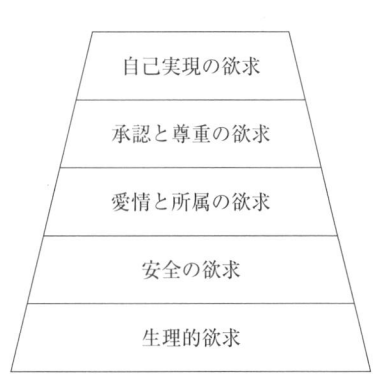

図5-3　マズローの欲求の階層

出典：桜井茂男編『たのしく学べる最新教育心理学－教職にかかわるすべての人に－』図書文化社　2004年　p.45

とかかわり合い、よい関係を築こうとする欲求)、承認欲求(他者に認められたいという欲求)、自己実現の欲求(社会の中で自分らしさを発揮してよりよく生きようとする欲求)などがある。これらの欲求は私たちが社会生活を営むうえで必要な欲求である。

　マズロー(Maslow, A. H.)はこうした欲求を階層的にとらえた(欲求の階層説、図5-3)。生理的欲求(基本的欲求)を基盤とし、下位の欲求の充足の上に、より上位の欲求が発現するとした。「自己実現」の欲求はそうした階層の頂点に位置づけられ、自分らしさを発揮して創造的に生きようとする人間の最高の欲求であるとされる。自己実現をめざして生きる人間のありようは、まさに主体的な人間の姿そのものといえるだろう。

## 2 ── なぜ主体性が大切か

### 1　外からのやる気の問題点

　私たちは日常的に「追い込まれないとやる気がおきない」などと言ったりするが、プレッシャーや叱責、ごほうびなどの賞と罰(アメとムチ)に動かされ、外からのやる気によって行動を起こしていることが実に多い。保育の場では、保育者・教師が意識する以上に子どもたちは外からのやる気によって動かされている。乳幼児にとって大人の存在は、大人が想像する以上に大きい。大好きな保育者・教師が喜び、満足することが子どもにとっても安心や喜びにつながるので、子どもは懸命に保育者・教師の期待に応えようとする。しかし、こうした子どもの心に無自覚なまま、ほめたり叱ったりといった賞と罰を多用し、外からのやる気によって動かすことで、「ほめられたい」「叱られたくない」と子どもにとってはごほうびを得ることや罰を避けることが目的にすり替わる。行為そのものへの意欲が減退し、いきいきとした表現に欠けてしまうことがある。さらにそれだけでなく、自分の意思ではなく他者の意向に添った行動を繰り返すうちに次第に主体性を失い、「指示待ち」「無気力」に陥ったり、保育者の前で「よい子」を演じ、自分をのびのびと表現できなくなってしまう恐れもある。

レッパー(Lepper, M. R.)ら[3]は、報酬がやる気を奪うことを実験で示した（表5-2）。3～5歳のお絵描きが好きな園児を対象に子どもたちをランダムに3つの群に分けた。「報酬期待群」には、絵を描いたらごほうびをあげると約束し、実際にごほうびが与えられ、「報酬未期待群」には、ごほうびをあげるとの約束はしなかったが、絵を描き終えた時にごほうびが与えられた。「無報酬群」にはごほうびをあげるとの約束をせず、実際にごほうびは与えられなかった。このようなかかわりを約2週間続けたところ、自由遊び中にお絵描きをする時間に変化が生じ、「報酬期待群」の子どもたちは実験前よりお絵描きをしなくなってしまったのである。もともと自発的で楽しい目的そのものであったお絵描きが、ごほうびを期待することで「ごほうびのためにやる」手段と化し魅力を失ってしまったばかりか、ごほうびをくれる他者によって自分がコントロールされていると感じることで、内発的な意欲まで損なわれたのである。もともと主体性に満ちている子どもには、子どもが安心して活動に熱中できるよう見守るかかわり方が大切なのである。

表5-2 自由遊び中にお絵描きをした時間の平均パーセンテージ

| 報酬期待群 | 18人 | 8.59% |
| 報酬未期待群 | 15人 | 16.73% |
| 無報酬群 | 18人 | 18.09% |

出典：Lepper, M. R., Greene, D., & Nisbett, R.E. Undermining children's intrinsic interest with extrinsic reward : A test of the "overjustification" hypothesis. *Journal of Personality*, 38, 1973, 129-137.

　実習生や未熟な保育者・教師は、子どもが自分の期待通りになってくれるとそれが喜びとなってしまいがちであるが、子どもを大人の思い通りにしようとすることが決してよい子育てではないということを心得ておく必要がある。

## 2　指示待ち・無気力と自信の低さ

　ある学生に「自分自身を指示待ち・無気力だと思うか？」と質問したところ、「そう思う」という答えが返ってきた。「なぜ指示待ちなのだと思う？」と重ねて尋ねたところ、「自分に自信がないからだと思う。自分でやってみて失敗して叱られるのが嫌だから。叱られるくらいだったら、初めから言われたことだけをやっておこうと思うから」という答えだった。この学生の返答からも、指

示待ち・無気力と自信のなさは密接な関係にありそうだということがうかがえる。

近年、日本の子どもの無気力や自尊感情・自己肯定感の低さがよく問題にされている。図5－4は、日本の子どもの内発的意欲に基づく行動が発達的にどのように変化するかを示したものである。図に示された「達成」行動とは、人に頼らず自分の力でがんばってみようという行動であり、「挑戦」行動とは、現在より少し難しい問題に挑戦しようという行動である。これによると、年齢が上がるにつれて、主体的な取り組みが減少する傾向があり、自信が低下している様子が想像される。

図5－5は中学生を対象とした、日本と外国の子どもの自信度の比較である[4]。諸外国の子どもに比べて日本の子どもの自信のなさが目立つ。

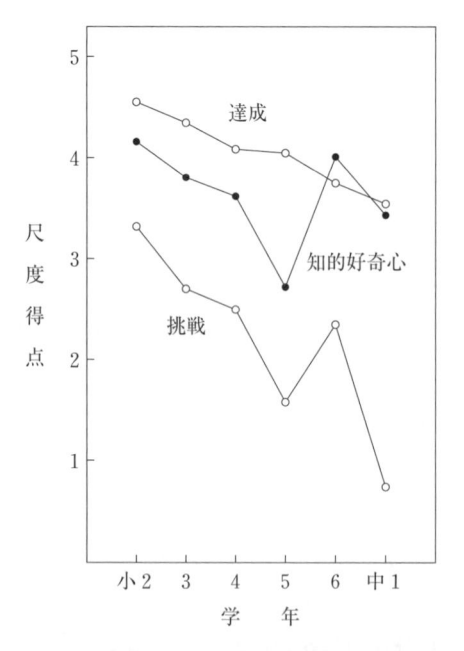

**図5－4　内発的意欲に基づく行動の発達的変化**

出典：桜井茂男『学習意欲の心理学―自ら学ぶ子どもを育てる―』誠信書房　1997年　p.44

第5章　保育・教育実践における発達援助の考え方　●115

　未就園の3歳児を養育中の親子教室に通う母親が、次のように発言したことがあった。「幼児のころ、転ぶといつも、慰めてほしくて『お母さーん』と泣きついていったが、母にはかえって『ほら、あなたはいつもそそっかしいんだから！　もっとよくみて歩きなさい！』などと叱られた。そのうち、母には言ってもわかってもらえないと思うようになり、失敗したことや自分の率直な気持

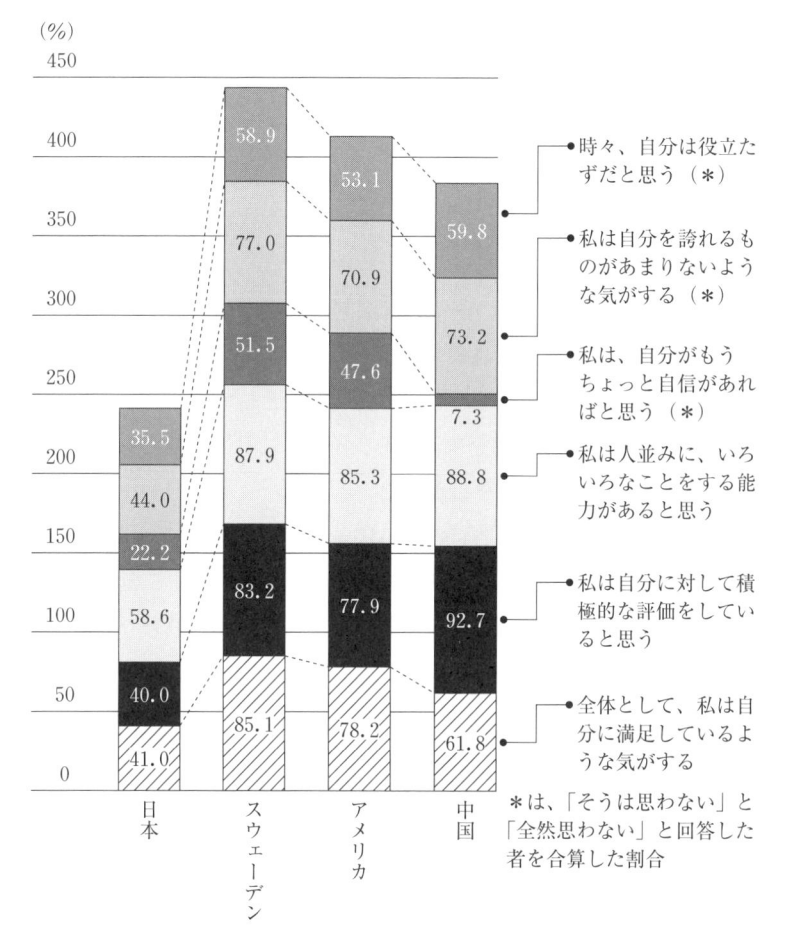

図5-5　各国の子どもたちの「自信度」比較

出典：河地和子『自信力はどう育つか―思春期の子ども世界4都市調査からの提言―』朝日新聞社　2003年　p.83

ちを話さなくなってしまった。そうした経験があるだけに、今、自分の子どもには常に子どもの気持ちを考え、接したいと思っている」。

　子どもが育つ過程で失敗はつきものである。しかし、失敗しても、子どもの悔しい気持ちや悲しい気持ちに共感したり、おおらかに受け止め、あたたかく見守ってくれる環境がなければ、次第に子どもは失敗を恐れるようになる。主体性が育たなくなる背景にはそうした問題もある。

　子どもは大好きな親や保育者・教師のために、何か指示されれば喜んでやってしまう。幼児期から日々失敗しないように指示されて動く行動を繰り返し練習する中で、子どもは自分で選択・決定し、行動する喜びを見失い、やる気を失っているのかもしれない。そればかりか、自信を喪失し自分で決定することに恐れを感じているのかもしれない。つまり、大人社会が無意識的に無気力や指示待ちの人間をつくってしまっているわけである。

　今や日本において、子どもの無気力は深刻な社会問題となり、若者の「不登校」「引きこもり」などの社会現象の背景ともなっている。親や保育者・教師は子どもに「安心感」を与え、子どもに必要な環境としての役割を果たす中で子どもの心の力、「自己肯定感」をはぐくみ、子どもには「自分でやった」達成感を味わわせられるような援助を心がけたい。

　「なぜ主体性が大切なのか？」の問いに、「課題や反省をみつけられるから」と応えた学生がいたが、自己を振り返り自己課題を見いだすことに価値を感じる姿は、まさに主体的に自己実現しようとする人間の姿そのものではないだろうか。

## 3 ── 主体性をはぐくむために大切なことは何か

### 1　内からの意欲を支えるもの

　生まれたばかりの乳児でも、泣いて空腹や心地悪さを訴えることにより、養育者の養育行動—たとえば、哺乳やおむつ替え—を引き出し、満足感を得ようとする。アメリカの心理学者ホワイト（White, R. M）[5]は、人が自分から周りの環境に働きかけて効果的に変化を及ぼそうとする能力を「コンピテンス

（Competence 有能さ）」と名づけた。コンピテンスは単に能力を発揮することに伴う有能さの感覚（有能感Competency）を意味するだけでなく、自分から周りに働きかけて有能さを感じたいという内からの意欲（やる気）を含んでいる。生まれて間もない乳児であっても「やればできる」「自分はすごい」という自信を感じて、より積極的・自発的になれる。子どもがやる気に満ちあふれているとみえるのは、コンピテンスが存在しているからである。

こうした内からの意欲をはぐくむために必要な環境や働きかけとは、どのようなものであろうか。内からの意欲の源となっているのは、「有能感」「自己決定感」「他者受容感」とされる（図5－6）。内からの意欲は「有能感」（自分への自信・信頼）、「他者受容感」（大切な他者からの承認や共感、またそれらに支えられた安心感）や「自己決定感」（自分で決めて達成したという感覚）に支え

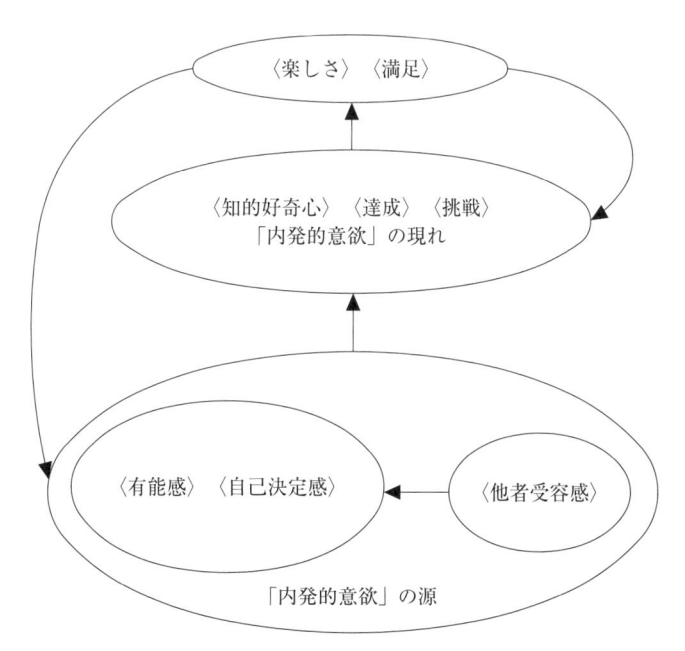

図5－6　内発的意欲の発現プロセス

出典：桜井茂男『学習意欲の心理学―自ら学ぶ子どもを育てる―』誠信書房　1997年　p.19を改変

られて、意欲の表れとしての主体的行動へとつながり、楽しさや満足感となる。さらに、それが自分の有能感や自己決定感を高め、再び内からの意欲へとつながる。このようにして、主体性ははぐくまれると考えられる。

## 2 有能感・自己決定感・他者受容感をはぐくむ
### ①有能感をはぐくむために

　有能感（自分への自信、信頼）を育てるために、養育者は何を心がけたらよいのであろうか。有能感は、子どもからの働きかけに応答的な環境の中ではぐくまれる。遊びや生活、人とのかかわりにおいて、応答的な環境整備に配慮することが必要である。子どもとのかかわりでは、子どものがんばりを子どもの気持ちに添って認め応えることが大切になる。これは、子どもの気持ちや努力についてよく理解していなければできないことである。

　先の学生や母親の発言からもうかがえるように、自分なりにがんばったが失敗して結果的に叱られたなどという場合、自分のがんばり（行動や気持ち）は的確に認められたとは思えないだろう。同様に、たとえ成功してほめられたとしても、それが養育者の顔色をうかがい、期待に添うことばかり意識しなければならないものであるとしたら、それは子どもを認めた言葉にはならず、長い目でみると子ども自身の自信（有能感）にもつながらない。子どもは次第に内からのやる気を失い、主体的に振る舞うことができなくなるかもしれない。汐見は、ほめることと叱ることは同じとし、親という権力—縦の関係—によってさりげなく子どもをコントロールしようとする可能性について指摘している[6]。認める基準は養育者にあるのではなく、子どもの内になければならない。

### ②自己決定感をはぐくむために

　自己決定感は自分で決めて達成したという感覚であり、主体性に深くかかわる。筆者のクラスに「他者に従うのではなく、自分で決めて行動してうまくいった時に初めて自分に自信が持てるようになり、主体的に行動できるようになった」とか「自分で決めてやったことには自信が持てる」と発言した学生があった。こうした発言にうかがえるように、自己決定感は自信（有能感）や主体性につながる。子どもの自分で決めてやろうとする気持ちや活動を支え、自分で

選択して行動した喜びや自信をはぐくめるようにしたい。
### ③他者受容感をはぐくむために
　他者受容感とは、他者からの承認や共感、またそれらに支えられた安心感である。保育者・教師からの受容感は信頼感ともいえるだろう。

　大学生に対し、「どういう時、主体的になれるか？」と尋ねたら、「楽しいことをする時」「興味・関心のあることをする時」など以外に、「ありのままの自分が出せる相手といる時」「家族の前では主体的になれる」と答えるものがあった。これは「他者受容感」に支えられ、失敗したとしても安心して素の自分を表現できる環境が保障されることが主体性を発揮できる前提にもなっているということではないだろうか。子どもをあたたかく見守る環境が必要である。

　集団保育の場合、保育者・教師による受容だけでなく、クラスの仲間からの受容感も大切である。たとえば、保育者・教師が一人ひとりの子どもを大切にし、丁寧にかかわることで、そうした雰囲気が子どもたち全体に浸透する。子ども同士を比較し競争させるような緊張した雰囲気では、仲間からの受容感も育たない。主体性を育むためには、お互いの違いを認め合い理解し合うような子ども同士の豊かな関係をどう保障するかということも配慮していく必要がある。

## 3　主体性とほめること—学生のディスカッションから—

　実習でのことである。「2歳児が、自分でつくったものを見せに来てくれたので、『すごいね、上手にできたね』とほめたのに、うれしそうな様子をせず、去ってしまった。なぜだろう」と言う学生がいた。それについて話し合ったところ、さまざまな意見が出た。「これは何かな？と関心を持ってほしかったのではないか？」「ただ見せたくて見せに来たのではないか？『見せに来てくれてありがとう』と応えたらどうだっただろう？」「ほめ言葉に気持ちがこもっていなかったのではないか？」等々……。真相は子どもに確かめてみなければわからない。ただ、もっと子どもの気持ちに添った応答をしていたら、子どもの反応は違ったものになっていたかもしれない。保育者・教師はよく子どもをほめたがるが、ほめることイコール認めることとは限らない。子どもの意思を無視

して、大人の望むことをほめてはいないだろうか。保育者・教師の望ましいと思う方向性に向かわせるために子どもを叱ったりほめたりするのではなく、ありのままの子どもを認める保育者や親の態度が子どもの主体性をはぐくむ。

　ほめること、叱ることの是非を話し合ったところ、「ほめすぎるのも叱りすぎるのもいけない。ほどほどがよい」「ほどほどにほめて叱る」という学生がいたが、配慮が必要なのは、ほめたり叱ったりの多さや程度などの量的な問題ではなく、どれくらい子どもの気持ちに応えられるかという的確さである。

　「『手伝いができてえらいね』とほめるより、『手伝ってくれてありがとう』という感謝の言葉に子どもが喜んだ」と言った学生がいた。また、「自分で感じていないことをほめられても気持ちが動かないが、自分で感じているがんばりや努力、苦労を認められた時に喜びや満足感を感じる」と言った学生もいた。この2つは同じことである。認める基準は養育者にあるのではなく、子どもの内にある。

---

〈事例3〉 5歳児の保育

　「5歳児は何でも自分でできてしまうので、何を援助したらいいかわからない」と言う実習生。5歳児が集団で「しっぽとり」をしていた時、ゲームがうまく成り立たないので、ここぞとばかり「こうするといいよ」と実習生がやり方を教えた。保育者曰く「教えてしまっては子どもたちが自分で困り、困難に立ち向かって解決していく力が育たない。教えるのではなく、子どもたち自身で問題にぶつかり、自分たちで感じ、考え、解決していく力をつけるためにどう援助したらよいのかを考えるのが5歳児の保育である。手をかけることだけが援助ではない。子どもが心と頭を自分で使えるように保育者も心と頭を使う」。「なるほど、援助すべきことはたくさんあるんですね」と実習生も、自分なりに行動して保育者と対話し、体験から多いに学んだ。

## 3
## 発達課題に応じた援助とかかわり

### 1 ── 発達課題とは

　エリクソン（Erikson, E. H.）は、人生における8つの心理・社会的発達段階とその課題を示した（*link* p.72）。このうち第1段階〜第3段階が乳幼児期にあたる。

　第1段階は、乳児期（およそ0歳〜1歳6か月）である。この時期の赤ちゃんは養育者に欲求の充足を求め、応答してもらう中で、安心と安全の感覚である基本的信頼感をはぐくむ。自分にとって重要な養育者との間の信頼関係は、「愛着」へと成長する。この情緒的絆は、後に私たちが社会の中で生きる際の他者や世界に対する信頼感につながる。

　第2段階は、幼児期前期（およそ1歳6か月〜3歳）である。この時期の発達課題は「自律性」の獲得である。幼児はトイレットトレーニングをはじめ、しつけによって基本的生活習慣を身につけ始める。自分と他者は異なる意識を持つ存在であることにも気づくようになり、自己主張の芽生えである「第1反抗期」を迎える。他者との欲求のぶつかり合いの経験を通して、他者との間に折り合いをつけることも学ぶ。

　第3段階は幼児期後期（およそ3歳〜6歳）である。この時期の発達課題は「自主性」の発揮である。自由にコントロールできるようになった身体と言葉を使って旺盛な好奇心で周りの世界に働きかけ、自分でさまざまなことを繰り返し、試す。大人の考えも理解するようになり、失敗を繰り返しながらもあらゆることに挑戦するようになる。

　エリクソンの第1段階〜第3段階は、ピアジェの認知発達段階（*link* p.54）にもほぼ対応している（表5-3）。第1段階「感覚運動的段階」（0歳〜2歳）ではさまざまな五感の体験ができる環境を配慮することが大切であるし、第2段階「象徴的思考段階」（2歳〜4歳）ではイメージや言葉が発達する時期であり、想像力の広がる遊びの環境に配慮したい。第3段階「直観的思考段階」（4

歳〜6、7歳）は、自己中心的思考から脱し、次第に他者の立場に立って感じたり考えたりすることができるようになる時期である。ルール遊びも次第に可能になっていく。しかし、まだ他者とのやり取りに難しい側面も残るので、そうしたことを理解して援助を配慮したい。

養育では、子どもの身体的発達だけでなく、こうした心理的発達、社会的発達、認知発達のそれぞれの課題を踏まえて、生活や遊びの環境を整える配慮が求められる。0歳〜5、6歳ごろまでの身体・心・遊びのおおまかな発達の様子を、図5－7に示す（*link* p.7）。

表5－3 発達区分の対照表

| 年齢 | 一般的な発達区分 | J.ピアジェの認知機能の発達段階 | | E.H.エリクソンの心理・社会的発達段階 |
|---|---|---|---|---|
| 0歳<br>1 | 乳児期 | 感覚運動的段階 | | 信頼 対 不信 |
| 2<br>3<br>4<br>5<br>6 | 幼児期 | 前操作的段階 | 象徴的思考段階 | 自律性 対 恥・疑惑 |
| | | | 直観的思考段階 | 主導性 対 罪悪感 |
| 7<br>8<br>9<br>10<br>11 | 学童期 | 具体的操作段階 | | 生産性<br>対<br>劣等感 |
| 12<br>13<br>14<br>15<br>16 | 青年期 | 形式的操作段階 | | アイデンティティ<br>対<br>アイデンティティ拡散 |

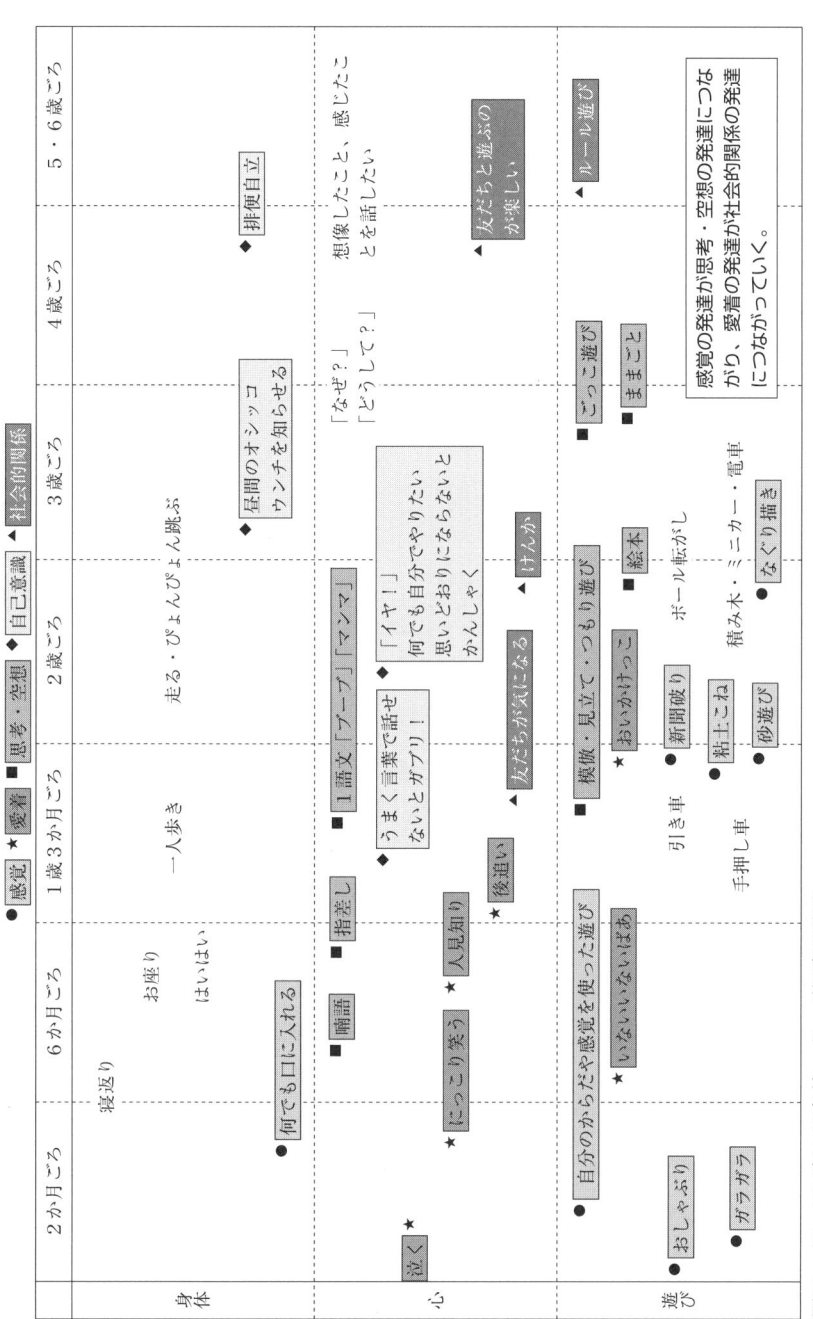

第5章 保育・教育実践における発達援助の考え方 ●123

凡例：●感覚 ★愛着 ■思考・空想 ◆自己意識 ▲社会的関係

| | 2か月ごろ | 6か月ごろ | 1歳3か月ごろ | 2歳ごろ | 3歳ごろ | 4歳ごろ | 5・6歳ごろ |
|---|---|---|---|---|---|---|---|
| 身体 | | お座り<br>はいはい | 一人歩き | 走る・ぴょんぴょん跳ぶ | | ◆排便自立 | |
| 心 | ●泣く | ●何でも口に入れる<br>■喃語<br>★にっこり笑う<br>★人見知り | ■指差し<br>■1語文<br>うまく言葉で話せないとグズり！<br>★後追い | ■「イヤ！」「ブーブー」「マンマ」<br>何でも自分でやりたい<br>思いどおりにならないとかんしゃく<br>▲友だちが気になる | ◆昼間のオシッコ<br>ウンチを知らせる<br>▲けんか | 「なぜ？」<br>「どうして？」 | 想像したこと、感じたことを話したい<br>▲友だちと遊ぶのが楽しい |
| 遊び | ●おしゃぶり<br>●ガラガラ | ●自分のからだや感覚を使った遊び<br>●いろいろないないばあ | ●模倣・見立て・つもり遊び<br>●おいかけっこ<br>■新聞破り<br>●粘土こね<br>●砂遊び<br>引き車<br>手押し車 | ボール転がし<br>積み木・ミニカー・電車<br>なぐり描き | ●絵本 | ●ごっこ遊び<br>■まねごと | ▲ルール遊び |

感覚の発達が思考・空想の発達につながり、愛着の発達が社会的関係の発達につながっていく。

図5-7 子どもの身体・心・遊びの発達

## 2 ── 乳幼児期の発達課題と援助

### 1　0歳児

　出生後、満1歳までの0歳代は、胎児期を除いて、人の一生のうちで最も発達の著しい時期である。1年間で体重は約3倍、身長は約1.5倍となる（*link* p.43）。一般に0歳代を乳児期と呼ぶが、2歳未満児を乳児と呼ぶこともある。

　赤ちゃんは誕生により、空腹、暑さ、寒さ、騒音、おむつの濡れる不快感など胎内では体験したことのない不快な体験に遭遇する。これは赤ちゃんにとって生命の危機を感じさせるほどの不快と不安をもたらし、「泣く」ことによって危機を訴え、助けを求める。赤ちゃんは自分の力だけでは自分の生命を維持することができない。泣き・微笑・発声というシグナルを送り、誰か守ってくれる人との接近や接触を図ろうとする。そうして養育者に訴えて手を借り、生命の安全を維持する。泣き・微笑・発声という赤ちゃんのシグナルに適切な応答があれば赤ちゃんは安心する。赤ちゃんは、自分のシグナルに応答が返ってくる体験を積み重ねるうちに、自分の力で環境に働きかけ、変化させられるという「自己効力感」を身につける。これは主体性の萌芽ともいえる。このようにして、赤ちゃんは周りの環境を一つずつ確認しながら成長・発達する。

　赤ちゃんにとって、応答性のある環境は魅力的である。応答的で、不快や不安を取り去ってくれる養育者との相互交渉を繰り返しながら、赤ちゃんは養育者との間に「この人といると安心、一緒にいたい」という特別な情緒的絆である「愛着」を形成する。愛着の形成は0歳児の重要な発達課題である。保育では、主な養育者を決めるなどして、安心できる愛着関係が形成されるような配慮が必要である（図5-8）。また、赤ちゃんが言葉を発しなくても、この時期から言葉かけは大切である。

　8か月ごろになると、乳児は「人見知り」を始めるようになる。これを心理学的には8か月不安と呼ぶ。人見知りは、なじみのあるものと未知のものを区別し、なじみのあるものへの安心と未知のものへの不安を示す行動である。人見知りは乳児に愛着が育っている証拠であり、子どもの自然な発達のプロセスである。

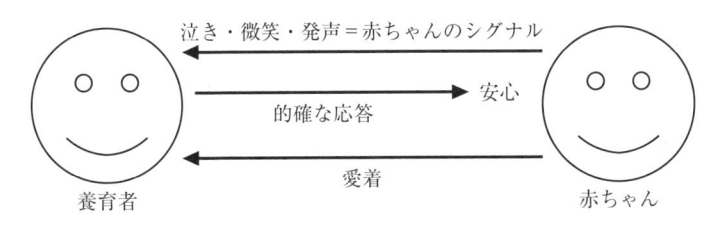

図5−8　養育者と赤ちゃんの相互作用

　このころになると、みえていたものが隠されてみえなくなってもどこかに存在していることがわかる「対象の永続性」(*link* p.57) の感覚も身につく。8か月より小さな子どもにとって、みえないものは存在しないに等しくなかなか探さないが、8か月を過ぎると赤ちゃんはみえないところに隠されたものを探すようになる。「いないいないばあ」はこの時期の子どもが大喜びする遊びであるが、養育者の顔が手の中から現れることを予期して「いないいないばあ」を楽しめるようになるのは、このころからである。

## 2　1歳児

　生後12か月〜24か月は、乳児から幼児への橋渡しの時期である。歩行ができるようになり、言葉も少しずつ話せるようになり、人間発達の特徴を備えてくる。1歳児は自立心が旺盛で、何でも自分でやってみようとする。この時期の養育では、「自立心」を尊重しながら「生活習慣」（食事や睡眠など）の基礎を築くことが課題となる。

　1歳ごろには、大人とほとんど同じ食物を食べられるようになり、1日3回の食事にも慣れ、食事の習慣の基礎ができる。自立心旺盛で自分で食べようとするが、まだ上手には食べられないので、子どもでも手でつかんで食べやすい大きさにしたり、飽きてきたら素早く手伝い、最後は、子ども自身にさせるなどの工夫が必要である。そうすれば、自立心を満足させながら食事量も確保できる。1日3度の食事をみんなで楽しくする習慣を身につけさせたい。

　睡眠は午睡の回数が減り、1日2回（午前と午後）から1日1回へと移行し、大人の睡眠リズムに少しずつ近づく。夜の就寝時間を一定にするのも習慣づけ

として大切である。1歳児は先の予期がまだ苦手であるため、起床、食事、遊び、入浴、就寝などの1日の生活時間をほぼ一定させ、次の活動を予期しやすくすると安心する。入園したばかりで養育者と離れて泣き叫んでいる時には、「お昼を食べて、お昼寝をして、おやつを食べて、みんなで遊んだら、お母さんが迎えに来るよ」と言葉で繰り返すことも、情緒の安定につながる大切な援助である。

　他児への関心も旺盛である。他児と上手に遊べなくても、他児をよくみている。観察して模倣も活発にするようになるので、少し年上の2～3歳児とふれあう機会も持たせたい。

　1歳6か月ごろになると、後追いが激しくなる。愛着のある養育者と離れることに大きな不安を抱き、後を追うようになる。これは、「関係の永続性」の感覚(養育者と一緒にいなくても自分と養育者との関係には何ら変化は生じないという感覚)が未確立であるためである。保育では、主な養育者との関係を大切にし、突然予告もなく離れないなど、子どもをむやみに不安にさせない配慮が必要である。

## 3　2歳児

　2歳児は言語発達、運動発達ともに活発になり、よくおしゃべりし、行動も活発になる。運動遊びを飽きることなく続ける。言語能力の発達に伴い、思考も発達し、心の中に言葉やイメージをとどめておけるようになるため、想像性も豊かになり、模倣遊びがごっこ遊びへと展開する。相手をしていて楽しい時期である。もう赤ちゃんではないと親は頼もしく評価しがちになるが、まだまだ赤ちゃんの側面もある。感情は衝動的で、ほしいものがすぐ手に入らないと怒り、自分でやろうとしてうまくできないとかんしゃくを起こす。養育者は、2歳児のこの相反するような側面を理解し認める必要がある。

　2歳児の一番好きな言葉は「いや」という言葉である。何でも「いやいや」と言う時期で、好きなことでも口では「いや」と言ったりもする。これは、自我が芽生え、自分は養育者とは違う気持ちを持っているという自己主張の現れである。現実の生活の中では、養育者の都合と子どもの気持ちがぶつかり合う場面がたいへん多くなる。できる限り子どもの意思を尊重したいが、場合に

よっては折り合いをつけるために、「こちらの服とあちらの服とどちらがいい？」などと言って子どもに選ばせるという工夫が必要な時もあるだろう。

2歳ごろは、「私は女の子」「僕は男の子」という性別意識も持ち始める。

## 4　3歳児

3歳ごろになると、保育所に通っていない子どもでも養育者との分離が可能になる。養育者と一緒にいなくても自分と養育者との関係には何ら変化が生じないのだという、「関係の永続性」（対象恒常性）を理解するようになるからである。家庭を安全基地にしながら、安心して外の世界に目を向けるようになる。外の世界に仲間を求め、仲間遊びを楽しむ。

遊びは協力しながら遊ぶ「協同遊び」ではなく、一緒の場所で遊んでいるだけの「平行遊び」がほとんどで、すぐにけんかや取り合いとなる。仲間と一緒にいて遊ぶことに意義がある時期である（*link* p.78）。

活動範囲が広がり、さまざまなことに挑戦し試してみようとするので、養育者はしつけに配慮しはじめる。大人の価値観（良心、罪悪感）が子どもの心に内在化し始め、善悪の判断ができ始める。道徳性が発達し、自分より小さな子どもへの思いやりの気持ちも持てるようになる。

---

〈事例4〉子どものけんかの意義と養育者のかかわり

　子どもを育てた経験のない養育者や実習生は、子どもがけんかをしているところに出くわすと、居心地が悪くなったり止めさせたいと思うことが多いようである。自己主張やいざこざを嫌い、和を重んじる日本人に多い感覚であろう。「相手の気持ちになって考えてごらん」とつい言いたくなる。しかし、乳幼児は初めから人の立場に立って感じたり考えられるわけではない。むしろ、けんかを通して、自分の意思と異なる相手の意思を確認し、初めて相手の気持ちや考えに気づく。けんかをするから共感も可能になり、思いやりの心も持てるようになるのである。けんかは乳幼児に必要な体験である。では、養育者に求められる役割は何だろうか。考えてみよう。

## 5　4歳児

現実認識が高まり、現実の世界は空想の世界とは違うということを悟りはじめる。「自分とは何か」「現実とは何か」ということを解き明かそうと賢明になる時期である。「なぜ、どうして」と頻繁に質問を投げかける。この時期のごっこ遊びは、想像の世界と現実の世界を区別するためのものといえる。周りの大人が自分のことをどのように思っているかをよく認識するようになる。この時期に、「まわりの人に自分は大切にされている」と思える子どもは、本格的に自分に向き合わなければならない青年期になっても、しっかり自分と向き合うことができるだろう。

現実と空想の区別は完全ではなく、現実と想像が混同された嘘をつくことがある。意識的に嘘をつくこともあるが、養育者が自分のことを何でも知っているわけではないことを理解するようになったからであり、心の成長の証しでもある。養育者はこれを「知恵がついてきた」などという。「僕じゃないからね」などと自己防衛的な嘘を頻繁につく時は、周りのしつけなどが厳しすぎないか考えてみる必要もある。まだ他者の立場に立って物事を考えることは難しく、ルール遊びのルールを自分勝手に変えようとしたりして、ルールに従って遊びを楽しむことはなかなかできない。

## 6　5歳児

基本的生活習慣をほぼ身につけ、自分で何でもできるようになる。自分の立場やなすべき行為についても、よくわかるようになる。

言語能力が豊かになったためだけでなく、現実感覚を身につけてくるため、感情を直接表に出すことは少なくなり、言葉で合理的に表現できるようになってくる。すべてのことが自分の思い通りにはならないこともよくわかるようになり、欲求不満に耐えたり、自分の感情をコントロールすることができるようになる。

人間社会にルールがあることや、ルールに従って人々は生活していることを理解しはじめる。ルールのある遊びにも関心を持つ時期であり、仲間と鬼ごっこやトランプ、ゲームなどで勝敗を競い楽しめるようになる。4歳までとは違

い、本当の意味で仲間との協同遊びが可能になる。

　他者の心の動きを類推したり、他者は自分とは違う考えを持っているということを理解する心の働きを「心の理論」と呼ぶ。第3章の図3-11は誤信念課題（サリーとアン課題）[7]と呼ばれ、子どもの中に「心の理論」が発達しているかどうかを確認するための実験課題である（*link* p.59）。5歳～6歳ごろになると、こうした認知機能が発達する。他者の立場に立って物事を考えることができるようになるので、ルールに従えない年下の子どもに配慮して遊んだりもする。ただし、場合によっては自分自身がルールを勝手に変えることもある。仲間と遊べるようになることが、就学前の幼児期の最終的な課題といってもよい。

　この時期、養育者は子どもたちが自らの気持ちを主体的に意識し、主体的に考え、行動を起こし、主体的に仲間と相談し、協力して遊び、生活できるよう支援をしていくことが課題となる。

### 演習課題

① 次のことについて、話し合ってみよう。
・主体性とは何だと思うか。あなたの意見を示そう。
・あなた自身は主体的といえるだろうか。その理由はなぜか。
・どんな時、主体的になれるか。
・なぜ主体的になれないのか。
・なぜ主体性が大切なのか。
・主体性をはぐくむために大切なものは何か。
② 実習先で、子どもの主体性をはぐくむような保育者のかかわりや言動を探してみよう。

## 【引用文献】

1) Heron, W. The pathology of boredom. *Scientific American*, 1957.
梅本堯夫・大山正編著『新心理学ライブラリ1　心理学への招待—こころの科学を知る—』サイエンス社　1992年　p.31
2) 文部科学省：幼稚園教育要領
http://www.mext.go.jp/a_menu/shotou/new-cs/youryou/you/index.htm（平成24年6月8日閲覧）
3) Lepper, M. R., Greene, D., & Nisbett, R. E. Undermining children's intrinsic interest with extrinsic reward : A test of the "overjustification" hypothesis. *Journal of Personality,* 38, 1973, pp.129-137.
4) 河地和子『自信力はどう育つか—思春期の子ども世界4都市調査からの提言—』朝日新聞社　2003年　p.83
5) White, R. M. Motivation reconsidered : The concept of competence. *Psychological Review,* 66, 1959, pp.297-333.
6) 汐見稔幸『ほめない子育て—自分が大好きといえる子に—』栄光教育文化研究所　1997年　pp.30-32
7) Baron-Cohen, S., Leslie, A. M. & Frith, U. Does the autistic child have a "theory of mind". *Cognition,* 21, 1985, 37-46.
宮本信也・小野里美帆編著『シードブック　保育にいかす精神保健』建帛社　2010年　p.52

## 【参考文献】

石井正子・松尾直博編著『教育心理学—保育者をめざす人へ—』樹村房　2004年

# 第6章
# 発達の理解から保育・教育実践へ　1
## －アセスメント－

本章では、一人ひとりの子どもを理解するための方法と発達の個人差、発達のプロセスについて学習する。まず、第1節では子どもの発達を評価する方法について学ぶ。第2節で、人はどのように発達していくのか、発達にはどのような個人差があるのかを理解する。子どもの発達を正しく評価することで、一人ひとりの子どもの発達に応じた保育・教育実践につなげていくことができる。

## 1 子ども理解・発達アセスメント

　子どもの発達を理解し、適切な保育・教育につなげていくためには、子どもの発達状態を適切に評価、査定することが不可欠である。このような発達状態の評価、査定のことをアセスメントと呼ぶ。

　本節では、代表的なアセスメントの方法である知能検査と発達検査について学習する。知能検査、発達検査には多くの種類があるが、それぞれの検査が開発された背景は異なるため、得られる情報は同じではない。そのため、どのような情報が必要なのかに応じて各検査を使い分けたり、いくつかの検査を組み合わせたりして実施する必要がある[*1]。

*1　いくつかの検査を組み合わせて実施することを、テスト・バッテリーと呼ぶ。

## 1 ── 知能検査

知能検査は、1905年にフランスの心理学者ビネー（Binet, A.）と精神科医シモン（Simon, T.）の手によって世界で初めて作成された。これは、普通教育についていけない、知的発達の遅れた子どもたちをあらかじめ見つけ出し（スクリーニング）、彼らに特別な教育を受けさせるという配慮から生まれたものであった。その後、多くの知能検査が開発され、現在に至っている。代表的な知能検査のうち、幼児・児童を対象にしたものを表6－1に示した。

表6－1　主な知能検査

| 検査名 | 適用年齢 |
| --- | --- |
| WPPSI | 3歳10か月～7歳1か月 |
| WISC-IV | 5歳0か月～16歳11か月 |
| 田中ビネー知能検査V | 2歳～成人 |
| K-ABC | 2歳6か月～12歳11か月 |

出典：著者作成

なお、知能検査では、検査を通して得られる、子どもの知能水準である精神年齢（Mental Age；MA）と検査時の月齢である生活年齢（Chronological Age；CA）の比から知能指数（Intelligence Quotient；IQ）が求められる。

　　　知能指数（IQ）＝精神年齢（MA）÷生活年齢（CA）×100

たとえば、5歳（60か月）の時に検査を受けた結果が5歳（60か月）の知能水準であれば、この子どもの知能指数は精神年齢（60）÷生活年齢（60）×100＝100となる。また、5歳の子どもの知能水準が6歳（72か月）であれば、知能指数は精神年齢（72）÷生活年齢（60）×100＝120となり、5歳の子どもの知能水準が4歳（48か月）であれば、知能指数は精神年齢（48）÷生活年齢（60）×100＝80となる。

なお、最近では知能指数の代わりに偏差知能指数（Deviation Intelligence Quotient；DIQ）を使用することも多くなってきた。偏差知能指数とは、同年齢集団の平均を100とした時に、その子どもがどの水準にあるのかを表すものである。

## 1　WISC-Ⅳ
### (Wechsler Intelligence Scale for Children-Fourth Edition)

　WISC-Ⅳは、ウェクスラー（Wechsler, D.）が開発したウェクスラー式知能検査の児童版の第4版で、適用年齢は5歳0か月から16歳11か月である。この検査には全部で15種類（基本検査10、補助検査5）の下位検査があり、全般的な知能水準を表す全検査IQ（Full Scale IQ；FSIQ）のほかに、4つの指標得点（「言語理解指標」「ワーキングメモリー指標」「知覚推理指標」「処理速度指標」）を算出することができる。下位検査のプロフィールや4つの指標得点の比較を通して、その子どもは何が得意で何が不得意なのかなど、子どもの知的発達を多面的に把握することができる。

　なお、より低年齢の子どもに対しては同じくウェクスラー式知能検査の幼児版（Wechsler Preschool and Primary Scale of Intelligence；WPPSI）が使用される。この検査の適用年齢は3歳10か月から7歳1か月である。

## 2　田中ビネー知能検査Ⅴ

　この検査は、田中寛一がビネーによって開発された知能検査に基づいて作成した知能検査の第5版である。1歳から13歳までの各年齢級に、その年齢の子どもの6割から7割が正答できる課題が複数用意してある。課題は「言語」「動作」「記憶」「数量」「知覚」「推理」「構成」などさまざまである。これらの課題にどの程度正答することができたかに応じて、2～13歳までは精神年齢と知能指数を、14歳以上は「結晶性」「流動性」「記憶」「論理・推理」の4つの領域の偏差知能指数と総合偏差知能指数を算出することができるようになっている。

　また、1歳級の下には「発達チェック」があり、主に1歳級の問題を実施して未発達なところがあると予測された被検査者について、発達の目安を調べることもできる。

## 3　K-ABC（Kaufman Assessment Battery for Children）

　この検査はカウフマン（Kaufman, A. S.）とカウフマン（Kaufman, N. L.）によって開発された、心理・教育アセスメントバッテリーである。

K-ABCは知能*2を新しい問題を解く「認知処理過程」とこれまでに習得した知識を活用する「習得度」の2つに分けて測定する。さらに、「認知処理過程」は「継次処理」（情報を順番に、系列的にたどり、分析的に処理する能力）と「同時処理」（複数の情報を時間的、空間的に一つにまとめ上げ、全体的に処理する能力）に分類される。これによって、一人ひとりの子どもの知能の特徴（新しい知識の習得に困難があるのか、習得した知識の活用に困難があるのか）と「認知処理過程」の特色（得意・不得意な分野と処理様式）を把握し、それぞれの子どもの能力と適性に合わせた教育・指導に活かすことができる。

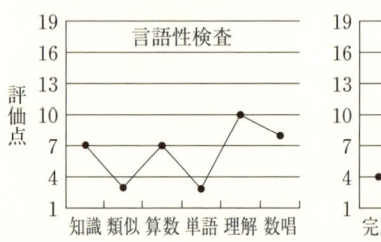

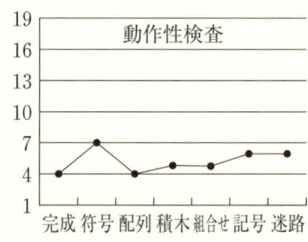

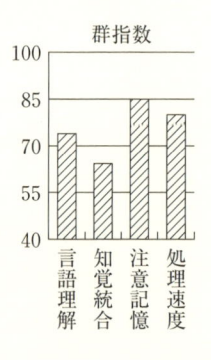

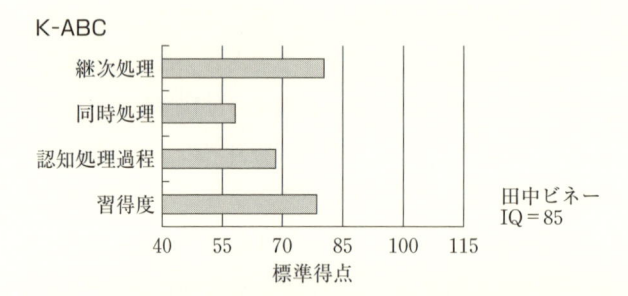

図6-1　知能検査の結果の例（ウィリアムズ症候群の事例について）

出典：田島信元・子安増生・森永良子・前田久男・菅野敦編著『シリーズ臨床発達心理学2　認知発達とその支援』ミネルヴァ書房　2002年　p.196

＊2　K-ABCでは知能のことを「認知処理能力」と呼んでいる。ちなみに、K-ABCは2013年に「KABC-Ⅱ」として改訂された。

> 〈事例〉さまざまな知能検査からわかること
> 　図6-1はウィリアムズ症候群[*3]の事例について、WISC-Ⅲ（WISC-Ⅳの前版）と田中ビネー知能検査、K-ABCを実施したものである。田中ビネー知能検査の結果からは知的発達にやや遅れがあることが、K-ABCの結果からは認知処理過程よりも習得度のほうが優れていて、継次処理のほうが同時処理よりも得意であることがわかる。また、WISC-Ⅲの群指数（WISC-Ⅳの指標得点に相当）からは知覚統合（WISC-Ⅳの「知覚推理指標」に相当）に困難があることが指摘できる。

## 2 ── 発達検査

　発達検査は子どもの心身の発達状態を把握するために開発された検査である。まだ言葉を話すことのできない乳児の発達状態を測定することもあるため、子ども本人に課題を実施する検査のほかに、親（もしくは保育者・教師）からの聞き取りによって情報を得る検査も多数開発されている。代表的な発達検査を表6-2に示した。

　知能検査が主に知能水準を測定するものであったのに対して、発達検査は知能だけでなく身体運動能力や社会性の発達水準も検査項目に含めている点が特

表6-2　主な発達検査

| 検査名 | 適用年齢 |
| --- | --- |
| 遠城寺式乳幼児分析的発達検査 | 0歳0か月～4歳7か月 |
| 乳幼児精神発達診断検査（津守・稲毛式） | 0歳1か月～7歳 |
| 新版K式発達検査2001 | 0歳0か月～成人 |
| 日本版デンバー式発達スクリーニング検査 | 0歳～6歳 |
| 新版S-M社会生活能力検査 | 乳幼児～中学生 |
| MCCベビーテスト | 0歳2か月～2歳6か月 |

出典：著者作成

---

*3　遺伝子疾患の一種。知的発達に遅れが生じるが、言語発達（語彙、発話能力）は良好であることが多い。

徴である。これは、乳幼児は心と身体が未分化であるため、知能だけを取り出して測定することが困難であり、また、精神の発達は身体運動や社会性の発達に反映されるという事実に基づいている。

発達検査では知能指数（IQ）の代わりに発達指数（Developmental Quotient；DQ）が、精神年齢（MA）の代わりに発達年齢（Developmental Age；DA）が使用される。したがって、発達指数は以下の式で求められる。

$$発達指数（DQ）＝発達年齢（DA）÷生活年齢（CA）×100$$

## 1　遠城寺式乳幼児分析的発達検査法

この検査は、1958（昭和33）年に遠城寺宗徳によって開発された、日本で初めての乳幼児向け発達検査である。1976（同51）年には「九大小児科改訂版」が発表された。適用年齢は0歳0か月から4歳7か月である。子ども自身が行動したり質問に答えたりすることができるかを観察するだけでなく、親（もしくは保育者・教師）からの聞き取りによっても判定をすることができる。

この検査では、「運動」（「移動運動」「手の運動」）・「社会性」（「基本的習慣」「対人関係」）・「言語」（「発語」「言語理解」）の3分野6領域に分けて子どもの発達を評価することができる。検査の結果は領域ごとの発達指数（DQ）と各領域の発達の程度を線で結ぶことによって得られるプロフィールによって示される。

ただし、この検査は標準化された時期が古く、現在の子どもたちには当てはまらない項目も多いため、最近はあまり使用されていない。

## 2　乳幼児精神発達診断検査（津守・稲毛式）

この検査は津守真らによって作成された質問紙形式の発達検査である。親（もしくは保育者・教師）が質問に答えることによって発達年齢（DA）や発達のプロフィールが得られ、子どもの発達が評価される。

この検査には0歳1か月から12か月用、1歳から3歳用、3歳から7歳用の3種類があり、それぞれ5領域（1か月から12か月用では「運動」「探索・操作」

「社会」「食事」「理解・言語」、1歳から3歳用では「運動」「探索・操作」「社会」「食事・排泄・生活習慣」「理解・言語」、3歳から7歳用では「運動」「探索」「社会」「生活習慣」「言語」）の発達の程度を調べることで子どもの発達水準を総合的にとらえようとする。

乳幼児精神発達診断検査は乳幼児健診（1歳6か月児健診、3歳児健診）や発達相談などの場で、発達の遅れや発達障害がある子どもを早期に発見するためのスクリーニング検査として用いられることが多い。

### 3　新版K式発達検査2001

この検査は、子どもの全般的な発達段階を評価するものである。適用年齢は0歳0か月から成人までである。

子どもの発達が「姿勢・運動」「認知・適応」「言語・社会」の3領域に大別され、全領域と領域別の発達指数（DQ）が求められる。全領域の発達指数（DQ）からはその子どもの発達の速さを、領域別の発達指数（DQ）からは、領域間の得意・不得意を評価することができる。

## 2 個人差と発達過程

第1節では知能や発達のアセスメントに使用される検査について学んできた。第2節では、人はどのように発達していくのかという発達の共通性と、そこにはどのような個人差があるのかについて学んでいく。

### 1 ── 発達の個人差

人は一人ひとり違った個性を持つ。このことに異を唱える人はいないであろう。それでは、発達にはどのような個人差があるのだろうか。

## 1　発達の偏りと遅れ

　人には生まれた直後からさまざまな個性がみられる。ちょっとしたことですぐに泣いてしまう子もいれば、いつも機嫌がよい子もいる。1歳の誕生日を迎える前に歩き始める子もいれば、1歳半を過ぎても歩かない子もいる。また、歩行開始は早かったのに言葉がなかなか出てこないなど、個人内で発達に偏りが生じることもある。

　このような、標準と比べた時の発達の遅速や個人内の偏りが単なる個人差、個人内の偏りなのか、それとも特別な配慮の必要な発達の遅れや偏りなのかを判断するために使われるのが、第1節で説明した知能検査や発達検査なのである。

　発達には個人差や個人内の偏りがつきものなので、過度に心配する必要はない場合が多いが、早期発見、早期療育がその後の発達をより良い方向に導くのもまた事実である。

## 2　発達の個人差

　「三つ子の魂百まで」ということわざがある。幼いころに形成された性格などは、年をとっても変わらないという意味である。しかし、それは本当なのだろうか。

　トマス（Thomas, A.）とチェス（Chess, S.）は、ニューヨーク縦断研究と呼ばれる乳児期から青年期までの発達を追跡する研究の中で、出生直後の子どもの特徴（気質）を「扱いやすい子」（40％）、「扱いにくい子」（20％）、「出だしの遅い子」（15％）の3タイプに分類した（残りの25％は「平均的な子」とされる）。その後、この子どもたちを追跡していったところ、乳児期に「扱いやすい子」とされた人の18％、「扱いにくい子」の70％、「出だしの遅い子」の40％が青年期までに何らかの行動上の問題や精神医学的援助が必要な問題を示したことが明らかとなった。確かに、子どもの時の個性（気質）はその後の発達に影響を与えていることがうかがえる。

　しかし、この結果を裏返してみると、たとえ「扱いやすい子」であっても18％は何らかの問題を示しており、「扱いにくい子」でも30％は問題を示していない

ということになる。この割合は、「子どもの時の個性（気質）はその後の発達を決定する」という考え方の「例外」として片づけてしまうにはあまりにも多い。むしろ、出生直後の気質のほかにも何か、子どもの発達に影響を与えるものがあると考えたほうがよいだろう。

　トマスとチェスの調査からは、発達には個人差が大きく、出生直後の気質だけをもって「こういう子はこうなる」、というように簡単には予測できないものであることがわかる。人は生まれながらにして個人差を持ち、その個人差にはある程度の持続性、一貫性があるが、その子自身の独自の経験（人や環境とのかかわり）によって、発達の道筋は大きく変動していくのである。

## 2 ── 発達の過程

　第1項で、発達には個人差があると述べたが、それと同じように大切なのが、発達の共通性である。人は次のような過程を経て、発達していく。

### 1　発達の過程

　発達の速さには個人差があるが、発達の過程は共通している（***link*** p.7、47）。
　たとえば、身体であれば、発達は頭部から尾部へ、中心から末梢へと進んでいく（図6－2）。首がすわり、お座りができるようになるとハイハイをするようになり、やがてつかまり立ちをし、歩けるようになっていく（粗大運動の発達）。また、最初は腕全体でものを抱え込んでいたのが、両掌で挟むことができるようになり、指先でつかみ、つまむことができるようになっていく（微細運動の発達）。
　愛着の発達であれば、人全般に対する興味から人を区別するようになり、特定の人物（多くの場合は母親）がいれば安心し、その人が

図6－2　発達の方向性

表6-3　愛着の発達

| 段階 | 時期 | 特徴 |
| --- | --- | --- |
| 人物の弁別を伴わない定位と発信の段階 | 8週～12週 | 人全般に対する興味 |
| 特定の人物に分化した反応が見られる段階 | 12週～6か月 | 普段世話をしてくれる人とそうでない人を区別する |
| 愛着行動が活発になる段階 | 6か月～3歳 | 特定の人物（愛着対象）がいれば安心して遊び、いなくなると不安を示す |
| 愛着対象を内在化する段階 | 3歳以降 | 愛着対象についての表象（イメージ）を形成し、頭の中で愛着対象との関係を継続させることができる |

出典：著者作成

いなくなると不安を示すようになる（表6-3）。やがて、特定の人物との関係を足がかりにして多くの人たちとの関係を築いていくようになる（*link* p.73）。

## 2　発達の連続性と非連続性

　人の発達は連続的なものである。緩やかな坂を上っていくように、毎日みていると気づかないくらいの小さな変化を日々積み重ねていく。それはちょうど、親は気づかないのに、久しぶりに会った親戚から「大きくなったね」と言われるようなものである。

　一方で、子どもの発達は常にこのように、毎日の小さな変化を連続して積み重ねていくだけではなく、ある日突然、それまでできなかったことができるようになることもしばしばある。ただし、これは発達が非連続的なものであるということを意味するのではない。

　目にはみえず、行動に表れてこないままに、潜在的に発達は進み、潜在的な変化がある程度蓄積されると、階段を上るように劇的な行動の変化として現れてくるのである。

　目にみえる形でどのような変化が起こっているかだけでなく、目にみえない形で、潜在的にどのような発達が進んでいるのかにも留意することで、子どもの発達をより深く理解することができるようになる（図6-3）。

図6-3 潜在的発達と顕在的発達

## 3 発達段階

　人の発達は連続的なものだが、いくつかの特徴的な変化が集中し、それ以前とは異なったステージに進んだかのようにみえる時期がある。たとえば、1歳の誕生日を過ぎると二足歩行や意味のある言葉の使用が可能になる。慣例的に、それ以前を乳児期と呼び、それ以降を幼児期と呼ぶ。

　このように、発達をいくつかの段階に区分して理解しようとするのが発達段階である。代表的なものには、1945（昭和20）年に文部省（当時）が発表した、乳児期（0歳～2歳）、幼児期（2歳～6歳）、児童期（6歳～12歳）などの区分や、認知の発達に着目したピアジェの区分がある（**link** p.54）。

　ピアジェの考える発達段階は、感覚運動期（0歳～2歳）、前操作期（2歳～7歳）、具体的操作期（7歳～11歳）、形式的操作期（11歳以降）である。

　今目の前にいる子どもがどの発達段階にいるのか、そしてその発達段階の特徴がどのようなものかがわかると、子どもに対してうまくかかわれることがある。たとえば、幼稚園児（前操作期に相当）には自己中心性という特徴があり、相手の立場、視点に立って物事を考えることができない（**link** p.53）。そのため、保育者・教師（親）がケンカの仲裁に入り、「○○（相手）の気持ちを考えてごらん」と言ってもうまく伝わらない。その代わりに、「△△（自分）が同じ

ことをされたらどう思う？」と聞くと、子どもは自分が相手に何をしたのかを理解することができる。

　ここまでみてきたように、発達の一般的な特徴を理解したうえで、一人ひとりの個人差や発達段階を考慮したかかわりが保育者・教師には求められるのである。

### 演習課題

① 一つひとつの知能検査や発達検査では、調べられる内容に限りがある。子どもの発達状況を詳しく調べるためには、どうしたらよいだろう？
② 発達検査には、子どもに直接実施するものと親（もしくは保育者・教師）からの聞き取りをするものがある。それぞれにはどのような長所、短所があるか書き出してみよう。
③ 本章では、発達段階として、文部省（当時）とピアジェの考えを紹介した。このほかには誰の、どのような発達段階があるか調べてみよう。

### 【参考文献】

本郷一夫編著『シードブック　保育の心理学Ⅰ・Ⅱ』建帛社　2011年

無藤隆・清水益治編著『保育心理学　新保育ライブラリ　子どもを知る』北大路書房　2009年

上田礼子『生涯人間発達学　改訂第2版』三輪書店　2005年

本郷一夫編著『シードブック　発達心理学―保育・教育に活かす子どもの理解―』建帛社　2007年

田島信元・子安増生・森永良子・前川久男・菅野敦編著『シリーズ臨床発達心理学2　認知発達とその支援』ミネルヴァ書房　2002年

# 第7章
# 発達の理解から保育・教育実践へ 2
## －環境設定－

本章では、保育・教育実践について、「物的環境」と「人的環境」の2つの側面から子どもの発達の姿について学習する。「物的環境」においては、アフォーダンスの観点から子どもと環境の相互作用について取り上げる。「人的環境」に関しては、子ども同士の関係のなかで育つ社会的スキルについて主に取り上げる。これらのことを踏まえ、保育・教育実践における「環境」の重要性と保育者が理解し、留意すべきことがらを学ぶ。

## 1
## 保育・教育実践とは

### 1 ── 環境の大切さ

　保育所や幼稚園の様子を思い浮かべてみよう。そこでは子どもはどのような環境で、どんな活動をしているだろうか。園庭でかけっこしたり、保育室のなかで友だちとおままごとをしたり、保育者・教師に絵本を読んでもらったりしている。これこそが子どもの日常であり、そんな毎日の積み重ねの中で子どもたちは発達していくのである。幼児期の保育・教育の環境について考えることは重要であるといえる。

保育所保育指針[1]には、第1章2保育所の役割において、「(略)家庭との緊密な連携の下に、子どもの状況や発達過程を踏まえ、保育所における環境を通して、養護及び教育を一体的に行うことを特性としている」と明記されている。さらに幼稚園教育要領[2]においても、第1章第1幼稚園教育の基本において、「(略)幼稚園教育は、学校教育法第22条に規定する目的を達成するため、幼児期の特性を踏まえ、環境を通して行うものである」と明記されている。

このように、保育所においても幼稚園においても、子どもの発達および教育にとって、環境はとても重要な役割を持つととらえられている。

## 2 ── 保育・教育実践における2つの「環境」

ひと口に「環境」といってもその指し示す内容は、とても広い。一つの考え方として、保育・教育実践における「環境」を、大きく「物的環境」と「人的環境」の2つに分けることができる（図7-1）。

### 1 「物的環境」とは？

イス、テーブル、おもちゃなどを物的環境という。私たち人間は、生まれながらにしてさまざまなものに囲まれて生活している。保育室に関しても、さまざまなものが置かれ、その配置などが工夫されている。

### 2 「人的環境」とは？

私たちは、生まれた時から人とかかわりを持って生きている。本章では、人を「大人」と「子ども」に分けて考えることにする。

「大人」は、とくに親や保育者・教師といった子どもを育てる（保育・教育する）役割を担った人々を取り上げる。

環境 ─┬─ 物的環境…イス、テーブル、おもちゃ、保育室、園庭 など
　　　└─ 人的環境…親、保育者・教師、仲間 など

図7-1　環境の2つの側面

「子ども」とは、保育所や幼稚園などにおいてともに育ちあう仲間としての子どもを取り上げる。つまり、子ども自身が互いにやり取りをする相手（相手たち）のことである。

次節からは、まず「物的環境」の視点から保育・教育の場における発達について述べる。そして、次に「人的環境」の視点からの保育・教育の場における子どもの相互関係の中での発達、保育・教育の場における保育者・教師の役割について取り上げる。

## 2 保育・教育の現場における「物的環境」

### 1 ── アフォーダンスの概念

佐々木[3]は、「物こそ発達をガイドしている視点」を提供している。その事例の一つとして、野中[4]は、1歳から2歳までの子どものブロック集めにおける姿勢の変化（発達）を示している。

この事例におけるブロックは、子どもがちょうど手に持って運ぶことのできる大きさのもので、ブロックを入れる容器とそのふたもある。同じ子ども（Dちゃん）を継続して観察した結果、以下のような姿勢の変化が示された。

＜1歳中頃まで＞
おしりを床につけて座った姿勢で、床の上に散らばったブロックに手を伸ばす。
＜1歳のおわり＞
床の上に足の裏をつけて、おしりを床から浮かせたしゃがんだ姿勢が多くなる。

子どもにしゃがんだ姿勢を獲得させた要因を、野中[4]はブロック集めにおける環境であると指摘している。

まず、ブロックと容器は床面の広い範囲に散らばっており、ブロックを全部集めるためには移動する必要がある。同時に、集めたブロックを容器に入れるためには、ブロックを床面から約20cmの高さの容器の口まで、垂直方向に手で持って移動させる必要がある。このような状況では、立って移動してブロックをつかみ容器に入れるという操作を行うことは難易度が高くなる。したがって、周囲のものの配置がもたらす制約を解決する方法として、しゃがむ姿勢、もしくはしゃがんだ姿勢のまま移動する姿勢がとられるようになったということである。

　さらに、2歳になると容器のふたの上にブロックを載せてから、ふたをお盆のように利用して容器まで運ぶという行為がみられるようになった。

　以上、1歳から2歳にかけてのブロック遊びにおける姿勢の変化（発達）について、佐々木[3]は、「Dちゃんの周囲には、複数のブロックと容器があって、たまたまふたがあった。そこでDちゃんは、ふたの上に遊離物をたくさん載せられるというアフォーダンスを発見しました。それから集めたブロックを離れたところにある容器に移すことを始める時には、しゃがんだ負荷のある動きが出てきます。もしも、こうした部屋の床の上に散らばった遊び道具がなければ、しゃがんで歩くという動きは出てこなかったかもしれません (p.70)」と述べている。つまり、子どもが置かれた環境が、子どもの行動を引き出したということである。

　アフォーダンスとは、「環境が動物に提供する『価値』のことである」[5]。佐々木[5]は、紙についてのアフォーダンスについて、「その紙はあなたの手で破れるだろうか？　ふつう紙は破ることをアフォードしている。しかし、紙が『厚いダンボールの小さな切れ端』ならば破ることをアフォードしないだろう。つまり破れないと知覚されるだろう。ただし、読者の手や腕が運動選手のような特別な筋力を持っていれば別で、ダンボールの切れ端でも「破れる」と知覚されたはずだ (p.71)」と説明を加えており、さらに、同じものをみても、人によってアフォードされることは異なることも指摘している。

　私たち大人でも、日常的に環境からアフォードされる情報に行動が影響されている。たとえば、あるデザインのドアノブは内側に押してあけることをア

第7章　発達の理解から保育・教育実践へ　2－環境設定－　●147

フォードするデザインとなっているため、利用者は「自然に押して」ドアを開けることができる事例が挙げられる[6]。これは、環境がわれわれに提供する価値によって、われわれの行動が規定されるというアフォーダンスの原理を利用したものである。

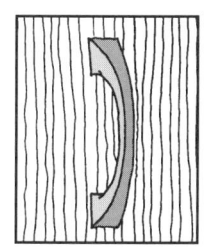

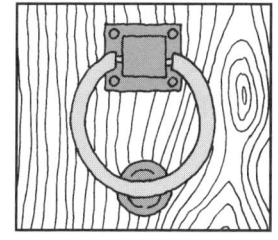

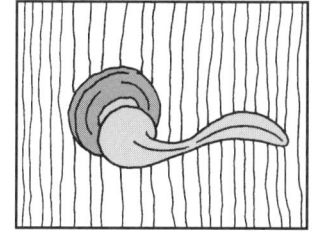

これらのドアノブは、それぞれどんな情報（押す？　引っぱる？　まわす？）をアフォードしているだろう？

図7－2　ドアノブを例にアフォーダンスを考える

　また、乳児とそのまわりに置かれたおもちゃとのアフォーダンスについても次のような事例が紹介されている[7]。乳児の周りには、おもちゃの電話、ぬいぐるみ、プラスチックの円筒、絵本、片手でつかめる大きさの正方形などが置かれている。乳児は、自分の力で持てる程度の重さや大きさの正方形のおもちゃはつかむが、大きすぎるものにはそうしない。また、ぬいぐるみは抱きしめるが電話機は抱きしめない。円筒には、中に入るものについては入れるが、大きすぎて入らないものについては入れようとしないという。
　このように、乳児は、自分の周りにあるものが持っている価値、つまり、性質や特徴に適した行動をとるのである。シーグラー（Siegler）ら[7]は、この事例より、乳児は物（環境）と自分自身との相互作用を通して、多くのアフォーダンスを学んでいくとしている。アフォーダンスとは、われわれが環境に適応するためには、必要不可欠なものであると考えられる。
　子どもたちは、彼らの環境からさまざまなことをアフォードされており、それが発達に影響していると考えられる。

## 2 ─── アフォーダンスの事例

　次に、幼児の遊びにおけるアフォーダンスの事例について示す。
　この事例は、年中児クラスの「森の日」における子どもの遊びの観察事例であり、中坪ら[8]によって報告されたものである。「森の日」とは、ある国立大学法人の附属幼稚園において継続的に行われている自然体験を活かした保育カリキュラムである。子どもたちは、自由遊び、設定保育、片づけ、集い、昼食など1日の大半を森の中で過ごすという特徴がある。以下に、報告されている事例の概要の一部を引用する。

---

〈事例1〉「森の日」の細木を使った遊び
　周囲の幼児たちがI男の行為（身体全体を使って木（細木）を揺らしている）に興味を示し、集まってくる。その中の一人、K男が「僕もやりたい！　…僕もやらせて」と言って、I男が持っている木（細木）を自分もつかみ、揺らし始める。－中略－　K男が加わったため、I男とK男の間で木（細木）の奪い合いとなる。大柄なK男は、I男がつかむその手を離そうとするが、I男はそれに応じず、木（細木）をしっかりつかんでいる。仕方なくK男は、自分がつかんでいる右手で、木（細木）を大きく揺らし始める。I男は両手で木（細木）をつかんでいるが、力の強いK男が大きく揺らし始めたため、木（細木）と一緒に自分も揺らされるような状態になる。そこで一瞬、I男の表情が曇ったようにみえたけれども、その後は笑顔になり、K男と一緒に木（細木）を揺らして遊ぶという行為に発展する。

---

　この事例は、I男とK男の木（細木）の取り合いから、木（細木）を一緒に使って遊ぶようになる経過を示したものである。
　中坪ら[8]は、I男とK男が一緒に遊ぶようになったきっかけを、木（細木）が持つしなやかさ（大きく揺れる）という特性にアフォードされたからだと考えている。つまり、一緒に遊ぶようになる直前に、K男が大きく木（細木）を揺らしたため、I男は自分も揺らされた。そして、揺れる木（細木）が出す音や形の変化、手に伝わる感触が持つおもしろさを2人が共有し、木（細木）を取

り合うのではなく、木（細木）を一緒に揺らすという状況が生じたということである。木（細木）の取り合いになる前から、I男は木（細木）を揺らして遊んでいた。これも、木（細木）の弾力性という特性にアフォードされたものであっただろう。二人で木（細木）を取り合う場面でも、この弾力性という特性によって一緒に遊ぶという行為がアフォードされている。

この事例は、木（細木）の持つ弾力性という特性にアフォードされることによって、子どもの遊びが展開されたものである。子どもの遊びを豊かにするための示唆を与えるものだといえる。

## 3
## 保育・教育の現場における「人的環境」

子どもたちは、園でさまざまな人々と関係を持つ中で成長していく。中でもかかわりが深いのは、子ども同士や保育者・教師であろう。子ども同士の関係には、少人数のグループや、クラスなどといった比較的大きな集団でのかかわりなどがある。また、異年齢保育や統合保育を行っている園では、子どもたちはいろいろな子どもと相互作用して成長していくことになる。

子どもにとっての保育者・教師とは、園生活を安心して過ごすことができる存在であり、保育者・教師は子どもの発達を支える役目を担っている。

本節では、はじめに子ども同士のかかわりに焦点を当てた保育・教育の現場における「人的環境」について取り上げてから、保育者・教師に焦点を当てた保育・教育の現場における「人的環境」について述べる。

### 1 ── 子ども同士のかかわり

#### 1　遊びの中でのかかわり

園での生活において、子ども同士のかかわりでもっとも多いのは遊びにおいてであろう。パーテン（Parten, M. B.）は、子どもの対人的な遊びについて、傍観、ひとり遊び、平行遊び、連合遊び、協同遊びに分類している（***link*** p.78）。

この分類は、遊びの発達段階を示すものである。もちろん、5歳児でもひとり遊びをすることもある。子どもの好きな遊びのタイプというものも存在するし、状況によって子どもがとる遊びのタイプも変化するといえる。

　保育実習を行った学生が、反省会などで「実習で戸惑ったこと・対応に困ったこと」で多く挙げることは、子ども同士のけんかである。子ども同士のけんかには、ものの取り合い、お互いの気持ちのズレなどがある。子どものけんかについて、発達的な視点からは、個々の子どもの「自我」がかかわっていると考えられる。

　2歳半ごろになると、子どもに自我が芽生えてくる。自我とは、「自分は○○したい」という気持ちのことである。「自分でできるもん」とか「イヤ」ということをいい、時として親や保育者・教師を困らせることがある。この強い自分の気持ち、つまり、自我と自我のぶつかり合いがけんかとなってしまうことがある。しかし、自分の気持ちを強く押し出していく自己主張が強い時期を経て、子どもたちは徐々に自分の気持ちを抑制できるようになっていく。これは、自我のぶつかり合いを経験し、つまり、けんかを経験し、相手にも気持ちがあることを実感することで培われていく能力だと考えられる。こうしたことを子ども自身が経験し理解していくことが重要であり、この理由において子どものけんかは発達上必然的なものだといえる（*link* p.76）。筆者が、以前観察を行っていた保育所の年少児クラスでのけんかの事例を紹介する。

〈事例2〉 3歳児のおもちゃの取り合いのけんかとその対応
　A介とB太が隣同士に座って遊んでいた。2人ともブロックでロケットを作っていた。A介が「ぼくのロケットは速く飛ぶんだ。だからここには黒いブロックを……」と自分のロケットにつける黒いブロックを探し始めた。しかし、黒いブロックはB太がすべて使っていたため残っていなかった。そこでA介は、B太のロケットから黒いブロックをいきなり取り、自分のロケットにくっつけた。B太は、ブロックを取られたことに怒り、A介をたたいた。たたかれたA介は、たたかれたことに怒り、B太をたたいた。そして、2人のたたき合いが始まった。2人とも顔を真っ赤にし、顔は涙と鼻水でぐちゃぐちゃになってい

第7章　発達の理解から保育・教育実践へ　2－環境設定－　●151

> たが、保育士はとめることなくしばらくそのままたたき合いを続けさせた。そして、数分後に、とめに入り、お互いの気持ち（なぜ、たたいたのか、なぜ取ったのか）を丁寧に聞き、2人の気持ちを受け止めたうえで、両者に「ごめんなさい」をうながし、ブロックがほしい時は「貸して」と言うことを教えていた。

　この事例は、おもちゃの取り合いのけんかである。注目する点は、保育士の対応だろう。この保育士に、すぐとめずにしばらくけんかをさせたのはなぜか尋ねたところ、「すぐにとめるの簡単です。しかし、そうすると子どもが相手の気持ちとしっかりぶつかる経験が十分にできない。まずは、相手の気持ちと自分の気持ちをしっかりぶつけ合って、お互い気持ちがあることを理解してほしいからです」と対応についての説明があった。この事例における保育士の対応がベストなものであると断定することはできない。もっと適切な対応があった可能性もある。また、この対応がすべてのけんかへの対応として適切であるということもできない。子どもの状況や周りの状況など考慮しないといけない点は多々ある。しかし、この事例は、子どものけんかについて考えるためのヒントを与えてくれるものだろう。とくに、子どもの自我の発達を踏まえ、その自我同士のぶつかり合いを通しての、子どもの他者の心の理解、社会性の発達を支えようという意図を持った対応であることは、子どもの育ちを支える保育者をめざすうえでたいへん重要な視点であるといえる（*link* p.127）。

　ここに示した事例は年少児のものであるが、年中児、年長児になると、子どもはけんかをしても、保育者・教師などの大人の手助けを得ることなく、自分たちで解決できるようになってくる。また、けんかになるのを回避することもできるようになる。これには、自己抑制能力が関係している。次項では、自己主張、自己抑制について述べる。

## 2　自己主張、自己抑制

　『発達心理学辞典』[9]によると、自己主張とは「自分の意思や欲求を明確にして外に向かって表現し実現する能動的な働き」のことであり、自己抑制とは「状況に応じて自分の要求や行動を統制する自己制御の働き」である。

柏木[10]は、自己主張と自己抑制の発達的変化を検討している。その結果、3歳から4歳半にかけて自己主張は急激に伸び、それ以降は横ばいの発達的傾向を示すことを明らかにしている。これに対して、自己抑制は、3歳から小学校入学までなだらかに上昇する発達傾向を持つことを明らかにしている。つまり、幼児期の後半から、自己抑制能力の発達が自己主張の能力よりも優勢になると考えられる（図7-3）。

この理由として、西坂[11]は、「幼児期を通して友達と関わる中で、さまざまなぶつかりの経験によって『自己主張』と『自己抑制』のバランスを学んでいく」（p.53）という、他者とのかかわる経験が持つ重要さを指摘している。

また、長濱・高井[12]は、ものの取り合い場面における幼児の行動について、自己主張、自己抑制の視点に、自他調整の観点を加えて検討している。自他調整とは、自分と相手の要求を両立させることである。

以下では、彼女たちの実験の結果を紹介する。

まず、実験の対象となったのは、3歳児、4歳児、5歳児各40名であった。

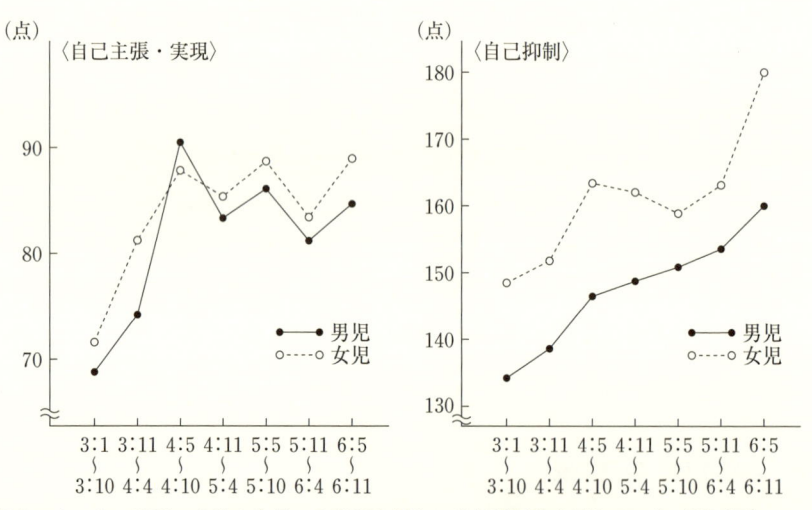

※3：1～3：10は、3歳1か月～3歳10か月という年齢区分を示している（以下同）。

図7-3　自己主張・実現と自己制御の年齢的変化
出典：柏木惠子『幼児期における「自己」の発達』東京大学出版会　1988年　p.23

ものの取り合い場面は、3種類設定され、それぞれにおいてどのような行動をとるか子どもは口頭で答えるものであった。

ものの取り合い場面は、自分が遊んでいたおもちゃが取られてしまう「自己先取場面」、他児が遊んでいたおもちゃで遊びたくなる「他者先取場面」、他児と同時におもちゃをみつける「対等場面」の3種類である。

それぞれの場面は、以下のようなお話として幼児に話された。

【自己先取場面】
1．○○ちゃん（対象児の名前）がスコップで遊んでいます。
2．そこにお友だちがやってきて
3．そのお友だちが○○ちゃんが使っているスコップを取ってしまいました。

【他者先取場面】
1．○○ちゃん（対象児の名前）はお外にいます。
2．そこでお友だちがシャボン玉で遊んでいるのをみつけて
3．○○ちゃんもお友だちが持っているシャボン玉で遊びたくなりました。

【対等場面】
1．○○ちゃん（対象児の名前）はお外にいます。
2．お友だちもお外にいます。
3．2人で一緒にボールをみつけて、取り合いになってしまいました。

質問は、3つの場面に共通して、「こんな時○○ちゃんなら、どうしますか」である。子どもたちの口頭での回答は、自己主張、自己抑制、自他調整の3つの反応カテゴリーに分類された。自己主張には、取り返す、相手に身体的攻撃を与える、貸してなどと依頼する回答が分類された。自己抑制には、我慢する、代わりのおもちゃで遊ぶなどの回答が分類された。自他調整には、時間や順番を決めて両者が遊べるようにしたり、じゃんけんをして遊べる人を決めるという回答が分類された。

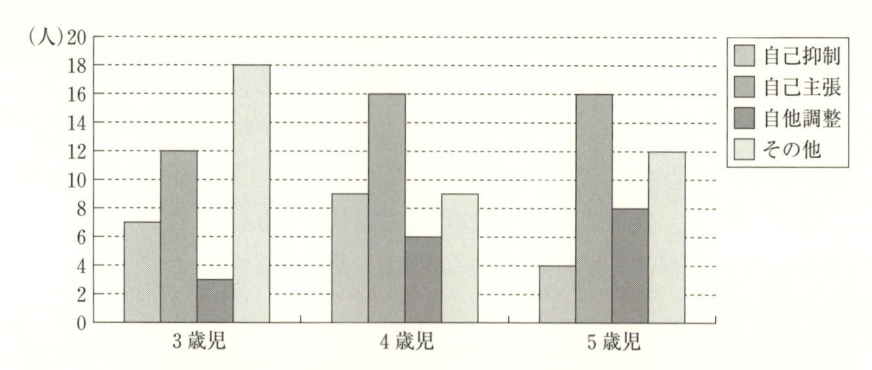

図7-4 「自己先取場面」における各年齢における各反応カテゴリーに分類された人数

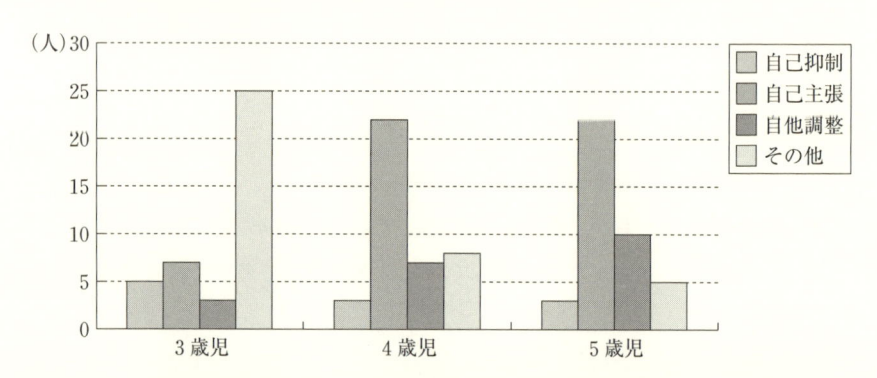

図7-5 「他者先取場面」における各年齢における各反応カテゴリーに分類された人数

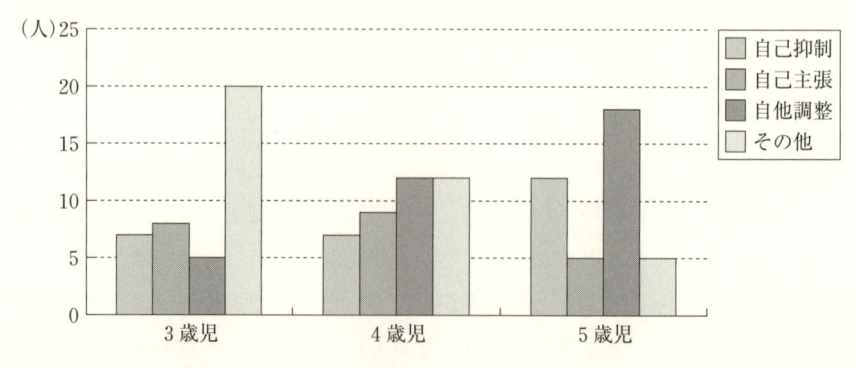

図7-6 「対等場面」における各年齢における各反応カテゴリーに分類された人数

図7-4、5、6に、各場面ごとに、各年齢において反応カテゴリーに分類された人数を示す(長濱・高井[12]で示されたデータをもとに、筆者が図を作成した)。

各反応カテゴリーに分類された人数に年齢による違いがあるかどうか、つまり発達的な差があるかどうか、各場面ごとについて検討の結果、「自己先取場面」には違いがなかったが、「他者先取場面」と「対等場面」に年齢による違い、つまり発達的な変化が示された。

まず、「他者先取場面」では、自己主張は3歳児に少なく、4歳児と5歳児に多くみられることが明らかにされた。さらに、4歳児と5歳児の自己主張内容を詳細にみると、すべて「貸して」などと依頼するものであった。先に紹介した筆者が観察した年少児のおもちゃの取り合いによるけんかの事例において、保育士が子ども両者の気持ちを受け止めたあと、他者が使用しているものを使用したい時には「『貸して』と言うんだよ」と、子どもに働きかけていることから、「他者先取場面」においては、「貸して」という行動が4歳児以上では十分に身についているのではないかといえる。

次に、「対等場面」においては、自他調整が3歳児で少なく5歳児で多いという結果が示された。さらに、5歳児においては、自己主張もすべて「貸して」などと依頼するものであった。3歳から5歳にかけて、自分と相手の欲求を調整することができるようになるといえる。長濱・高井[12]は、この自他調整能力の発達には、子ども同士の社会的相互作用をその要因として考えることは妥当であるとしている。

以上、自我の発達、それに関連して自己主張、自己抑制、自他調整といった発達を取り上げたが、これらは子ども単独の世界で生じるのではなく、他者とのかかわりがその発達に重要な役割を持つことを示している。この時、子ども集団性質がどのようなものであるかといったことも、重要な要因となる。やはり、子どもの発達を支える際に「人的環境」がどのようなものかを考慮することは極めて重要な点であるといえる。

## 2 ── 「人的環境」における保育者

### 1 保育者・教師の役割の基本

現行の保育所保育指針[1]では、保育所保育の特性として「養護と教育の一体的な実施」が明示されるようになった。そして、乳幼児期の保育および教育の特性は、環境を通して総合的に行われる点がより強調されるようになったのである。実際に保育・教育を行う「保育者・教師の専門性」については、『保育所保育指針解説書』[13]の第1章総則において以下の6点が挙げられている。

> ①子どもの発達に関する専門的知識を基に子どもの育ちを見通し、その成長・発達を援助する技術
> ②子どもの発達過程や意欲を踏まえ、子ども自らが生活していく力を細やかに助ける生活援助の知識・技術
> ③保育所内外の空間や物的環境、様々な遊具や素材、自然環境や興味・人的環境を生かし、保育の環境を構成していく技術
> ④子どもの経験や興味・関心を踏まえ、様々な遊びを豊かに展開していくための知識・技術
> ⑤子ども同士の関わりや子どもと保護者の関わりなどを見守り、その気持ちに寄り添いながら適宜必要な援助をしていく関係構築の知識・技術
> ⑥保護者等への相談・助言に関する知識・技術

これらの内容を、これまで本章でみてきた「環境」の視点から改めて言い換えると、保育者・教師には次の3つの能力が不可欠であると考えられる。

> ①子どもの発達に応じて物的環境を構成したり、さらには発達を見通した物的環境を計画する能力
> ②子どもの発達に応じた人的環境（子ども集団の構成）、さらには発達を見通した人的環境を計画する能力
> ③保育者・教師自身も、子どもたちの人的環境を構成する重要な一員であることを認識し、保育者・教師同士の関係、子ども集団と保育者・教師との関係、保護者との保育者・教師との関係をマネージメントする能力

## 2 保育における「物的環境」

　第2節において、保育・教育の現場における「物的環境」について事例を挙げながら、子どもの発達および遊びについてアフォーダンスの観点から述べた。

　幼児の細木遊びの事例では、細木での遊び方などは存在しないのに、子どもたちは細木の形状からアフォードされる情報に刺激されて遊んでいた。2歳児のブロック遊びの事例でも、ブロックを入れる容器のふたには本来お盆のような使いみちは設定されていないのに、Ｄちゃんはブロックを載せお盆のように使用していた。

　国立教育政策研究所教育課程研究センターが作成した『幼児期から児童期への教育』[14]において、幼児と教材（おもちゃなど）のかかわりと保育者・教師が教材について十分に留意することの必要性について以下のように述べられている。

　「環境を通して行う教育を基本とする幼稚園教育では、あらかじめ教師が幼児の活動を予想して用意した教材であったとしても、幼児は教師の予想を超えて多様なかかわり方や使い方をすることが少なくない。また、教師が教材として用意したものではないのに、幼児が興味をもってかかわり、人やものとのかかわりを深めるおもしろい教材となっていくこともある。（中略）幼稚園においては、幼児がどのようなものと出会い、どのようにかかわることができるのかについてあらかじめ予想し、指導計画に位置づけ、環境の構成を工夫する必要がある」(pp.41-42)。

　以上の理由で教材研究および幼児理解が必要であると指摘している。また、幼児がかかわるすべてのものが教材としての価値を持つ可能性があるとしている。保育者・教師は、子どもの発達段階、日常での様子といった幼児理解に基づき、子どもたちの発達を豊かにする教材や保育室の環境などの「物的環境」について十分に考慮する必要がある。

## 3 保育における「人的環境」

　まず、保育者・教師自身の保育の「人的環境」について考える。保育所・幼稚園では、子どもたちが安心して過ごすことができることが第一に大切なこと

である。そのため、子どもたちにとって保育者・教師の愛着の対象、信頼できる大人としての役割が成立している必要がある。

　次に、現行の保育所保育指針[1]においては、保護者支援がより重視されている。保護者との信頼関係を築くことも、子どもが安心して園生活を送ることができることにつながると考えることができる。つまり、保護者との信頼関係構築も、保育における「人的環境」においてたいへん重要であるといえる。

　第3節において、自己主張、自己抑制の発達について説明した。また、年少児のおもちゃの取り合いによるけんかの事例や、長濱・高井[12]の自他調整能力の発達研究を紹介した。おもちゃの取り合いの事例や自他調整能力の発達研究から、これらの能力の発達には、他者とかかわる経験が不可欠であることが示唆されている。

　また、年少児のおもちゃの取り合いによるけんかの事例では、保育士の対応についても紹介した。ここでの対応は、両者の思いを保育士が受け止めたうえで、両者が互いに気持ちを伝え合い、最後に他者が使っているものがほしい時は、「貸して」と言うということを保育士が子どもに示すものであった。

　長濱・高井[12]の自他調整能力の発達研究の結果では、自分が遊びたいおもちゃですでに他者が遊んでいる「他者先取場面」では、4歳児と5歳児の自己主張の内容はすべて「貸して」などと依頼するものであった。これらのことから、3歳児時点におけるものの取り合いにおける保育者・教師の対応が、4歳児、5歳児におけるものの取り合いを回避する方策の基礎になっている可能性が考えられる。このように、子どもは集団の中で育っていくので、保育者・教師は、個々の子どもの発達状況を踏まえた対応をしつつ、子ども集団に適したかかわりをする必要がある。

　さらに、第3節で紹介したおもちゃの取り合いによるけんかの事例は、単一年齢クラスにおけるものであった。これが、異年齢保育を行っている子ども集団においてであったら、どのように取り合いは展開されただろうか？　保育者・教師の介入は必要であっただろうか？　異年齢保育では、年長児は年少時のお世話をし、年少児は年長児に憧れを抱く傾向がある。同じ子どもでも、同年齢集団内でのふるまいと異年齢集団でのふるまいは異なると考えられる。

このように、子ども集団が、同一年齢集団か異年齢集団かということも、保育者・教師が保育にあたって十分に考慮すべき「人的環境」であると考えられる。

## 4 「物的環境」と「人的環境」

　ここまで「物的環境」と「人的環境」について分けて述べてきた。だが、保育実践や子どもの発達において、この2つは本来深く関連しあうものである。たとえば、どのようなものをどんな子ども集団で用いるかによって、子どもの活動は異なるであろうし、もちろんそれが子どもの発達に及ぼす影響も異なるだろう。保育実践を計画するにあたっては、「物的環境」「人的環境」を有機的に関連させ、子どもの発達支援を実現する必要がある。

　たとえば、おもちゃを子どもの人数分用意しておく場合と、子どもの人数よりも少なく用意しておく場合とでは、後者のほうが子どもたちの自他の気持ちのぶつかり合いの体験が多くなったり、子どもに自他調整能力を必要とする場面を多く体験させることにつながるだろう。

　また、いろいろな用途をアフォードする素材（布など）を用意することで、子どもの遊びは豊かになり、発想力が促進されることや、集団で遊ぶ時にイメージを調整することが必要となることから、イメージを共有する能力がはぐくまれることも期待できるだろう。

🖉演習課題

① 保育実習での経験を思い出し、どのような環境構成がされていたか記述し、その目的を考察してみよう。また、その環境において子どもがどのような活動をしていたか分析し、話し合ってみよう。
② 保育実習生が出会う困難の多くに、子ども同士のけんかへの対応がある。自分の実習の経験を記述してみよう（対応の仕方と意図など）。また、本章で学習したことを踏まえ、自身の対応について分析してみよう。
③ 任意の保育目標を設定し、「物的環境」および「人的環境」を考慮した実践計画を作成してみよう。また、グループ等で発表会を行い、お互いの実践計画を検討してみよう。

【引用文献】
1）厚生労働省『保育所保育指針』厚生労働省　2008年
2）文部科学省『幼稚園教育要領』文部科学省　2008年
3）佐々木正人編著『アフォーダンスの視点から乳幼児の育ちを考察』小学館　2008年
4）野中哲史「第2部第2章　周囲のものを介して子どもの発達を見る」佐々木正人編著『アフォーダンスの視点から乳幼児の育ちを考察』小学館　2008年　pp.60-71
5）佐々木正人『アフォーダンス―新しい認知の理論』岩波書店　1994年
6）羽生和紀『ライブラリ　実践のための心理学＝5　環境心理学－人間と環境の調和のために－』サイエンス社　2008年
7）Siegler, R., DeLoaoche, J., & Elisenberg, N. "Chapter5 Seeing, Thinking, and Doing in Infancy" Siegler, R., DeLoaoche, J., & Elisenberg, N. (Eds) *How Children Develop* 3rd edition. Worth Publishers : New york, 2010, p.201.
8）中坪史典・久原有貴・中西さやか・境愛一郎・山元隆春・林よし恵・松本信吾・日切慶子・落合さゆり「アフォーダンスの視点から探る『森の幼稚園』カリキュラム：素朴な自然環境は保育実践に何をもたらすのか」『広島大学　学部・附属学校共同研究紀要』第39号　2010年　pp.135-140
9）岡本夏木・清水御代明・村井潤一監修『発達心理学辞典』ミネルヴァ書房　1995年
10）柏木惠子『幼児期における「自己」の発達―行動の自己制御機能を中心に』東京大学出版会　1988年
11）西坂小百合「第2章　乳幼児期の発達と領域『人間関係』」無藤隆監修　岩立京子編者代表『＜領域＞人間関係　事例で学ぶ保育内容』萌文書林　2007年　pp.33-56
12）長濱成未・高井直美「物の取り合い場面における幼児の自己調整機能の発達」『発達心理学研究』第22巻第3号　2011年　pp.251-260
13）厚生労働省『保育所保育指針解説書』フレーベル館　2008年
14）国立教育政策研究所教育課程研究センター『幼児期から児童期への教育』ひかりのくに　2005年　pp.41-42

【参考文献】

井上健治・久保ゆかり編『子どもの社会的発達』東京大学出版会　1997年

佐伯胖監修　渡部信一編『「学び」の認知科学事典』大修館書店　2010年

神田英雄『保育に悩んだときに読む本―発達のドラマと実践の手だて』ひとなる書房　2007年

# 第8章
## 生活や遊びをとおした学びの過程

子どもの生活範囲は年齢とともに広がる。誕生から数年は家庭での生活時間が長いが、徐々に家の近所や保育所・幼稚園、学校での活動時間も加わる。子どもはそこで出会ういろいろな人たちと交流し活動する中で成長していく。本章では、どんな活動や環境が子どもの言語や知的能力をはぐくみ、また社会性や自己制御能力などをはぐくむのか、子どもの生活や遊びをとおしてみていく。

## 1 生活の中での言語習得過程

### 1 ── 言語習得のしくみと環境

　言語習得とは、母語の音声や語彙、文法を知り、母語を大人のように使うことができるようになることである。乳児が言語を習得するには少なくとも、生物学的基礎、社会的基礎、認知的基礎の3つの必須条件があり、それに加えてよりよい生活環境や教育的環境が重要である。

## 1　言語習得の基礎

　生物学的基礎とは主に、大脳皮質の一部分にある聴覚中枢や意味の理解の中枢のことである。いったん言語が習得されても大脳皮質の一部分が損傷を受けると言葉が出なくなったり、聞いても意味がわからなくなったりすることから、大脳皮質は言葉の発達の基礎であるといえる。

　社会的基礎とは、人の機能のことである。そもそも言葉は、乳児が他者と物事を共有したい欲求を示し、相手もそれに共感するところに起源がある。たとえば、乳児は9か月を過ぎると「あ、あ」といいながら明るいもの（電灯など）を指さしたりする。その時、母親（養育者）が「あ、電気ついたね」と言葉で受け止めたりうなずいたりする反応をすれば、乳児の視線や指さしが共有されてコミュニケーションの動機が高まる。反対に「あ、あ」と指さす乳児に母親（養育者）が無反応であり続ければコミュニケーションが成り立たず、乳児の指さしは減少してしまう。これは、乳児が感情や意図を相手に受け止めてもらえないからである。このようなことが持続すれば、その後のコミュニケーションの発達が危ぶまれる。また、人の機能として、愛着関係が重要な要因であることも忘れてはならない。愛情の絆で結ばれた子どもと母親や家族との間で言語的コミュニケーションが繰り広げられる時、その言語表現や表情、ふるまいの繰り返しは、子どもにとっては言葉を含めた文化的知識の獲得の場となる。つまり、大好きな母親・家族の発話のタイミングや音声のつくり方、声の高低などのすべてを模倣しながら言語を習得していくのである（***link*** p.60）。

　さて、言語習得における認知的基礎とは、ある事物に命名する時などに不可欠な、その事物に対する認知能力のことである。1歳ごろの子どもが、犬にも猫にも、また動物園でみたライオンにも「ワンワン」と発声する、という例はよくみられる。この時子どもは、「ワンワン」とは"毛のある動くもの"という程度の認知（カテゴリー化）をしていると考えられる。毛糸のカーディガンを含めて白いふわふわしたものなら何でも「ニャンニャン」といった乳児の例もあり、乳児が事物にどう命名するかは、乳児が事物をほかのものと区別、弁別してどう定義するかに密接にかかわっている。この定義には、事物を意味づけてカテゴリー化し、概念化する認知機能が働いているのである。現在では、乳

幼児期の認知機能と言語は相互に関連して発達するという考え方が一般的である。すなわち、語彙が増加する時期に部分と全体の認知や見立て遊びが出現し、二語文などの文法使用がみられるころに図形弁別やプランのある遊びが出てくるなど、言語と認知の発達には対応関係が認められるといわれる[1]。

## 2 生活環境の影響

　子どもの言語習得は、日常的な生活環境の中でどのようにしてもたらされているのか、具体的に考えてみよう。家庭では、起床、食事場面、おもちゃを使った遊び、片づけ、外出の準備などの行為が日々繰り返される。ここで使われる養育者の言葉は、パターン化しているために子どもにとっては予測しやすいし、行為や文脈を伴うためにその意味が理解しやすいはずである。養育者の側も意図的に子どもの年齢に合わせて理解しやすい言葉かけを行い、状況に応じて子どもの事物への理解を助けるように適切に援助する。たとえば、子どもが「バ、バ」とバナナに手を伸ばそうとすると、「バナナ食べるの？　はいどうぞ」「大きいバナナね」などとより精緻で表現豊かな言葉遣いで応答をする。このようなことの繰り返しによって言葉の習得は促される。

　保育所・幼稚園では生活体験と遊びの繰り返しの中で、保育者・教師は意図的に「言語教育」をしていることが多い。保育者・教師は、子どもがあいさつや出来事の報告などをなるべくわかりやすく順序立てて話せるように、子どもの発言を励ましたり援助したりする。これはまさしく意図的な「言語教育」である。また、文字への興味が高まる幼児期後半や小学校入学前後には、言葉のしりとり遊びや手紙ごっこ、お話づくりなどを通して、より高度なレベルの「言語教育」が繰り広げられる。このような場面で保育者・教師は、子どもの発話を傾聴する姿勢を持ち、適切に応答することで、子どもの話す意欲を高めるよう接する必要があるだろう。

　もちろん養育者が意図しないところでも、子どもの言葉の学習は進行している。言葉や行為の熟達者である大人と接する日常のあらゆる生活場面は、子どもにとって自然に言葉や行為を学習する場である。大人と接していればいつのまにか、大人の口調をまねて発話したりしぐさをまねたりする。このような学

習過程をレイヴとウェンガー (Lave, J. & Wenger, E.) は、「徒弟的参加」による学習と述べている[2]。ちょうど、洋服の仕立屋の新米職人が親方の作業を観察して、ボタンつけなどの技術を徐々に身につけるようなものであるという。子どもの生活環境は、言葉とコミュニケーションを駆使する「親方」に満ち満ちた世界であるといえる。

## 2 ── 絵本や物語に出会う生活と言語習得

　絵本やお話を読んでもらうことは、子どもにとって楽しみであり、豊かな想像性を育てるといわれるが、言語習得を促すことにもつながっている。絵本を母親と子どもがみている場面を想像してみよう。母親は、「みて！」「これ何？」「○○ね」など、子どもの注意を促したり登場する動物の名前を教えたりする。ある研究[3]でも、絵本場面では子どもの年齢が低いほど、母親は「ぞうさんね」と描いてあるものの名前を教えて子どもがそれを模倣する、という現象が多いという。また、子どもが模倣した後の母親の言葉かけや応答の仕方は、子どもの年齢に応じて変化している。たとえば、1歳半の子どもの母親は、もう一度子どもの言葉を反復して「ぞうさんね」と模倣する。子どもが2歳前後になると、母親は「お鼻が長いね」とか、「何してる？」というように話題を広げる言葉かけをしている。つまり、子どもが成長するにつれて、母親の言葉かけは、子どもの言葉をより複雑な話題に組み込みながら、子どもの言葉の拡張や知識の広がりを促す特徴がある。

　さらに、幼児期後半になっても絵本を読むこと、読んでもらうことは続いていく。また、子どもたち自身がお気に入りの絵本のお話をもとに、ごっこ遊びや劇遊びを始めることもある。とくに保育所や幼稚園では、その遊びに保育者・教師が適切に介入すると、子どもたちはさらに楽しく遊びを持続することができるだろう。こうして絵本から始まった遊びを通して、子どもたちは豊かな言語的コミュニケーションを経験し、言語の世界を広げていく。

　絵本ばかりではなく大人が物語を読んで聞かせることも、子どもの心や言葉を育てる。保育所・幼稚園、小学校ではたいてい教室のどこかに図書のコーナー

があり、保育者・教師やボランティアが子どものリクエストに応じて読んで聞かせる時間がもたれる。

児童文学者の脇[4]は、大人が物語を読んで聞かせることは、子どもの「生きる力」を育てることであるという。脇によれば、まず読み聞かせは、子どもにとって「耳からの物語体験」であり、読み手である大人の音読や朗読を聞きながら、子どもは、自然描写には五感を働かせ、主人公のつらさやうれしさなどの感情表現に自分を没入させてその感情を追体験する。また、主人公と自分を比較して自分のことを客観的にふりかえることもある。このように「物語体験」は、子どもが実体験（現実世界）で味わうべき事柄を補ううえで大きな力がある、という。つまり物語体験は、子どもの内的世界を豊かにすると考えられる。

このような体験をする子どもは、印象深いお話の主人公のことを他の子どもに話したり、また「これ読んで」と本を持って保育者・教師にリクエストしたりするかもしれない。したがって「耳からの物語体験」は、子どもの言葉の世界、すなわちコミュニケーション力をはぐくむことにもつながるといえよう。大人は、子どもの年齢や状況を踏まえて「耳からの物語体験」にふさわしい物語を選び、いつでも子どもに読んでやれるよう、準備しておく必要があるだろう。

## 2
## 生活の中で学ぶしくみ

### 1 ── 生活世界と社会生活能力

幼児期から学童期前半にかけて子どもが生活の中で学ぶべきことを、「社会生活能力検査」[5]を参考に列挙すると、身辺自立、移動、操作、コミュニケーション、社会性、自己統制などの能力がある。これらの社会生活能力は、同一視による模倣学習や先に述べた「徒弟的参加」による学習、および家庭での養育やしつけ、などによって身につくと考えられている。

同一視による模倣学習とは、子どもが、母親などの愛着を持っている人の動

作を無意識的に模倣することで成り立つ学習である。したがって、母親や父親の行為はほぼすべて模倣の対象となり、子どもは少しずつ母親や父親の行動を取り入れていく。一方、養育やしつけは、親や保育者・教師が教えたいことを意図的に指示したり教え込んだりして、子どもに身につけさせようとすることである。先に挙げた社会生活能力はどれも、この3つの学習過程にかかわっている。

 食事に関する生活習慣を例にとると、自分で食事をすることができるようになるには、1歳前の離乳食から始まって3、4歳くらいまでの長い生活経験が必要である。その中で、子どもは親の動作を無意識的にまねてお箸を使おうとしたり（同一視）、周りの人がすることをいつもみていて、自然にスプーンの使い方を覚えたり（徒弟的参加）、親や保育者・教師に促されたりほめられたりして離席せずに食事をすることができるようになる（養育やしつけ）。食事を含むさまざまな生活習慣は、周りの人たちとともに過ごす生活の中で、このような学習過程を経て身につけていくのである（***link*** p.102）。

 次に、社会性と子どもの生活について考えよう。社会性とは、「社会に方向づけられた適応行動一般の基礎をなす個人の特徴」[6]である。すなわち、集団に参加し、ルールを守るなどその場にふさわしいふるまいや判断ができ、他者と円滑にコミュニケーションができることである。そのためには、他者の感情や動機を理解し、同輩との良好な関係を築くことや、他者に対して共感すること、自己理解を深め、自己制御力、すなわち自己を抑制したり自己主張したりする力を身につけることなどが含まれている（***link*** p.76、152）。

 これらの特性は、日常生活における親の他者への態度や親子のやり取りの中からはぐくまれる。親が、近所の人にあいさつをしたり言葉を交わしたりする姿をみて、また公共交通機関でマナーを守る姿をみて、あるいは助けの必要な人に対する親切な態度をみて、子どもたちは社会に方向づけられた適応行動の具体的な方法を身につけていく。また、親による養育やしつけによって、自己抑制や自己主張の仕方を学んでいく。たとえば、親は子どもに、ほしいおもちゃやお菓子を我慢したり、もっと遊びたいけれど時間がきたら宿題をしなければならないことなどを、ことに直面するごとにほめたり叱ったりしながら教えて

いく。そのようなしつけによって子どもの自己抑制力は育っていくと思われる。逆に親が過保護で甘やかすなど、子どもの欲求満足を優先していると、子どもは我慢したり自分を抑えたりする経験が乏しくなって、自己制御行動の発達にマイナスの影響があるといわれている[7]。

しかし親は、子どもが他者とスムーズに人間関係を築くことができない時、あるいは集団参加を阻まれるなどストレス状態にある時は、状況や子どもの個性に応じた援助の手を差し伸べて子どもを支えていく必要がある。

子ども同士の遊びや交流もまた、社会性をはぐくむ要因であるが、これは「3 遊びの中で学ぶしくみ」（p.171）で取り上げたい。

## 2 ── 生活世界と論理的思考

筋道だったものの考え方（論理性）や数概念、部分と全体の理解などの知的能力も家庭や集団生活の経験を通してより豊かに育まれる。岡本[8]によれば、子どもは6、7歳にもなるとこれまでの知識や経験から論理的につなぎ合わせて、一歩進んだ推理を試みようとする。次の事例は生活体験から論理的に考えようとする子どもの姿を示している。

〈事例1〉サンタクロースはお父さん？
　クリスマスプレゼントをもってくるのはサンタさんではないのでは？　お父さんなのでは？　と疑いを持ち始めた子どもは、何とかそれを証明しようとする。「この家には煙突がない」「このあたりは雪は降らない」「自分のほしいものを知っているのはお父さんだ」などと筋道を立てて考えながら自分の仮説（サンタはお父さんだ）を検証しようとする。しかし、その検証過程は不完全で、いろいろな会話の最後に父親に「お父さんがサンタなら赤いサンタの服があるはずだろう？」と言われて一緒に探してみる。それが見つからないと、子どもは「そうか、やっぱり赤い服が家にないから、お父さんはサンタじゃないね」と降参してしまい、筋道立てた追究をやめてしまう。

（岡本[8]より改編）

ここでみられる子どもの検証過程、すなわち論理的な思考はまだ限定的であるが、物事を客観的に突き詰めて考えようとする動機は高まってきたことがわかる。このように、子どもは自分が興味を持てる、またどうしても知りたいことであれば、進んで推理力を働かせてそれを追究しようとする。そこで、生活のいろいろな場面で子どもの好奇心をかきたて、なぜ？　どうして？　と疑問を持つ生活経験が、筋道を立てて考える機会を提供し、子どもの知的能力の発達を後押しすると考えられる。

　数概念などの知的な能力も日常生活の経験の中で深められる。自然数には、系列性や包摂性、「数の保存性」[*1]（***link** p.56*）などの性質があり、幼児から小学校低学年にかけて理解が進む。その過程で数に関する生活経験が徐々に統合されて数の性質を含めた数概念が成立する。たとえば、100円が40円より多いことを知っている小学生1年生でも、実際には「100円玉で40円のものを買うということはできない」という子どもがいる。これは100が40を含むという数の包摂関係を完全に理解していないために、1枚の100円玉では4枚の10円玉を必要とするものを買うのは無理ではないかと思ってしまうのである。このような場合、買い物や物を数えるなどの実体験や四則計算の練習などの環境条件があって初めて、100円玉で買い物ができるようになるだろう。

　数に限らず、事物の相対的な大小関係や系列関係（例：長さの順序）を理解することも論理的思考の基礎をなすものであり、これも食事場面や遊び場面で事物を並べたり、大小を確認したりするよう実体験を繰り返すことで理解が進むだろう。子どもの成長は日々の生活とともにある。

## 3 ── 生活の中のメディアと子どもの学び

　現実の生活体験との対極をなすバーチャルリアリティの世界は、実は子どもの生活の一部になっているという皮肉な現実がある。多くの子どもは、テレビ、

---

[*1] 「数の保存性」とは、ピアジェの保存概念の一例。たとえば、5つのおはじきは、接近して並べても間隔を広げて並べても5つであり、数そのものの増減がなければ間隔を変えておかれたおはじきの数はもとのままであることを理解していること。

パソコン、DVD、ゲーム機、デジカメ（デジタルカメラ）、ケイタイ（携帯電話）などの言葉を知り、DVDデッキのスイッチを自分で入れて視聴したり、ゲーム機を自分で操作して遊ぶなど、これらに慣れ親しんでいる。しかし「1──生活世界と社会生活能力」(p.166)でみたように、子どもは人と実際にやり取りをし、時間をかけて物事に実際に触れたりする体験こそが発達の原点であり、大人としては、子どもの生活に浸透しているこれらのメディアの持つ発達阻害の一面を知る必要がある。

そこで、テレビ視聴の影響について考えてみたい。暴力的で残虐なシーンや悪い言葉が使われるような番組が幼児向きではないことは誰もが認めるところだが、幼児向けとされる番組はどうだろうか。アメリカでは「セサミストリート」の弊害が指摘されている。ハーリー (Herly, J.)[9]によれば、アメリカの2〜5歳までの幼児の580万人が週に平均3回みており、とくに読む能力・思考力に関して悪影響があると指摘している。この番組の具体的な欠点を挙げると、まず語りのペースが強すぎ、断片的な文字や言葉の提示が多い。また文字の働きや言葉の意味を考えることにつながらない内容が多い。そこでこの番組を継続して視聴する子どもは、言葉を受け身的に受け取ることに慣れてしまい、一人で言葉に注意を向け続ける能力や効果的に言葉を使う能力の発達が阻害されると警告している。わが国の子どもたちへの影響はどのようなものか不明であるが、幼児向き番組は安心、というわけではないようである。ハーリーは著書の中で、受け身にならないで視聴させる工夫として、親子で対話しながらみたり、番組の内容について後で話題にしたり実際に活動したりして、より自覚的で積極的な視聴に変える工夫を述べている。

一般的にテレビ視聴が生活時間の多くを占めるようになると、外で体を動かして遊んだり、友だちとやり取りしたりする時間が減ってしまう。そのような生活パターンが持続すれば、子どもは対人的コミュニケーションが苦手になる。内田[10]もいうように、テレビ視聴の弊害を少なくするには、長時間見せない、よい番組を選ぶ、テレビの内容を実生活に関連づけて遊びの題材にするなどの大人の配慮が必要である。これは、バーチャルな世界との区別がつきにくい、また言葉や社会性の発達が未熟な低年齢の子どもであるほど重要な視点である。

## 3 遊びの中で学ぶしくみ

### 1 ── 遊びの中で何を学ぶか

　小川はホイジンガ（Huizinga, J.）にならって、遊びを次のように定義している[11]。遊びとは、第1に遊び手が自ら選んで取り組む活動（遊びの自発性）、第2に遊び手が他の目的のためにやる活動ではなく遊ぶこと自体が目的となる活動、第3にその活動自体楽しいとか喜びという感情に結びつく活動、第4にみずから進んでその活動に参加しなければ味わうことはできないもの、であるという。

　このような楽しく夢中になれる活動は子どもの知的好奇心を満たし、認知的能力の発達を促す側面を持っている。このことを最初に理論化したのはピアジェ（Piajet, J.）[12]である。彼は、乳児期の2年間を感覚運動的段階と定義し、乳児の認知構造は、自分の体や外界の事物を用いた感覚運動的操作、遊びによって発達することを明らかにした（***link** p.54*）。

　遊びにはほかにも、子どもの社会性、運動能力、情緒、自立心などの発達に密接にかかわっているが、中でも注目されるのは、社会性の一つの特性である対人関係に関する学びである。子どもの遊びを観察したパーテン（Parten, M. B.）[13]によれば、2歳から5歳までの子どもの遊びは、ひとり遊び、傍観（的行動）、平行遊び、連合遊び、協同遊びなどに分類することができる。第4章（p.78参照）では、それらの遊びの出現の発達的変化を示している。これをみると、平行遊びはどの年齢にもみられるが、ひとり遊びや傍観（的行動）は年齢とともに減少し、連合遊びや協同遊びは相対的に増えてくる。そこで子どもの協同的な遊びが、子どもの対人関係能力をどのようにはぐくむのかを考えてみよう。

　たとえば、園庭の砂場に数人集まって遊んでいると、自然と役割が必要になってくる。砂をかき出す役、砂を容器に入れて移動させる役、水を運ぶ役、などを分担して互いに協力することで「トンネル」や「川」が完成し、砂場でダイナミックに遊ぶことができる。一人ではできない楽しい活動である。その活動

から、いろいろな対人関係能力、すなわち、道具を順番に使用する、ほかの子どもがやり始めた活動は自分がやりたくても待つかあきらめる、目的に向かって協力する、終わったら一緒に片づける、などを身につけていくのであろう。また、鬼ごっこやかくれんぼなどはもっと明確に決められたルールのある遊びであり、同じような学びが期待される協同遊びの一種である。

遊びの中で出現するけんかやいざこざも、対人関係を学ぶ場である。とくに、自分の思い通りにならない経験から自己を制御することの大切さを学ぶだろう。すなわち、けんかになると楽しい遊びが終わってしまうことを経験する。そして、「楽しい遊びを続ける」ためには、自己の欲求を通そうとするのではなく自己を抑制すること、「ルール」を守ることなどを学んでいく。このような対人関係のスキルは、親や保育者・教師の助言や、年長の子どものリーダーシップや提案があればさらに容易に学ぶことができるだろう。

また、遊びは自己主張を学ぶ場でもある。わが国の親のしつけでは、我慢することや思いやりを持つことを優先するため、イギリスの子どもに比べて自己主張が少ないといわれる[14]。しかし、自分の思いを他者に伝えるという意味での自己主張もまた対人関係能力である。つまり、「遊びに入れてほしい」「そのやり方はいやだ」などの気持ちを相手に表明することである。このような対人関係能力もまた友だちと遊びながら、どのタイミングで、どのように言えば受け入れてもらえるか、などの経験をしながら身についていくと思われる（***link p.179***）。

## 2 ── 遊びにおける大人の役割

幼稚園教育要領の第1章総則では、「幼児の自発的な活動としての遊びは、心身の調和のとれた発達の基礎を培う重要な学習であることを考慮して、遊びを通しての指導を中心として第2章に示すねらいが総合的に達成されるようにすること」[15]と述べられ、保育者・教師が遊びを通して指導することを求めている。また保育所保育指針においても、保育の原理（第1章　総則）における保育の方法として「生活や遊びを通して総合的に保育すること」[16]と述べており、

保育者は子どもの遊びをどのように指導し支援するかが問われている。

　では、保育者・教師は子どもが自発的に遊ぶためにどのように関わればよいのだろうか。間接的な方法と直接的な方法の２つに分けて考えてみよう。

　遊びの指導の間接的な方法とは、子どもの遊びを誘うための環境づくりである。たとえば、保育室に入っていくつかの遊びのコーナーが見渡せると、一気に子どもは遊びの世界に入り込んでいくだろう。小川[17]は、製作の素材などが使いやすく魅力的な配置で置かれた製作のコーナー、人形や台所のおもちゃが並ぶままごとコーナー、積み木コーナー、絵本コーナーのある保育室とそこでの保育者・教師の心構えなどを紹介している。保育者・教師は、見守りながら必要な材料を追加したり、子どもの話に加わって物語の展開を助けたりする。また、保育者・教師は部屋にいるすべての子どもの動きを視野に入れながら、近くの子どもの行為や言葉に応答しなければならない。遊びを誘う保育環境とは、このような人的応答的環境も含まれるのである（*link* p.143）。

　他方、保育者・教師には遊びを主導して遊びを直接的に教える役割もある。ここで遊びを教えるとは、子どもたちが自発的には見つけることができない、もっと「おもしろい」遊びを教えることである。そして、子どもがこれまで経験したことのない種類の興奮や躍動感を味わわせ、未知なるダイナミックな遊びに導くことである。河崎[18]の示す、保育場面や学童保育の遊びの指導の例をまとめると、保育者・教師は、遊びを「しかける」、新しい遊びを提案する、ルールを教える、劇中人物の演技をしておもしろさを演出する……など数え切れないほどの役割がある。その役割をどれだけ多く果たせるかが、保育者・教師の専門家としての力量の一つであるようである。ここで、実際に保育者・教師が遊びをしかけて、それがクラス全体の冒険遊びに発展した事例を挙げてみよう。

〈事例２〉花時計の中の冒険遊び
　ある保育園で、大きな花時計のあるところへ遠足に行った。大きくてきれいな花時計をみて子どもたちは喜んでいたので、引率保育者が、「なんであんな大きな針が動くんやと思う？　不思議やな、土の中で何が動かしとんのやろ。何かおるんかな」とつぶやく。すると子どもたちが、「ミミズや！」「モグラや！」

> と口々に叫び出す。そこで保育者が、「そうやな。何かおるんかな。探してみたら」と促す。この一言が探検遊びに発展して、子どもたちは花時計の周りをぐるぐる回り、ついに通路とその先の鉄の扉を見つける。そして、想像も相まってみんな「モグラ説」を信じてしまう。その後、園では花時計の下の想像画を描いたりして、子どもたちは、本当はどうなっているか知りたい気持ちが高まってくる。そこで、実際に花時計の下を係の人にみせてもらうことになった。数日後、子どもたちはドキドキしながら鉄の扉の中に入り、薄暗い室内でブーンという音とともに機械が動いているのを確認した。保育者は、子どもたちはがっかりしただろうなと思って説明しようとすると、一人の子どもがいったという。「モグラは今買い物に行っていないんや！」
>
> (河崎[18]から要約)

## 3 ── 子どもの遊びの現状から

遊びが子どもの精神的、社会的発達に重要な役割になっていることを述べてきたが、本章の最後に、子どもの遊びの実態に目を向けてみよう。

『厚生労働白書』（平成15年版）によれば、1990年から2000年の間に就学前の子どもたちの遊び場所は、友だちの家や公園・児童館から、自分の家やその周りへと大きく変化し、子どもの行動範囲は非常に狭くなってきている[19]。この傾向は小学生でも同様で、よく遊ぶ場所のトップは自分の家、次いで友だちの家となっている。家で何をしているかといえば、多い順に、テレビをみる、漫画や雑誌を読む、ごろごろしたりのんびりする、携帯型ゲーム機をする、である。

このように、子どもたちは外遊びをしなくなってきており、友だちと協同して遊ぶ機会も少なくなっていることがうかがえる。

子どもたちは外遊びが本当に嫌なのだろうか。なぜ、外遊びをする時間が少ないのだろうか。小学生を対象にしたある調査[20]によると、子どもたちの好きな遊びは、ゲームと外遊びである。実際に行っているのはゲーム遊びのほうが多い。その理由として、塾通いや習い事のために遊ぶ時間が少なく、またみん

ながが集まることのできる身近な空間・施設が学校外には少ないことが指摘されている。これでは、徒党を組んで遊ぶ楽しさも味わえない。もっと放課後に十分遊べるような大人の工夫が望まれる。

次に幼児の遊びの実態について、ある地方都市の幼稚園の保護者185名を対象とした研究[21]をみてみよう。まず、幼児の外遊びの関心度を示したのが図8－1である。これによると、65％の幼児が、外遊びをとても好きと思っている。ところが、図8－2にあるように、実際に幼児がよくする遊びのリストでは、1位から3位までは室内遊び（絵本を読む、お絵かき、お人形・おままごと）となっており、外遊びは4位以下に並んでいる。

図8－3は遊び環境に対する保護者の意

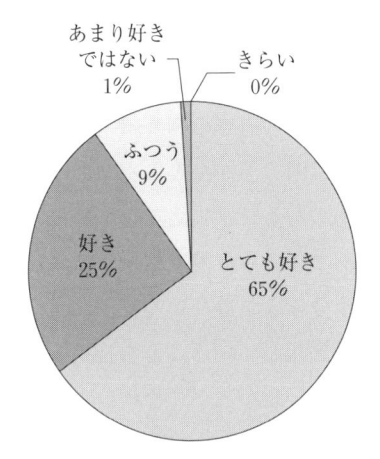

図8－1　外遊びの関心度

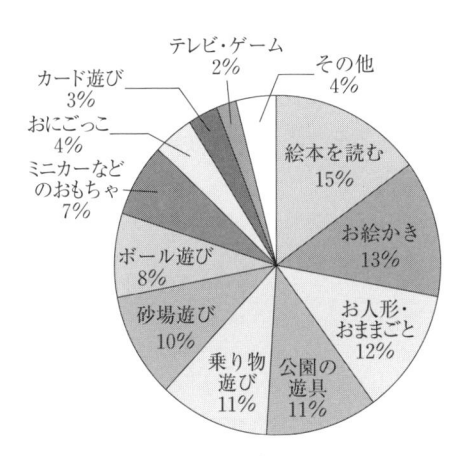

図8－2　よくする遊び

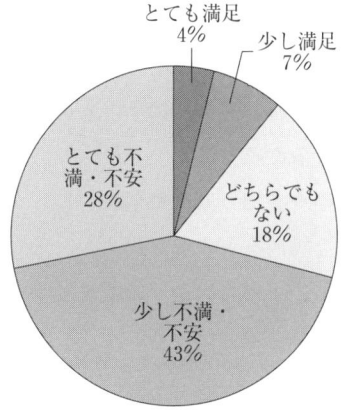

図8－3　遊び環境に対する保護者の意識

出典：安恒万記「都市における子どもの遊び環境について」『筑紫女学園短期大学紀要4号』2009年　pp.167-177から作成

識を示したものであるが、保護者には遊び環境に対して不安・不満を抱えた人が多い。不安や不満の内容をみると、第1には、幼児の外遊びには安全面などからつき添いが必要だと思うが、家事の都合や弟、妹などの世話などからつき添えないことがあることが挙げられている。不安・不満の第2の要素は、遊び場の問題である。親は、清潔な砂場、自然が多い遊び場、友だちと会える遊び場が少ないと考えている。さらにここではデータは省略したが、幼児のおけいこごとの有無の調査結果[21]では、年少児では39.5%、年中児では77.0%、年長児では94.1%がなんらかのおけいこごとをしており、幼児自身にも遊ぶ時間に制約のある日常生活を送っていることが想像される。

このような調査結果から、安恒は、都市に居住する幼児は、好きな外遊びが十分できず遊びの内容が貧困化していること、また、親にとっては子育て環境が悪化していることを指摘している[21]。そこで、公園や周辺道路を整備し、学校・行政などが、それらの公園に遊び集団をつくりだすようなリーダーを派遣することなどを提案している。

以上みてきたように、子どもの遊びの現状は、1990年代から貧困化の一途をたどっている。遊びに必要な、時間、場所、仲間がいずれも縮小してきており、遊びを通して発達する子どもの社会性などに影響を及ぼしているのではないだろうか。したがってその対策として、集団で遊ぶ機会のある保育所・幼稚園、小学校では、家庭での子どもの遊びを補うことを意識した活動や生活指導が求められるだろう。

そのうえで、家庭や地域のコミュニティでは、子どもが帰宅後十分に遊べる安全な場所をどう取り戻すか、子育て環境の悪化をどう改善すべきかについて議論し、子どもの遊びを改善していく必要がある。

## 演習課題

① 子どもが絵本や物語体験に刺激されて、自発的にごっこ遊びや劇遊びを始めることがある。その時、保育所や幼稚園の保育者・教師は、子どもたちにどのような声かけや参加の仕方をすればよいのだろう？　子どもたちが、より楽しく、遊びを持続していくために、保育者・教師がなすべき適切な介入について考えてみよう。

② 子どもの生活に携帯型ゲーム機が浸透している。とくに小学生では、遊び時間の中でゲームをしている時間の占める割合は非常に大きい。幼児はどうだろうか。幼児期の子どもが携帯型ゲーム機をする時間について調べ、その実態を踏まえて、ゲーム遊びと子どもの発達の関係について考えてみよう。

③ 子どもの遊びの中で起きるいざこざとはどのようなものだろう。また、そこから子どもたちはどのようなことを学ぶのか。具体的な事例を想定して説明してみよう。

## 【引用文献】

1) 小椋たみ子「言語発達の認知的基礎」岩立志津夫・小椋たみ子編『言語発達とその支援』ミネルヴァ書房　2002年　pp.64-65

2) ジーン・レイヴ＆エティエンヌ・ウェンガー（佐伯胖訳）『状況に埋め込まれた学習 —正統的周辺参加』産業図書　1991／1993年

3) 村瀬俊樹・マユーあき・小椋たみ子・山下由紀恵・Dale,P.S.「絵本場面における母子会話：ラベリングに関する発話連鎖の分析」『発達心理学研究　9』日本発達心理学会　1998年　pp.142-154

4) 脇明子『物語が生きる力を育てる』岩波書店　2008年　pp. 1-16

5) 旭出学園教育研究所・日本心理適性研究所『S-M社会生活能力検査』日本文化科学社　1980年

6) 小嶋秀夫『児童心理学への招待』サイエンス社　1991年　p.133

7) 森下正康「幼児の自己制御機能の発達研究」『和歌山大学教育学部教育実践総合センター紀要 №13』2003年　pp.47-56

8) 岡本夏木『小学生になる前後』岩波書店　1995年　pp.145-150

9) ジェーン・ハーリー（西村辨作他編訳）『滅びゆく思考力 —子どもたちの脳が変わる』大修館書店　1992年　pp.178-208

10) 内田伸子「テレビ視聴の影響」岩立志津夫・小椋たみ子編『前掲書』p.117
11) 小川博久『遊び保育論』萌文書林　2010年　p.46
12) ジャン・ピアジェ（谷村覚・浜田寿美男訳）『知能の誕生』ミネルヴァ書房　1948／1978年
13) Parten, M. B., Social participation amng pre-school., *Journal of Abnormal and Social Psychology 27*, 1932, pp.243-269.
久世妙子編『発達心理学』福村出版　1991年　p.111
14) 佐藤淑子『イギリスのいい子　日本のいい子』中央公論新社　2001年　p.88
15) 文部科学省『幼稚園教育要領』2008年　p.11
16) 厚生労働省『保育所保育指針』2008年　p.6
17) 小川博久『前掲書』pp.106-121
18) 河崎道夫『あそびのひみつ』ひとなる書房　1994年　pp.19-68
19) 厚生労働省『厚生白書 平成15年版』2003年
http://www.hakusyo.mhlw.go.jp/wpdocs/hpax200301/b0044.html（平成24年6月11日閲覧）
20) 鶴山博之・橋爪和夫・中野綾「子ども遊びの実態に関する研究」『富山国際大学国際教養学部紀要 Vol.4.』2005年　pp.133-137
21) 安恒万記「都市における子どもの遊び環境について」『筑紫女学園短期大学紀要 4号』2009年　pp.167-177

**【参考文献】**

河崎道夫『あそびのひみつ』ひとなる書房　1994年
柏木惠子他『新版　発達心理学への招待』ミネルヴァ書房　2005年
井上健治『子どもの社会性の発達』東京大学出版会　1994年

# 第9章

# 人間関係の広がりとソーシャルスキル

幼児期から児童期にかけて、子どもを取り巻く人間関係も急速に広がっていく。しかし、新しい人間関係をつくっていく中で、うまく相手とコミュニケーションを取ることができない子どももたくさんいる。なぜ、そういった状況になるのか、どのように働きかけたら子どもが上手に対人関係を築いていけるのかについて、ソーシャルスキルの観点から考えていく。

## 1 ソーシャルスキルの習得を手がかりにして

### 1 ── ソーシャルスキルとは

#### 1 ソーシャルスキルの定義

　子ども同士のコミュニケーションを見ていると、大人とは異なるコミュニケーションの取り方に驚くことがある。みんなで遊ぶ内容を決める場面でも、物おじしないで何でも主張する子、自分の思い通りにいかないとすぐに泣き出したり、怒ったりする子、黙ってほかの子の後をついていく子等々、子どもによってもいろいろな反応がある。大人なら譲り合ってスムーズに決まることが、子ども同士だと、自分の気持ちを優先してなかなか決まらなかったりするので

ある。また、感情の表出の仕方も適切でないために、一方通行のコミュニケーションとなっている場合もある。

こうしたコミュニケーションの違いは、相手の存在や相手の気持ちを意識した行動を取れているかどうかによるものである。乳児期のコミュニケーションは、快・不快の感情を「笑う」「泣く」で表現し、周りの大人がそれを解釈する形で成立した。すなわち、一方的な感情表出によってコミュニケーションが成立したといえる。しかし、成長するにつれて、感情の種類も内容も複雑になり、相手に対する配慮を求められる場面も増えてくる。そのため、うまく自分の気持ちを表現できるかどうか、さらには相手の気持ちにも配慮できるかどうかによって、子どものコミュニケーションに違いが生じるのである。

このように、ほかの人と上手にコミュニケーションを行うための技能のことをソーシャルスキルと呼ぶ。ソーシャルスキルが不十分な子どもは、ほかの子どもとうまくかかわれないため、孤立したり、学校不適応に陥ったりする可能性がある。さらに、他者の受け止め方を無視したコミュニケーションは、自分勝手な子、自己中心的な子と受けとられやすい。ただし、ソーシャルスキルは生得的なものではなく、成長する過程の中で周りの人との相互作用を通じて身につけていくものである。したがって、適切な働きかけをすることによって、乳児期の一方的な感情表出から、適切なコミュニケーションを図ることができるようになるのである（*link* p.76）。

## 2 ソーシャルスキルの種類

ソーシャルスキルは、周りの人とうまくやっていくためのスキルである。たとえば、朝、学校で「おはよう」とあいさつするのも、それで相手の気分がよくなればソーシャルスキルとしてとらえることができる。廊下を走っていて、ほかの人にぶつかったときに黙って去っていくのではなく、「大丈夫？」とか「ごめんなさい」と言えることもソーシャルスキルがあるといえる。このように、個別的に挙げていくときりがないが、ソーシャルスキルが円滑なコミュニケーションを図るための技能であることから、いくつかの種類に大別できる。

一つめは、相手の気持ちを受け止めるスキルである。顔色の悪い友人に「大

丈夫？」と温かい言葉がけをすることや、相手の話を聞くことなどが当てはまる。特に、相手の話を聞くというのは、ただ単に話を聞けばいいだけではなくて、相手が話しやすいようにあいづちを打つ、話を途中でさえぎらない、話題を変えない、など相手を尊重する態度が求められる。

　次に、自分の気持ちを伝えるスキルである。引っ込み思案な子どもは、自分の思っていることを周りにうまく伝えられないため、何を考えているかわからないととらえられることがある。逆に、思ったことをそのまま口にしてしまう子どもは、不用意に周りの子どもを傷つけたり、怒らせたりすることがある。すなわち、自分の気持ちをただ表現すればいいのではなく、適切に表現しなければならないのである。相手に自分の気持ちを理解してもらうためには、どのように行動すればよいかを理解しておく必要がある。

　そして、問題を解決するスキルである。お互いに自分の気持ちを適切に表現できたとしても、そのまま両方の気持ちを尊重できるとは限らない。最初に挙げた、みんなで遊ぶ内容を決める場面においても、結果的に主張がぶつかってしまうこともある。その葛藤をどのように解決するかについても、スキルとして身につけていく必要がある。

## 3　ソーシャルスキルの特徴

　引っ込み思案な子どもを見たとき、その原因はどこにあると考えるだろうか。パーソナリティ特性ととらえるべきだろうか。それとも、親も内向的であれば遺伝ととらえるべきであろうか。それらの影響が全くないとはいえないが、ソーシャルスキルの観点から考えると、スキルとして自分の気持ちを伝える能力が身についていないととらえることができる。たとえば「子は親の鏡」という言葉に表されるように、親の言動を子どもが見て育つため、子どもの言動が親の言動に似てしまうことがある。これは、子どものソーシャルスキルの形成には、周りの大人の言動が影響を及ぼすことを表している。

　パーソナリティ特性や遺伝を変容させることは難しいが、ソーシャルスキルをスキルとしてとらえることで、不適切な振る舞いしかできない子どもは、適切なソーシャルスキルが身についていないと解釈することが可能となる。そう

であれば、適切なソーシャルスキルを学習することで、行動の変容がもたらされることになる。

## 2 ── ソーシャルスキル獲得における保育者・教師の役割

> 〈事例1〉遊具の順番待ちで
> 　Ａ子がすべり台の順番待ちをしていた。ようやく自分の番が来たと思った時に、後から来たＢ子に追い抜かされてしまった。Ａ子は「順番守らなきゃダメだよ」と言いながらＢ子の腕を引っ張ったら、勢い余って引き倒してしまった。Ｂ子は倒されたショックで泣き出した。そこに周りの子が集まってきて、めいめいにＡ子を非難したらＡ子も「私、悪くないもん」と言いながら泣き出した。先生がやってきて、Ｂ子に順番を抜かした理由を聞いたら「だって、帰る前にもう少し遊びたかったんだもん」と言った。

　この場面において、Ｂ子に順番を守って遊ぼうと注意するだけでよいだろうか。Ａ子もＢ子も同じ遊具で遊びたいという気持ちがあり、それぞれ自分の気持ちを大切にするばかりに、Ｂ子は順番を守らず、Ａ子はＢ子の腕を引っ張ってしまった。ソーシャルスキル教育の観点から考えると、それぞれの行動に隠された、Ａ子の「やっと順番が来たのに」という気持ちと、Ｂ子の「順番を待っていると遊べない」という気持ちをお互いに理解させることも大切になる。

　子どもだけで話し合いをさせると、自分の主張が先に立って相手の気持ちを受容できないことが多い。その場合は、保育者・教師が間に入って、それぞれの気持ちを仲介していく必要がある。すなわち、Ａ子に対して「Ｂ子が順番を守らなかったのは悪いけれども、帰る前に遊びたかったという気持ちはわかるかな」という問いかけを、Ｂ子には「やっと遊べると思ったのに、順番を抜かされたらＡ子は怒っちゃうよね」という問いかけを行う。そして、この場合にはどうしたらよかったのかを一緒に考えていくことで、相手の気持ちを理解したうえで、自分の気持ちを表現することの大切さを実感させていく。その延長線上で、両者の気持ちで葛藤が生じれば、どのように解決を図るのかにも関心

が向くようになる。子どものソーシャルスキルの獲得には、保育者・教師のこのような働きかけが重要である。

## 2
## 保育室における活動

### 1 ── ソーシャルスキルを習得できるようになる時期

　ソーシャルスキルはほかの人と上手にコミュニケーションを行うための技能であるため、他者視点が習得できるかどうかが重要になる。アメリカの心理学者のセルマン（Selman, R.L.）は、相手の気持ちを推測し、理解する能力を役割取得能力と定義し、5段階に分類した（表9－1）。この分類によると幼児はレ

表9－1　役割取得の発達段階（セルマン、1995）

| レベル0 | 自己中心的役割取得（3～5歳） |
| --- | --- |
| | 自分と他者の視点を区別することが難しい。 |
| レベル1 | 主観的役割取得（6～7歳） |
| | 自分と他者の視点を区別して理解する。しかし、「笑っているから楽しい」といった判断しかできず、見かけの表情の背後にある本当の気持ちを推測することは難しい。 |
| レベル2 | 二人称相応的役割取得（8～11歳） |
| | 自分と他者の視点を区別し、互いの視点から自分や他者の気持ちを推測することができるようになる。「笑っているけれども実は悲しいという気持ちを隠している」といった状況を理解するようになる。 |
| レベル3 | 三人称的役割取得（12～14歳） |
| | 自分と他者の視点以外、第三者の視点を取ることができるようになる。「A君から見るとこうだし、B君から見るとこうだろう」といったように、当事者以外の立場で考えることができる。 |
| レベル4 | 一般化された他者としての役割取得（15～18歳） |
| | 知っている人にとどまらず、多様な視点が存在する状況で自分自身の視点を理解する。 |

ベル0の段階にあたり、自分と他者の視点を区別することが難しいことがわかる。すなわち、自分の視点で他者の感情も理解するため、自分が楽しいから相手も楽しいと思い、相手が楽しくないと思っていてもそれが理解できなかったりするのである。

しかし、3歳から5歳へと成長していくにしたがって、レベル1の状況に近づいていく。3歳児では自分と他者の視点の区別がつかない子どもが多くても、徐々に自分と他者の違いに気づき、5歳児になると相手の表情から気持ちを推測することもできるようになってくるのである。言葉の発達とも相まって、気持ちの推測だけでなく、その理由も表現できるようになってくる。幼児期は自分と他者の視点が区別されていく時期であるため、区別ができていない段階では、自分の気持ちを理解する働きかけを中心に行い、区別ができるようになっていくにつれて、相手の気持ちを推測してその気持ちを受け止められるような働きかけも行っていく必要がある。

## 2 ── ソーシャルスキルの習得を促す働きかけ

### 1 自分の気持ちを表現する働きかけ

> 〈事例2〉遊びに参加しない子ども
> 　天気のよい日に園庭で遊ぼうということになって、手つなぎ鬼を始めた。ほかの遊びもする子どももいたので全員がそれに参加していたわけではないが、ふと気が付くと、C男が花壇のところに座り込んで何やら虫の動きを観察しているようである。だからといって、虫に夢中になっているわけではなく、手つなぎ鬼で歓声がわくと、そちらの方にも目を向けている。

C男はなぜ手つなぎ鬼に参加しないのだろうか。一人になりたいからであろうか。それとも、仲間に入りたいのにうまく言い出せなくて見ているのであろうか。解釈はいろいろあるが、大切なのはきっとこうだろうと断定しないで、ほかの可能性も考慮しつつかかわっていくことである。保育者・教師の推測と子どもの気持ちが一致していればかかわりはうまくいくが、一致していない場

合は、子どもは自分の気持ちが大切に扱われなかったと感じてしまう。

　C男が遊びに加わりたいと思っていたとしても、「みんなと一緒に遊ぼうよ」の言葉がけは、それができないから一人でいるC男にとっては難しい注文である。「手つなぎ鬼が気になるの？」ぐらいの確認の言葉がけの方が反応しやすい。また、遊びに加わりたくても加われない原因が、言い出すのが恥ずかしいのか、それとも誰かとけんかして一緒に遊びたくない気分なのか、状況によって変わってくることであろう。

　C男の気持ちを確認したら、どうやったらできるか、何からできるかを一緒に考える。そして、できることなら行動の見本を見せるように一緒に行う。C男の気持ちの負担を軽くするとともに、適切な示範となる大人の様子を観察してソーシャルスキルを身につけていくのである。

## 2　相手の気持ちを考える働きかけ

> 〈事例3〉思ったことをすぐに言ってしまう子ども
> 　D子とE子は一緒にお絵かきをしていた。動物の絵を描いていたが、D子の書いたクマの絵に対し、E子はネコみたいだと思った。さらにそのクマに足が5本描いてあったため、E子は「D子のネコ、変だよ。足が5本ある」と大声で言った。D子は「ネコじゃないもん。クマだもん」と言い返したが、「ネコにしか見えないし、5本あるの変」とさらに大きな声で言ったため、周りの注目を集めてしまった。E子がさらに「5本足のネコ、5本足のネコ」とはやし立てたため、D子はその場を走り去っていった。取り残されたE子は不思議そうな顔をしていた。

　この場面において、E子に対してそんなことを言ってはいけないと注意しても、なぜいけないのかが理解できないであろう。ただ自分の思ったことを言っただけであり、相手を傷つけようとする意図があったわけではないからである。この場合、自分の発言が相手にどのように受け止められるかにまで配慮がなされていないため、D子がE子の発言に対してどう思ったのかを、E子と一緒に考える必要がある。

E子に対する働きかけとしては、E子と一緒にD子の立場になって、E子の発言がどのように受け止められるかについて考えることである。叱るのではなく一緒に考える、である。D子がなぜ走り去っていってしまったかについて、D子の立場になって考えることで、自分の発言の影響についてE子に気づかせる。自分の発言の影響に気がつけば、この後D子にどのように接すればよいかについても考えることが容易になるであろう。

## 3 問題解決を促す働きかけ

> 〈事例4〉思い通りにいかないと乱暴する子ども
> 雨の日に、部屋でF男とG男とH男が仲よく積み木で遊んでいた。がんばってお城を完成させて、その次に何をつくろうかとなった時に、F男が「戦車がいい」と言ったのに対し、G男は「お城の塀をつくろう」と言ってF男を無視してH男と2人でつくり始めた。F男は無視されて怒ってしまい、3人でつくったお城を壊して部屋から出て行ってしまった。H男は「何するんだ」と怒り、G男はショックで泣き出してしまった。

F男はお城を壊したくて壊したわけではなくて、自分の感情の行き場がなくなって、お城を壊すという行為に及んだと考えられる。F男は3人で一緒に戦車をつくりたいのにもかかわらず、つくれないといった葛藤状況にあり、どのようにその葛藤からくるフラストレーションを解消するかについて、適切な対処ができなかったのである。

お城を壊して部屋を出て行ってしまったF男に対して、行為に隠された気持ちに配慮した対応が必要である。F男の中の怒りや寂しさを尊重しながら、先の事例3のE子に対する働きかけと同じように、相手の立場に立って自分の行為がどのように受け止められるかについて一緒に考えていく。また、自分の気持ちをどのように伝えればよかったのかについても一緒に考えていく。

G男、H男に対しても同様に、F男がなぜ出て行ってしまったのかについて、F男の立場になって一緒に考えていく必要がある。お互いに相手の気持ちを考えて自分の行動をふりかえることができるようになると、お互いを尊重したコ

ミュニケーションや問題解決へとつながってくる。最初はよい解決方法が自発的には出てこないが、保育者・教師がいくつも提案していくことで、少しずつ気づいていけるようにすることが大切である。

## 3
## 教室における活動

### 1 ── 保育所・幼稚園との違い

#### 1　小学校の特徴

　保育所や幼稚園では、活動の時間と休憩に時間の境が緩やかであったのに対し、小学校では時間割があり、授業時間と休み時間の区別がなされる。授業時間中は自分の席に着いていることが求められ、授業の内容も時間割に沿ったものになる。これは小学校が義務教育機関であり、基礎的な学力と生活態度を身につけることが目標となっているためである。特に、集団生活を送るうえでの決まり事が増えることにより、集団としてのまとまりを重視するために、自分の欲求を抑えなければならない場面も増えてくる。

　また、子ども同士の対人関係も複雑になってくる（***link*** p.79）。幼児期では個人対個人の対等な関係が中心であったが、児童期になると個人間の結びつきがより強くなり、親密な友人集団を形成するようになる。こうした親密度の差により学級内に複数の小集団が形成されるため、個人間だけでなく集団間の関係も学級のまとまりに影響を与える。集団内においても集団内地位ができ、子ども同士の上下関係も生じてくる。したがって、教室内の対人関係の維持において、幼児期よりも児童期では、さらに個人のソーシャルスキルが教室内の適応に影響を与えることになる。

　ソーシャルスキルの育成に関して、保育所・幼稚園では活動の中で個別的に働きかけていくことが主である。それに対して、小学校では、道徳や総合的な学習の時間など、授業の中での取り組みとして扱われることが多い。個別的な支援から集団への教育となることで、場面に即した個別的な対応ではなく、特

定のソーシャルスキルの獲得を目指した指導の側面が強くなるのである。

## 2　小学校で求められるソーシャルスキル

　前節で示した、自分の気持ちを表現するスキル、相手の気持ちを考えるスキル、問題解決をすすめるスキルの育成は小学校においても大切である。そして、対人関係の結びつきが強くなる時期であるため、他者との関係づくりのスキルの育成も必要となってくる。たとえば、あいさつをするということでも、朝から元気に「おはよう」と言い合ったり、親切にされたときに「ありがとう」と感謝の言葉を述べたりすることで、お互いに気分がよくなることであろう。こうしたあたたかい言葉がけも関係づくりのスキルとなる。

　また、小学校段階になると自分と他者を区別することができるようになるため、自分がこう思っているからといって相手もそう思っているとは限らない、という状況を認識することになる。そのため、自分も遊びに加わりたいと思っているのに言えない状況について、幼児ならば恥ずかしくて言えないととらえられるが、児童では、それを言うことで拒否されたり、非難されたりするかもしれないといった、相手の反応に対する不安から言えないという可能性もある。したがって、ソーシャルスキルの指導では、実際に行ってみて上手にできたという成功体験を持たせて、行動に対する不安を軽減させることも大切である。

## 2 ──── ソーシャルスキルの習得を促す指導

　小学校では、ソーシャルスキルの育成は主に授業の取り組みとして行われる。したがって、個人の文脈に応じた現実場面に即した指導ではなく、指導用の教材を用いた指導になる。授業では、指導のねらいとなるソーシャルスキルが求められる場面を提示されて、この時に自分ならどう行動するか、発言するかを書いたり、実際に行動してみるロールプレイを行ったりと、提示された場面における自分の行動を考える活動を行うことが多い。そして、自分の行動をふりかえり、それがどのような意味を持つかを考えることを通して、ソーシャルスキルについて学ぶのである。

たとえば、自分を表現するスキルの場合、自分の主張を適切に伝えることをアサーション（適切な自己表現）という。これは、自分の気持ちも相手の気持ちも大切にした表現方法とされている。それに対して、自分の気持ちを優先した攻撃的な自己表現、相手の気持ちを優先した非主張的な自己表現がある。相手の気持ちに配慮した非主張的な自己表現をすることで、相手は気分がよくなるかもしれないが、自分の中では不満が残ってしまう。そこで、自分も気分がよくなるようにするには、どのように伝えていけばいいかを考える活動を行うのである。

**アサーションの指導**
相手の気持ちに配慮しながら、自分の思っていることを相手に伝えることを学ぶ。まず、以下の場面において自分ならどのように返事をするか考えてみる。

> 〈事例5〉早く帰りたいときにお手伝いを頼まれた
> 放課後、I男くんは係の仕事で先生に頼まれた道具を倉庫まで持っていこうとしている。しかし、もう一人の係の子どもが体調を崩して帰ってしまったので一人では持っていけない。I男くんは、帰ろうとしていたあなたに手伝いを求めてきた。あなたはほかの友だちと遊ぶ約束をしていて、早く帰りたいと思っている。

全員の子どもが書いたら、自己表現の仕方（アサーション、攻撃的な自己表現、非主張的な自己表現）の解説を行い、自分の書いた返事はどの仕方に該当するかを考えさせる。次に、3通りの自己表現の仕方に従って返事をつくり、それぞれの返事における自分の気持ちと相手の気持ちについて考える。その際、隣の子どもとI男の役割を交代しながら実際にやってみて（ロールプレイ）、どのように感じたかをお互いに伝え合ってみるといった活動を行う。

最後に全体でのまとめや、ふりかえりシートを用いて気づいたことをまとめるといった作業を行う。

事例5のような活動は、指導計画を立て、学習指導案を作成して授業の中で実施する。その際に、最後に必ずふりかえりの時間を設ける。その活動の中で

子どもが思ったことを言語化する段階を設けることで、自分の考えをより深く定着させることができるからである。

　また、ソーシャルスキルの育成を指導計画の中に盛り込む際には、どのスキルをどのような順番で実施するかについても考える。指導するスキルの選定は、クラスの子どもたちに身につけさせたいスキルや、不十分なスキルを中心にすることが多い。そのためには、日ごろから子どもたちの様子を十分に観察し、理解しておくことが重要である。

### 演習課題

① みんなで縄跳びをしているときに、なかなか飛ぼうとせず、さらには引っかかるとすぐにあきらめてしまう子どもがいる。なぜ、縄跳びをしようとしないのだろう。また、なぜすぐあきらめてしまうのだろう。その理由を考えた上で、どのような働きかけをしたらよいか考えてみよう。

② 事例3のE子のように、思ったことをすぐに口に出してしまう子どもがいる。事例3のような問題が発生する前に、E子に対してどのような働きかけができるか考えてみよう。

③ 事例5で挙げた例を基に、アサーション（適切な自己表現）のスキルの育成の1時間分の指導計画を考えてみよう。また、使用するワークシートも作成してみよう。

### 【参考文献】

渡辺弥生編著『絵本で育てるソーシャルスキル』明治図書　2009年
佐藤正二・相川充編『実践！　ソーシャルスキル教育　小学校』図書文化　2005年
相川充『新版　人づきあいの技術　ソーシャルスキルの心理学』サイエンス社　2009年

# 第10章

# 特別な支援を要する子どもと家族への発達援助

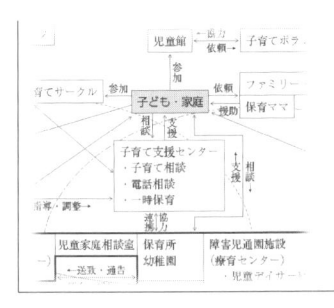

現代の子どもと家族はどのような社会環境に置かれ、いかなる発達課題を抱え、どのような援助を必要としているのだろうか。子どもと家族の発達を支える地域のしくみはどのようになっているのだろうか（*link* p.204）。その中で保育者に求められる役割は何であろうか。これらについて実践的に考え学ぶ。

## 1
## 特別なニーズのある子どもと家族への支援

### 1ーー 特別なニーズのある子どもとは

　子どもは生まれながらにして自ら環境に働きかけ、周囲からの刺激を取り入れて成長しようとする力を持っている。しかし、心身の発達に障害があったり、発達を支えるための周囲の条件が整わないために、環境との相互作用がうまく行えず、十分に力を発揮できない場合がある。保育者・教師にはそうした個々の子どもの状況を理解し、必要とされる支援を提供することが求められる。

　乳児期の課題として、未熟児、多胎児、障害児などは子ども自身の発達や親との相互作用におけるリスクが高く、支援を要する。未熟児は、子どもの発達が緩やかで通常の発達指標が目安になりにくい。多胎児は、親の育児疲労が激

表10-1 乳幼児期の主な発達の障害

| | | |
|---|---|---|
| 精神発達障害 | 知的障害(精神発達遅滞) | 知能指数(IQ)70未満。社会的適応能力は教育的トレーニングにより大きく変化する。<br>・ダウン症候群：染色体異常(21トリソミー)などにみられる。 |
| | 広汎性発達障害<br>(自閉症スペクトラム障害) | 自閉症は単独の疾患でなく、さまざまな基礎障害と多彩な症状をもつ症候群<br>・自閉症：基本的障害は、①社会性の障害(他者の視点に立って物事を考えることが難しい)、②コミュニケーションの障害(言葉の遅れと、おうむ返しの言語、比喩や冗談がわからない)、③想像力の障害とそれに基づく行動の障害(ごっこ遊びの代わりにこだわりを示す遊び) |
| | てんかん | てんかんとは脳の放電によって生じる意識障害やけいれん発作を繰り返す病気。知的障害を伴わないてんかん(大発作、純粋小発作など)と知的障害を伴うてんかんとがある(頻発する発作、薬が効きにくい)。 |
| 感覚器障害 | 聴覚障害 | 聞こえの程度により軽度から最重度まで分類される。聴覚障害児は言葉を身につけることに困難があるため、早期から言語を獲得する訓練をする必要がある。 |
| | 視覚障害 | 盲と弱視に分けられる。視覚障害児は、話しはじめや歩きはじめが遅れることがある。見えないために話しかけたり近づきたいという動機づけが起こりにくく、大人が話したり動くのを見てまねることができないためである。 |
| 運動発達障害<br>(肢体不自由) | 中枢性協調運動障害 | ・脳性麻痺：出生時の重症黄疸などによる、脳の中枢の障害によって生じる、全身運動の障害。0歳から治療訓練を行うことが可能になったため、大きな成果があげられている。重症児は知的障害を伴うことがある。 |
| | 二分脊椎 | 先天性の病気で神経の麻痺を生じるが、普通知的障害は伴わない。 |
| | 神経筋疾患 | 筋肉の発達が障害をきたし、やがて筋肉が働かなくなる。<br>・筋ジストロフィーなど |
| 発達の偏り | 高機能広汎性発達障害 | 知的障害をもたない(IQ70以上)広汎性発達障害。高機能自閉症。アスペルガー症候群(言語コミュニケーションの障害が非常に軽く、言葉の遅れはないが、支持に従うことや集団行動が難しい)。 |
| | 注意欠陥多動性障害<br>(ADHD：Attention-Deficit/Hyperactivity Disorder) | 知能は正常であるのに、よく動き、トラブルを繰り返す児童。多動、集中困難、衝動性を示す。保育の場では比較的気にならないが、学校場面では問題にされやすくなる。 |
| | 学習障害<br>(LD：Learning Disorder) | 知的な遅れがないのに、特定の学習に著しい障害を示す。学齢期に問題とされ、不適応になりがち。 |
| | 発達性協調運動障害 | 俗にいう不器用さ |

しい。障害児は、親が子育てに困難や不安を感じやすい。そのため、親をサポートするための親の会、親子教室などがある。そうした子どもと親の状況を理解して保育をする必要がある。

慢性疾患や発達の障害など、子どもの心身の機能に何らかの障害があったり心の葛藤を抱えている場合、環境への働きかけがうまくいかなかったり、環境からの刺激をうまく処理できなかったりすることがある。表10−1は支援が必要とされる主な発達の障害を示す。また、子どもの全体的な心身の機能が発達するにつれて、発達にアンバランスがあることが明らかになることもある。広汎性発達障害は自閉症（非高機能・高機能）からアスペルガー症候群、標準発達までと続くスペクトラム（連続体）と考えられ、これを自閉症スペクトラムと呼ぶ。注意欠陥多動性障害（ADHD）や学齢期には学習障害（LD）などの障害を伴うこともある。

## 2 ── 発達に障害のある子どもへの支援

### 1 発達の連続性と発達障害

滝川[1]は、発達障害全体について、「関係（社会性）の発達」と「認識（理解）の発達」という2つの側面からとらえ、標準レベルにまで広がる発達の連続体であるとして「発達スペクトラム」と呼んでいる（図10−1）。このとらえ方によると、自閉症も精神発達遅滞（知的障害）も標準発達もすべてがひとつながりであり、認知（理解）の発達水準の軸と関係（社会性）の発達水準の軸で示される「発達スペクトラム」上にあると考えられる。いわゆる医学的

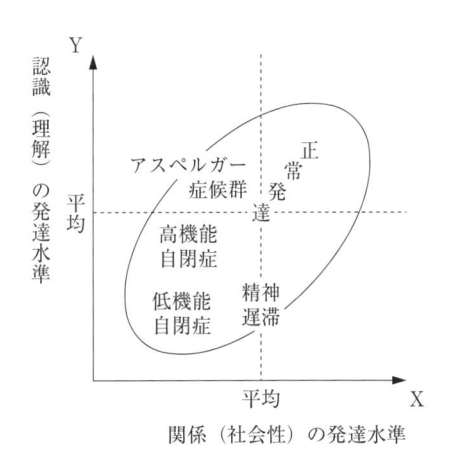

図10−1　正常発達と発達障害の連続性

出典：滝川一廣『「こころ」の本質とは何か−統合失調症・自閉症・不登校のふしぎ−』（ちくま新書）筑摩書房　2004年　p.165

「診断」とは、全体が地続きで絶対的な境目のないところに診断基準という人工の境界線によって便宜的に区切ったものにすぎない[1]。発達障害をこのような発達の連続性の上でとらえることにより、どういう発達のアンバランスがあり、何を支援していくべきなのかという支援の方向性を見定めることが可能となる。

　保育者・教師は、日々の生活の中で子どもの発達に応じた保育の工夫をし、就学や自立を見通して地域の中で発達の支援を行っていく必要がある。障害のある子どもについては、それぞれの子どもの特別なニーズに専門的な立場から応える障害児療育だけではなく、日常的にさまざまな大人との関係や子ども集団の中で社会性やコミュニケーション能力がはぐくまれる環境が保障されなければならない。そうした「生活の場」での支援を提供するのは、保育所や幼稚園の役割である。

　就学にあたっては、通級（普通学級に在籍して特別な支援を受ける）、特別支援学級、特別支援学校の３つの選択肢がある。園（保育者）と家族と学校が互いの合意に基づいて、子どもの最善の利益のために、子どもの情報をどのように共有するかも含め、子どもに必要な支援についてよく話し合う必要がある。

　発達障害児は、障害が理解されにくく、いじめ、不登校など学校での問題が指摘されている。そうした問題についても、親の不安を軽減できるよう、保育所・幼稚園、家庭、学校の三者がよく話し合うべきである。

## 2　家族への支援－障害の受容と新たな価値観へのプロセス－

　発達に障害や遅れのある子どもを持つ親の心情の理解は容易ではない。ドローター（Drotar, D.）[2]は、子どもの障害を告げられた親の心情の変化を５段階で表した（図10-2）。Ⅰ．ショック（よく泣いたり、どうしようもない気持ちになったり、時には逃げ出したい衝動にかられたりする時期）、Ⅱ．否認（自分の子どもに障害があると認めることを避けようとする時期）、Ⅲ．悲しみと怒り（最も多くみられる情動反応は悲しみである。ほとんどの母親は、子どもに愛着を感じることに躊躇を覚える）、Ⅳ．適応（情緒的な混乱が静まっていき、子どもの世話をする能力に自信を持つようになる時期。うまくいってもこの適

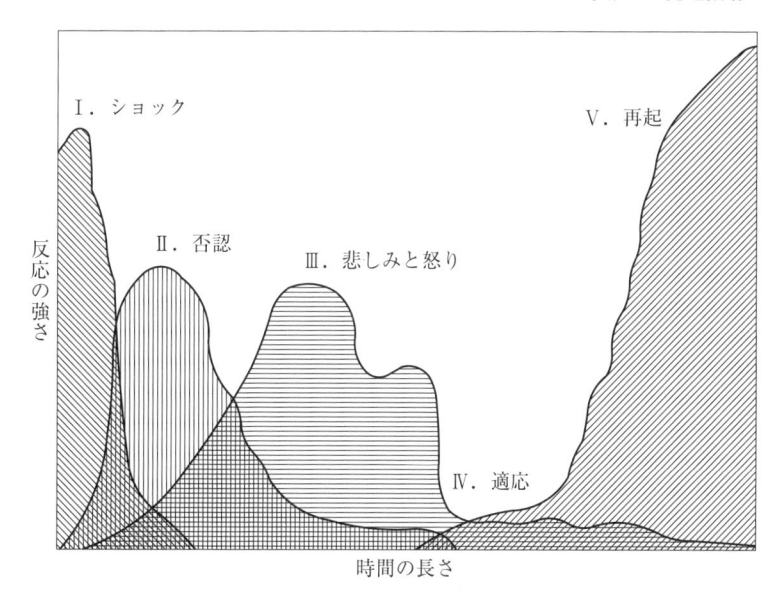

図10−2　子どもの障害を告げられた親の心情の変化

出典：Drotar, D., Baskiewicz, A., Irvin, N.et al. The adaptation of parents to the birth of infant with a congentail malformation : A hypothetical model. *Pediatrics*, 56 (5), 1975, pp.710−717.

応は不完全のままで長く続く）、Ⅴ．再起（この時期に両親は子どもを積極的に家庭の中に引き受け、親としての責任を果たそうとし始める。子どもに困難が起こったのは、何も自分のせいではないととらえられる時期）の5つである。この期間を超えても、なお親は深く長い抑うつの感情を体験する。

　わが子であっても（あるいはわが子であるからこそ）、障害の理解と受容は容易なことではない。玉井[3]は、障害児の母親が直面する心理的体験を「二重の対象喪失」と呼んだ。ここでいう「対象」とは自分にとって大切な「存在」のことであり、子どもと母親自身をさす。子どもの障害への予期せぬ直面により、母親は社会から知らないうちに期待され思い描かされていた理想の健康な子どもを象徴的に失うだけでなく、理想の子どもを産むことができるはずの自分、つまり、社会から期待させられていた理想の「母親像」をも同時に失う。そうした苦悩へのケアと、喪失した『幻想』——社会が望む理想の子どもが生まれる

はずであるし、自分は産むことができるという幻想—への囚われから解き放たれ、子どもと自分に「新たな価値」を見い出せるような生活姿勢への変容を支えることが大切である。

親が子どもの障害をどのようにとらえているかは、子ども自身の自己理解・自己受容に強い影響を与える。親が子どもを健常児に近づけることだけを考え、周囲に合わせることを強いたり、子どもの発達を無視した無理な期待をし続けると、子どもはありのままの自分への自信（自己肯定感）が持てなくなってしまう。子どもがありのままの自分に自信と信頼を持ち、他者や世界を信頼して生きていけるようになるためにも、親や家族が子どもの障害をどのように受容するかということは重要な課題である。

## 3 発達障害の子どもと親への支援
### ①落ち着きがなく乱暴なA君
　A君は保育所の3歳児クラスに通っている。たいへん落ち着きがなく乱暴で、クラスの友だちと遊んでいる時も悪気はないが衝動的におもちゃを取り上げたり、突き飛ばしたりする。何度注意しても同じことを繰り返すので、叱ることが多い。クラスの友だちも近寄りたがらない。そのことが子どもたちの親に伝わり、親たちの間で「困った子」といううわさが広がっている。A君の親はそうした雰囲気を感じて、他の親や保育者との接触を避けがちであり、子どもも親も孤立状態である。

### ②子どもへの支援
　子どもを支援するためには、まず子どもをよく知ることが大切である。この時、発達障害についての診断は、子どもの状態を理解する手がかりとなる（**link p.131**）。しかし、診断がわかったからA君が理解できるというわけではないし、診断がわからなければ理解できないわけでもない。また、障害の診断が出たら急に「援助はどうしたらよいの？」とわからなくなってしまう保育者・教師があるが、子ども自身は診断が出る前も後も変わらないはずである。大切なのは、日常的なA君の理解である。そこに養育や支援のヒントがある。

　子どもの障害の有無にかかわらず、日ごろから丁寧にかかわり、観察するこ

とで、子どもを知ることは可能である。たとえば、落ち着かないことや衝動的な行動は常にあるわけではない。どんな時にそうなのか、そうでないのか、子どもの行動をよく観察し、どうしてそうなるのか意味を考えてみる必要がある。子どもへのかかわりに関していえば、叱られてばかりいると子どもは、「自分はダメな子、悪い子」とマイナスの自己イメージを持つようになる。これは、子どもの成長・発達の二次的な障害となる。叱られたり、失敗を続けさせない工夫が必要になる。「だめよ、いけません」と注意だけを与えるのでなく、よりよい行動を繰り返し示す。まねできたらできたことを認める。ほかの子どもに手が出るのは言葉で表現することに困難があるためなので、友だちにはA君の気持ちを代弁して伝えることも必要である。そのうえで、やってはいけないことを理解させる。一度で理解できるようになるわけではないので、成長をゆっくり待つ必要がある。

こうした対応の工夫は、特別なニーズのある子どもに限らず、どんな子どもにも必要とされる工夫である。

③親への支援

まず、親の気持ちを知る必要がある。こうした子どもの親の多くは、親自身も愛着形成や養育・しつけがうまくいかず、子どもへの無力感やいら立ちを感じて疲労していたり、「しつけがなっていない」と他者から非難・批判を受け、親としての傷つきを感じていることが多い[4]。さらに、誰にも理解されず孤立した状態に陥っている場合も考えられる。保育者・教師は、「子どものことで困っている」と親に伝える以前に、こうした親の気持ちに配慮する必要がある。

親を支援する際の保育者・教師の工夫としては、日ごろの親の苦労を認めてねぎらい、子どもの成長しているところをみつけ伝えていくことが必要になる。子どもの困った行動だけを伝えることは、子どもと親の否定につながってしまうからである。親が「傷つき」から、保育者・教師とのかかわりを避けているような場合はなおさらである。その際、連絡帳など利用するのもよい。気になるところについては、親や保育者・教師より子どもが一番困っているはずであるから、子どもの立場に立って子どもの困っている実感により近いところを伝えることを心がけ、親と一緒に考えていく姿勢が大切である。また、支援の方

向性について、園全体でよく話し合っていくことも求められる。

## 3 ── 乳幼児期の親子関係と発達支援

### 1　乳幼児期の発達と親子関係

　乳幼児期は、人格の基礎がつくられる大切な時期である。子どもは家族、保育者・教師との関係を通し、自己と外界に対する基本的信頼感を形づくり、社会性を身につける（*link* p.70）。周囲の環境の影響が大きい時期であるので、養育者の心身の状態が安定していることが望ましい。しかし、都市化・核家族化や社会的関係不在の育児のために、養育者自身が孤立し、育児不安を感じやすい。養育者の不在、不和、拒否や虐待、強迫的な養育態度は、子どもの困った癖や心身症を引き起こすことがある。

　乳幼児期は心身の発達がめざましく、発達の個人差が大きい。また、発達にアンバランスが生じやすく、心身の状態が不安定になりやすい。心身の関係も未熟・未分化で、高熱・ひきつけなどストレスが身体症状化しやすい。

　特に幼児期は脳神経系の発育がめざましく、言語も発達する。言葉によって活発に意思を伝えるとともに運動能力も高まり、自発性の伸びる時期である。自分をとりまく環境に、今までよりずっと積極的にかかわるようになり、「いや！」と言って盛んに自己を主張するようになる。いわゆる「第1反抗期」となり、親や保育者・教師との間でいろいろの摩擦を起こす。養育者はこの最初の自我の主張を大切にしたい。

　感情・情緒も幼児期に発達する。喜び、悲しみ、怒り、悔しさ、恨み、嫉妬、思いやり、他人との共感などの複雑な感情が豊かに育つ。

　幼児期は、養育者との情緒的結びつきの強い時期である。養育者との関係を安全基地とし、子どもは次第に世界を外に広げる。養育者は子どもをあるがままに受け入れ、無条件に愛する。子どもは愛されるために何もする必要はない。この時期の「自分が生きて存在しているだけで親に愛される」という体験は、「基本的安定感（安心感）」──つまり、自分自身を愛すること、自分には価値があるという自己への信頼（自己肯定感）──となる。さらに、世界や他人に対す

る基本的な信頼感—外界や社会へ対する積極的・肯定的な態度—につながり、成長後の自分の生きる意味への信頼と自信（生きる力）となる（*link* p.116）。こうした自己への信頼感を基盤にして、子どもは自己主張やけんかの体験をし、他者の立場を知り、社会のルールを身につけ、仲間との協力的関係を形成する。

　現代は「子どもをつくる」という言葉が示すように、子どもの出生の段階からすでに子どもの育ちに親の意思が大きく関与する時代となった。子育ての孤立や少子化・核家族化の進行により、少ない子どもへの親の思い入れは強まっている。その結果、「先回り育児」[5]は加速し、社会に対する親の不安を反映して、おけいこごとなどの早期教育にまで発展している。しかし、そうした親の意図が子どもの意思に添ったものでなければ、子どもを支配し、結果的に主体性や生きる力を奪うものとなりかねない。

　子育てを社会化し、地域の中でさまざまな大人と子どもがかかわり合い、育ち合う機会を得ることで、子どもは自己主張や思いやりを通して主体性や対人関係能力を身につける。親は互いの価値観や子どもが成長し自立するために大切なことを学び合い、主体者として自分自身の子育てを行うことができるようになるだろう。

## 2　幼児期の子どもの気になる行動と支援

### ①神経性習癖

　神経性習癖とは、ストレスや何らかの心理的葛藤が誘因となり引き起こされる子どもの行動上の問題である。指しゃぶり、爪噛み、性器いじり、抜毛、チック、叩頭（頭突き）、緘黙（かんもく）、吃音、夜尿、夜驚などがある。以下に概要を示す。

| 指しゃぶり、爪噛み | 乳児期の指しゃぶりは、誰にでもみられる健康な現象である。幼児期以降の指しゃぶりや爪噛みは、ストレスが背景にある場合もある。爪噛みがひどいと爪を切る必要がなかったり、足の爪も噛み切ることがある。 |
|---|---|
| 性器いじり | 指しゃぶりと同様に、何らかのストレスがある時に自分の身体を使って落ち着かせようとする一つの方法である。 |
| 抜毛 | 自分の髪の毛を抜いてしまう現象である。ストレスとの関連が大きい。 |
| チック | 本人の意思とは無関係に起こる反復性の筋緊張運動や発声。瞬き、肩の上下運動、舌鳴らしなどがある。 |

| 叩頭 | 床や壁に頭や額を繰り返しぶつける自傷行為の一つ。感情を言葉で表現できるようになると減少する。 |
|---|---|
| 緘黙 | 話す能力はあるのに、場面によって話すことができなくなることをさす。家では話すのに、園では話せないなど、場面によって選択的に話せなくなる場合を選択性緘黙と呼ぶ。 |
| 吃音 | どもることをいう。2～3歳ごろに言葉の発達のプロセスとして一過性にみられる吃音と何らかの心理的葛藤が背景にある吃音とがある。一過性の場合は発達が進めば自然に消失する。 |
| 夜尿 | いわゆるおねしょである。排泄自律のプロセスで起こるものは自然な夜尿である。一旦自律した後に起こるものは、何らかの心理的葛藤が背景にあることがある。 |
| 夜驚 | 夜中、眠っている時に突然起き上がったり声をあげたりする。本人は覚えていない。虐待、いじめ、DV、事件、災害などの何らかの恐怖体験が契機になる場合もある。 |

　神経性習癖の原因・誘因としては、退屈が原因で自己刺激行動をとったり、厳しいしつけがストレスになっていたり、何らかの欲求不満、興奮、緊張、不安などから安定を得て回復するための行動であることがある。

　対応としては、神経質になりすぎないことが大切である。叱って無理やりやめさせようとしたり、厳しく罰したりしないようにする。背景にある要因に気をつけ、それを取り除くよう努めたり、気持ちをそらすようにしたりすることも大切である。

　また、身体的な病気や器質的な要因（てんかんなど）が潜んでいる場合もあるため、そうした可能性が考えられる場合は医師にかかるよう気をつける。

②そのほかの気になる行動

　保護者や保育者・教師が困る子どもの行動として次のようなものがある。

| 過食、拒食 | 食事を異常に食べる、あるいは食べない。背景に何らかのストレスや心理的葛藤がうかがえる。過食の場合、背景にネグレクトなどの問題がある場合がある。 |
|---|---|
| 不登園 | 頭が痛いとかお腹が痛いと言って登園を渋る。背景に何らかのストレスや心理的葛藤がうかがえる。たとえば、弟や妹が生まれ、甘えたいけれど甘えられない気持ちの葛藤から生じている場合などである。 |
| ・乱暴・暴言・けんか（かみつく、たたく） | ほとんど毎日のようにこうした行動が問題になる場合は、不適切な養育（虐待を含む）が背景にあり、子どもがストレスを抱えていたり、あるいは養育者自身の養育態度が乱暴であったり、注意欠陥多動性障害（ADHD）などの発達障害などが背景にあって、自分の行動をコントロールできないなどの可能性を考えてみる必要がある。 |
| かんしゃく | 言葉の発達が未熟で、自分の意思をきちんと伝えられない2～3歳児には、自然の発達のプロセスとしてみられる。4～5歳になっても頻繁にみられるような場合は、自己コントロール力が十分に育っていない様子がうかがえる。 |

乱暴、かんしゃくなどの問題があると、「だめよ」「いけません」と注意されたり叱られたりすることが多くなる。子どもは「自分はダメな子、悪い子」と否定的な自己イメージを持つようになり、二次的な障害となる恐れもある。対人的に心地よいかかわりを繰り返し体験させることを通して、暴力的なかかわりをしなくても人とかかわることはできることを示したり、失敗したり叱られたりする経験を続けさせない工夫が必要になる。

### ③反応性愛着障害

親のうつ病、精神的不安、児童虐待など、不適切な養育環境におかれた子どもにみられることがあり、乳幼児の愛着が適切に形成されず、愛着が乏しかったり、不安定だったりする状態をさす。親がうつ病等で子どもへのかかわりが乏しいと、子どもも表情や特定の人への愛着行為が乏しくなりがちになる。親が精神的に不安定であると、子どもも不安定な愛着や強過ぎる不安を示す場合がある。反応性愛着障害は抑制型と脱抑制型の2タイプで示される。抑制型は警戒心の強さ、甘えたいのに素直に甘えられず接近と拒否の矛盾した態度を示す。脱抑制型はなれなれしい接近、過剰な親しみ、警戒心のなさ、無差別な愛着を示す。

愛着の障害では、子どもの発達を無視した、「大人の都合に合わせた」育て方が問題とされている。思春期以降の対人関係上の困難（たとえば、異性との無差別な密接した身体接触など）やトラブル、不適応を引き起こすことが予想されるため、早期に適切で安定した養育環境を整えることが大切である。

〈事例1〉愛着の理解

養育に慣れていない学生が愛着の問題について十分な理解のないまま実習に行くと、初めて出会ったばかりの子どもがいきなりべったりと甘えてきても奇妙だとは思わず、子どもに好かれたいという気持ちから単純にかわいい・うれしいと感じ、甘えを受け止めている場合がある。しかし、これはむしろ対象を選ばない無差別な愛着であり、子どもを受け止めるに際して配慮が必要である。反対に、子どもが正常な愛着発達を示し、初めて出会う実習生に人見知りし泣くと、「子どもに拒否された、受け入れられなかった」と落ち込む実習生もいる。子ども自身の発達的課題として、愛着行動を理解し受け止めることが必要である。

## 3　児童虐待（被虐待児症候群：Child abuse）

　2000（平成12）年に「児童虐待の防止等に関する法律」（通称・児童虐待防止法）が施行された。保育者・教師は虐待を発見する立場になることもあり、虐待を受けた子どもと家族を支える立場になることもある。児童虐待は、親子関係のひずみの最もひどい表れの一つであり、次の4つに分類される。

①**身体的虐待（physical abuse）**：殴る、蹴る、タバコの火をつける、食べ物を与えない、縛って一室に拘禁する、冬に戸外に閉め出す、外傷の残るあるいは生命に危険のある暴行などである。

②**性的虐待（sexual abuse）**：親または養育者による性的な暴力などである。

③**心理的虐待（psychological abuse）**：ひどい心理的な外傷を与えるような、親による子どものいじめで、その結果、子どもは日常生活に支障をきたすようなさまざまな精神症状（不安、おびえ、うつ状態、習癖異常、強い攻撃性など）を示すようになる。「役立たず」「あんたなんか生まれてこなければよかった」などの非難・拒否、子どもの存在の否定、無視、ほかのきょうだいとのあからさまな差別などである。DV（domestic violence）など、親同士の暴力に曝されることも心理的虐待である。

④**ネグレクト（保護の怠慢ないし拒否）（neglect）**：親または養育者が捨て子をしたり、子どもの健康状態を損なうような放置をすることをいう。衣食住や清潔さについて世話をせず、病気になっても医療を受けさせない、学齢になっても学校にいかせないなどである。

　虐待は、養育者自身の子ども時代の育ちや養育観、経済的問題、子育ての大変さなどの要因が複雑に絡み合って起こる。最近は、養育者の精神的不調（養育者側の要因）や、子どもの発達のアンバランスさ（子どもの側の要因）との関連性が指摘される。子どもに発達の障害などがあり、養育者が孤立し、養育に疲れきって無力感を感じている場合、虐待を生む可能性は否定できない。そうした状況で虐待を防ぐためには、保育者・教師が養育者の苦労をねぎらい認めたり、子どものささやかではあるが確かな育ちを養育者に正しく伝えることが大切になる。

　児童虐待防止法は、児童虐待を発見した者に通告の義務を定めている。虐待

を受けた子どもは、身体的・知的・情緒的にさまざまな影響を受けるが、こうした問題は日々の保育場面で気づくことが多いので、保育者・教師が虐待の発見に果たす役割は大きい。しかし、通告するだけでは虐待の問題は解決しない。虐待した養育者の行動を変えるのは簡単なことではないが、養育者を責めるだけでは問題は何も解決しないばかりか、子どもと養育者を追いつめるだけである。親としての自分を取り戻し、子どもが適切な養育を受けられるようになるまで関連する専門機関と連携して、子どもと養育者を日常的に支援し見守っていく決意と粘り強さが保育者・教師には求められる（*link* p.95）。

> 〈事例2〉子どもの試し行為
> あえて叱られるようなことをして、保育者の気を引こうとする子どもがいる。叱られる時が相手をしてもらえる時となってしまい、つい悪いことをやってしまう。保育者の反応をうかがいながらとる悪い行動には、ことさら関心を示さない態度が必要な時もある。悪いことをしても効果がないことや、より適切なかかわりがあることを伝えていくことが必要になる。

## 2 子どもと家族の発達を支える地域の環境としくみ

### 1 ── 子どもと家族の発達を支える地域ネットワーク

#### 1 子どもと家族の発達を支える地域資源

　今日、都市化などによる地域社会の変化や、核家族化・少子化による家庭の機能や家族の変化により、地域の子育ては孤立化し、子育ての社会化が求められている。地域の中には、さまざまに子どもと家族の生活や発達を支える機関やしくみがあるが、それらが連携・協力し合って子どもと家族を支えていく必要がある。乳幼児期の子どもと家族の発達をはぐくみ支える地域環境として、保育所・幼稚園をはじめ、さまざまな教育・福祉・保健・医療などの社会的資源があり、それに携わる人々がいる。図10-3はそうした地域機関のネットワークを示したものである。

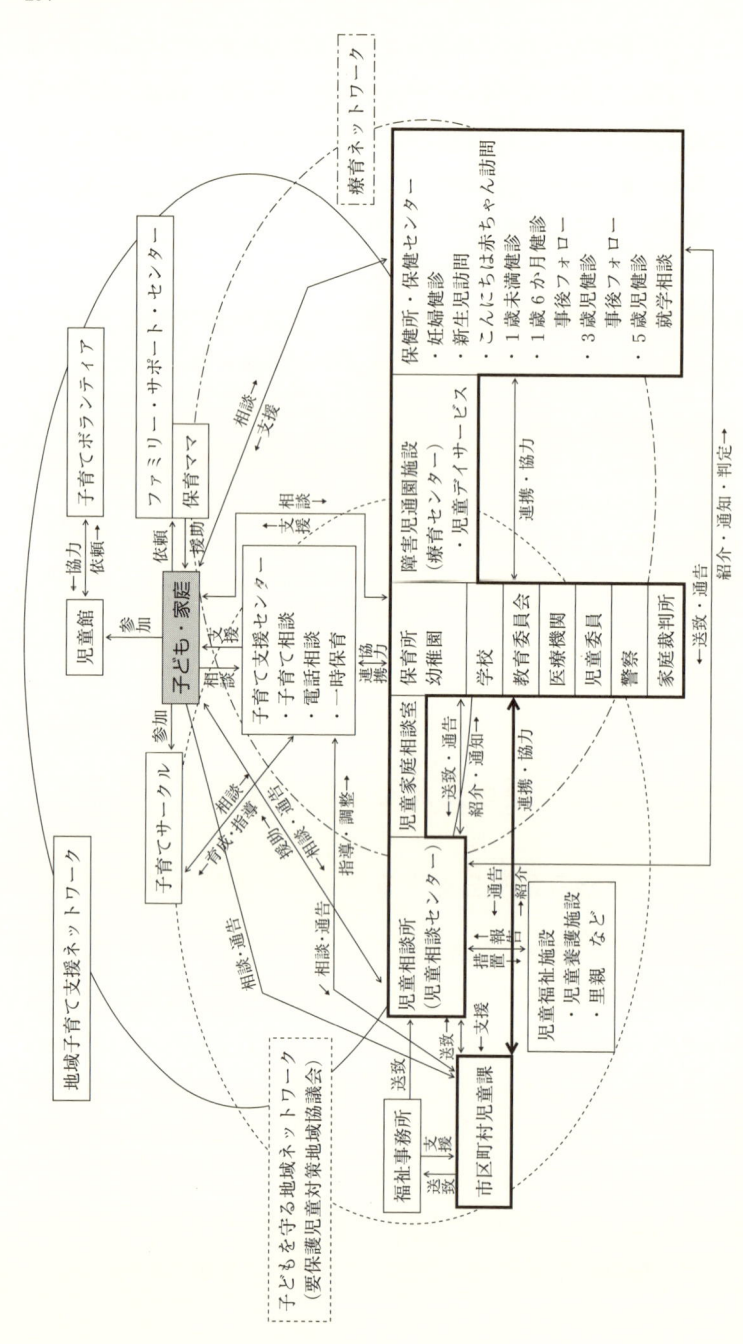

図10-3 子どもと家族を支える地域ネットワーク
出典：幸順子「子どもと家族を支える精神保健活動」宮本信也・小野里美帆編著『シードブック保育にいかす精神保健』建帛社 2010年 pp.147-162

## 2　関連機関による連携

　子どもと家族の発達を支える活動は、個々に子育て家庭に働きかけるだけでなく連携することで、より効力を発揮する。地域の社会的資源の窓口や支援ルートについて、子育て家庭や支援者が認識できていることが重要である。そのためには、社会資源である支援者の間で人と人の具体的な顔のみえる関係づくりが必要となる。

　健全育成を中心とした子育て支援や療育（障害児支援）、虐待防止などのネットワーク会議を設け（図10-3）、定期的に情報交換をしている自治体もある。教育・福祉・保健・医療・司法などの機関がお互いを認識し具体的なつながりを持つことで、支援のたらい回しや放置、抱え込みをなくし、親子のニーズに添った適切な支援が提供できる。

　個々の家庭が、必要な時に必要な支援を求められる力をつけ（子育て家庭のエンパワメント）、そのうえで自分なりに判断しやっていけるようになることがねらいである。この時、過度な専門家依存をつくり出さない支援のあり方を探求していくのも、支援者の重要な役割である。

　子どもが自分の人権を守り、心身ともに健康に暮らしていくためにはどこに相談したらよいかを、親や家族だけでなく子ども自身に知らせることも大切である。

## 2 ── 地域で子どもの発達支援にかかわる人々

### 1　保育所・幼稚園における発達支援

#### ①子どもと家族の心身の安定と発達の保障

　心身の発育・発達が著しく、人格の基礎を形成する乳幼児期には、発達が保障される環境や愛情ある大人とのかかわりが特に大切となる。保育所・幼稚園は、乳幼児がその生活時間の大半を過ごす場であり、家庭に代わって子どもの養護と教育を担い、心身の安定と健康、そして発達を保障する場である。

　子どもとのかかわりにおいては、日常的に子どもと接している保育者・教師だからこそ子どもの心身の変化にも気づきやすいし、日々の養育行動を通して、

心身のケアを日常的に行うことが可能となる。
　保護者とのかかわりにおいては、朝夕の送迎時の接触、連絡ノート、保護者会や保育参観などを通してお互いに情報交換し、協力して子どもの保育に携わる。同時に、就労する親をねぎらい、悩みや不安に応えることにより、保護者支援も可能となる。

**②家庭と地域のさまざまな社会資源との仲介役**
　地域の子育て支援に関する情報提供をするのも、保育所・幼稚園の大切な機能である。地域とのかかわりにおいては、地域の専門機関(子育て支援センター、児童相談所、地域療育センター、保健センター)との連携により、家庭・保育所という生活の場での養育を核にした、よりきめ細やかな養育支援が可能となる。
　子育て支援センターと連携して、保護者支援や地域の未就園児と家族への子育て支援(一時保育・子育て広場や親子教室・育児相談の提供)を行ったり、育児困難を抱える家族や被虐待児への対応を保健センターや児童相談所、乳児院や児童養護施設などと連携して行う。発達の障害など子どもと家族に何らかの養育上の困難があり、保健センター・児童相談所・地域療育センターなどの専門的福祉援助を必要とすると判断される場合は、保育所・幼稚園が仲介役となり、関連機関と連携して支援にあたる必要がある。その際も、親の一番身近にあり、日常的な支えを提供できるのは保育所・幼稚園であるので、親との相互理解を図り、信頼関係を築く努力が大切である。こうしたかかわりを通して、子ども・親・保育者・教師がともに育ち合っていくのである。

## 2　保育所以外の児童福祉施設における発達支援
### ①入所児と家庭の今日的問題と発達支援
　社会的養護を提供する施設は、表10-2のような種別に分かれる。虐待を受けた子どもの入所割合が年々増加している。
　子どもは入所までに過酷な環境で育ち、心身の発達上の問題や社会的問題を抱えて生育してきている。親や養育者との親密な関係の回復を必要としているにもかかわらず、家族から分離され、それぞれの意思やニーズとは関係なく多

表10-2　主な児童福祉施設（保育所を除く）

| 種別 | 対象となる児童と施設の役割 |
|---|---|
| 助産施設 | 保健上必要があるにもかかわらず、経済的理由により、入院助産を受けることができない妊産婦を入所させて、助産を受けさせることを目的とする。 |
| 乳児院 | 乳児（保健上、安定した生活環境の確保その他の理由により特に必要のある場合には、幼児を含む。）を入院させて、これを養育し、あわせて退院した者について相談その他の援助を行うことを目的とする。（現在、おおむね2歳未満児が入所） |
| 母子生活支援施設 | 配偶者のない女子又はこれに準ずる事情にある女子及びその者の監護すべき児童を入所させて、これらの者を保護するとともに、これらの者の自立の促進のためにその生活を支援し、あわせて退所した者について相談その他の援助を行うことを目的とする。 |
| 児童養護施設 | 保護者のない児童（乳児を除く。ただし、安定した生活環境の確保その他の理由により特に必要のある場合には、乳児を含む。）、虐待されている児童その他環境上養護を要する児童を入所させて、これを養護し、あわせて退所した者に対する相談その他の自立のための援助を行うことを目的とする（現在、おおむね2〜18歳未満児が入所）。 |
| 障害児入所施設　　福祉型障害児入所施設　　医療型障害児入所施設 | 次に掲げる区分に応じ、障害児を入所させて、それぞれに定める支援を行うことを目的とする。<br>保護、日常生活の指導及び独立自活に必要な知識技能の付与<br>保護、日常生活の指導、独立自活に必要な知識技能の付与及び治療 |
| 児童発達支援センター　　福祉型児童発達支援センター　　医療型児童発達支援センター | 次に掲げる区分に応じ、障害児を日々保護者の下から通わせて、それぞれに定める支援を提供することを目的とする。<br>日常生活における基本的動作の指導、独立自活に必要な知識技能の付与又は集団生活への適応のための訓練<br>日常生活における基本的動作の指導、独立自活に必要な知識技能の付与又は集団生活への適応のための訓練及び治療 |
| 情緒障害児短期治療施設 | 軽度の情緒障害を有する児童を、短期間、入所させ、又は保護者の下から通わせて、その情緒障害を治し、あわせて退所した者について相談その他の援助を行うことを目的とする。 |
| 児童自立支援施設 | 不良行為をなし、又はなすおそれのある児童及び家庭環境その他の環境上の理由により生活指導等を要する児童を入所させ、又は保護者の下から通わせて、個々の児童の状況に応じて必要な指導を行い、その自立を支援し、あわせて退所した者について相談その他の援助を行うことを目的とする。 |
| 児童厚生施設<br>（児童館・児童遊園） | 児童遊園、児童館等児童に健全な遊びを与えて、その健康を増進し、又は情操をゆたかにすることを目的とする。 |
| 児童家庭支援センター | 地域の児童の福祉に関する各般の問題につき、児童に関する家庭その他からの相談のうち、専門的な知識及び技術を必要とするものに応じ、必要な助言を行うとともに、市町村の求めに応じ、技術的助言その他必要な援助を行うほか、児童相談所、児童福祉施設等との連絡調整その他厚生労働省令の定める援助を総合的に行うことを目的とする。（基本的に、乳児院、母子生活支援施設、児童養護施設、情緒障害児短期治療施設、児童自立支援施設などの施設に附置される。） |

注：児童福祉法の改正により、2012年4月より、知的障害児通園施設、難聴幼児通園施設は「福祉型児童発達支援センター」に、肢体不自由児通園施設が「医療型児童発達支援センター」となり、知的障害児施設、盲児施設、ろうあ児施設、肢体不自由児療護施設、第二種自閉症児施設は「福祉型障害児入所施設」に、第一種自閉症児施設、肢体不自由児施設、重症心身障害児施設は、「医療型障害児入所施設」に一元化された。

出典：筆者作成

様な発達課題上の問題を抱えながら集団生活を余儀なくされている。

多くの親が自分自身の心身の病気、生育史上の問題、社会経済的問題を抱えている。子どもの表出する問題は、親の問題の投影でもある。子どもの問題以上に、親の抱える問題への対応が必要である。施設は子どもの養護を引き受けるだけでなく、子どもを家族のもとへ帰していくために、親子関係を修復し、親の適切な養育機能の回復を図ることも求められている。

②子どもの表出する問題など

特に、乳幼児期の養育環境の問題による愛着や対人関係、情緒発達の問題（粗暴さ、暴言、要求がましさ、気分・感情の急変のしやすさ、注意集中の持続のしにくさなど）を抱える子どもは多い。「見捨てられ体験」の繰り返しから他者不信、自己否定に陥り、退行現象（年齢に不相応な甘えの表出、身体化症状）、試し行為（反抗的・挑戦的行動、大人への不服従、攻撃的行動、暴言）、愛着障害（無差別で執拗な愛着、急激な接近と回避、関係を形成することへの警戒）、PTSD（フラッシュバック、不眠などの抑うつ症状）などを示し、メンタルケアを必要とする子どももいる。

こうした問題は子ども自身の心理的状態を示すサインであり、職員は症状の背後にある子どもの心の内面の混乱や不安・怒り・葛藤に気づき、ケアを心がけることが求められている。感情・行動コントロールに困難を抱える発達障害児の入所も増加傾向にある。

施設の保育者は、子どもの心理治療を行う臨床心理士や親の問題（親の自己破産、離婚、虐待など）を支援するソーシャルケースワーカーと連携して支援にあたる。幼児は各施設から地域の幼稚園へ通う。保育所に通っている子どもの中には、親による虐待や育児困難を理由に、乳児院や児童養護施設に措置変更される子どももいる。保育所・幼稚園と施設や児童相談センターが連携し協力し合って、子どもと家族を支えていくことが求められている。また、「ショートステイ（短期入所生活援助事業）」など、親の病気・入院や就労により一時的に子どもの養育が困難となった場合の地域子育て支援事業なども展開されている。

## 3 地域における子育て支援（地域子育て支援センター）

　地域子育て支援センターは、すべての子育て家庭を対象として、地域における親子の交流を促進し、子育ての不安を緩和し、子どもの健やかな育ちを促進することを目的としている。特に、0～3歳未満の未就園（家庭保育）の子どもと家族の発達支援に貢献している。

　主な事業として、①子育て中の親子の交流の場の提供と交流の促進、②子育て等に関する相談・援助（電話相談を含む）、③地域の子育て関連情報の提供、④子育てサークルの育成や、子育ておよび子育て支援に関する講習、⑤地域の子育て支援の団体等と連携した地域支援活動を実施している。

　総合支援機能を中心にした「センター型」のほかに、つどいの場を中心とした「ひろば型」、児童館内に併設され、年長児との交流を図る「児童館型」のセンターがある。保育所に併設される場合もある。多くのセンターが、一時保育やファミリー・サポート・センター[*1]の機能を併設し、密室の孤独な子育てを防ぐために役立っている。

　ファミリー・サポート等のボランティア的な保育は、その都度ニーズに合わせた利用ができ、市民同士のつながりと「社会で子育て」という相互援助意識の広がりに貢献することが期待できるが、保育の質の保持が課題である。

## 4 相談・治療機関における子どもと家族の発達支援

### ①保健センター

　保健センターでは、妊娠・出産・育児を通して母性をはぐくみ、母親と乳幼児の心身の健康の保持および増進を図ることをめざして母子保健活動を行っている。乳幼児家庭を訪問する保健指導や乳幼児健康診査を通して、産後うつ病、子どもの心の問題や子ども虐待、発達障害への対応を行う。

---

*1　子育て中の親を支援するために、子どもの預かり、保育所までの送迎などについて、援助を受けたい人と援助を行いたい人が会員となり、組織化した相互援助活動である。ほかにも、自宅で少人数保育を行う「保育ママ（家庭的保育事業）」もある。

乳幼児健康診査（乳幼児健診）[*2]は、病気や異常の予防と早期発見、乳幼児の健康保持と増進を目的として行う。病気や障害の予防・発見を指向するだけでなく、子育て不安や困難に対処し、親子が心身ともにより健やかに過ごせるように取り組みがなされている。

②児童相談所（児童相談センター）

児童相談所（児童相談センター）は、家庭やその他の施設等から養護（親による養育困難、虐待等）、障害、非行相談、育成（不登校、親子関係等）など、子どもに関する相談を受け、必要な援助を行ったり、相談について調査・診断・判定したり、必要に応じて子どもを家庭から離して一時保護したり、児童福祉施設に入所（措置）させたりする機関である。医療・福祉・心理などの専門家が業務にあたっている。

③地域療育センター（障害児通園施設）

地域療育センターは、障害やその心配のある子どもを対象に、早期発見と早期療育、各種療育相談、保育所・幼稚園への巡回訪問などを行って、子どもとその家族を支援する専門機関である。医療機関や保健センター、児童相談所、保育所・幼稚園など関係機関と連携を取り、地域の療育（医療・教育）拠点としての機能を果たしている。

## 5　地域における支援の道筋

専門機関の支援者がお互いの役割をよく認識し、ネットワークを的確に把握できていると、どこに相談があっても最適な支援を紹介・提供することが可能になる。また、支援を必要とする側も、社会資源のネットワークについての知識があることで、いざという時も適切な窓口に相談できる。支援する側、される側双方に開けたネットワークであることが、支援を円滑にする条件となる。

---

[*2] 健診は市町村において、1歳までの乳児期に2回（おおよそ生後3か月～6か月と9～11か月）と、1歳6か月時と3歳時の乳幼児期に無料で受診できる。健康診査の結果、必要に応じて保健センターでの経過観察と支援（事後フォローアップ）が行われる。さらに継続的な支援の必要性が認められた場合、医療機関や障害児療育センター（通園施設）、児童相談所、福祉事務所などが紹介される。

ネットワークで顔の見える関係が、仲介や紹介の際に安心感をもたらし、協力的な連携と円滑な対応を可能にする。ネットワークが機能し迅速な対応ができることで、問題が深刻かつ複雑になるのを防ぎ、地域社会全体で子育て家庭を支えることができる。地域で協働して発達支援をする意義はそうしたところにある。

> 〈事例3〉療育センターが仲介し、保育所と親の関係調整
> 　Bさん（母親）は、長女と夫の3人家族である。長女Cちゃんは保育園の年中児で、広汎性発達障害と診断され、療育センターに通っている。乱暴な行動が多く、それに悩んでいたBさんは、Cちゃんにできることを少しでも増やして発達が追いつき、友だちができるようにと熱心に家庭教育をしていた。しかし、園は母親の熱心な教育がかえって子どものストレスになっていると考え、のびのびと保育することを方針とした。そうした園の対応にBさんは「いろいろチャレンジさせてくれたらもっとできる子なのに、そういう働きかけをせず遊ばせているだけで、子どもが放っておかれているようでつらい。『もっといろいろやらせてみてください』と言うと、『園ではのびのびさせるのがよい』という返答で、私は園でクレイマーのように思われている」と涙ぐむ。Bさんも園もCちゃんの発達を支えたいという思いは同じであるはずなのに、お互いの真意がきちんと伝わっていなかったのである。
> 　Bさんは、自分の思いが伝わらないはがゆさを療育センターで相談し、療育センターが仲介してBさんと園の調整を図ることになった。同時に、療育グループ仲間からは、「Bさんの気持ちを伝えるだけでなく、疑問があるならば園の考えをよく聴き、Cちゃんにとって何がよいのかを園と腹を割って話し合うのがよい」と助言され、Bさんも自分自身を客観的に振り返る機会を得た。調整後、園も互いの気持ちに行き違いがあったことを認識し、Cちゃんの保育方針についてじっくり話し合うことになった。

〈事例4〉 ファミリー・サポート・センターを利用し、育児困難の危機を乗り越える

　Dさんは未就園の子どもと夫の3人家族である。夫の赴任先に家族で転居してきた。夫は仕事に忙しく、育児にあまり関与できていない。Dさんは最近、家事・育児疲労が激しく、子どもを外に連れ出すこともできなくなり、地域の子育て支援センターにSOSの電話をした。相談員は労をねぎらい、母子の精神保健を考慮して、つながりのある地域の病院を紹介するとともに、ファミリー・サポート・センターの利用を勧めた。Dさんは病院でうつ状態と診断された。ファミリー・サポート・センターに関しては「利用したいが援助会員の家まで子どもを連れて行けない」というので、送迎可能な援助会員が紹介斡旋された。援助会員は「Dさんのうつ状態への援助はできないが、子どもなら預かれる」とDさんの育児を支えた。Dさんは地域の乳児院のショートステイも利用するなど、周囲に支えられて徐々に心身の疲労から回復し、子育て支援センターの子育て広場に親子で通うまでになった。

# 3
# 現代社会の変化と発達援助

## 1 ── 現代社会における子どもと家族への支援

### 1　多様化する家族と保育ニーズへの対応

①子育て支援が求められる理由

　社会の産業構造や地域社会の変化に伴い家族のありよう、子どもの育ちは大きく変わった。現代の家族に子育て支援が求められる理由としては、次のようなことが挙げられる。核家族化により、子育ての手助けが得られないばかりか、父母からの子育て経験を聞いて学ぶことが難しくなった。かつての地域社会が崩壊し、近所づきあいがなくなり、気軽に相談できる人もいない。特に、都会の中で若い夫婦が孤立することが多くなっている。それにもかかわらず、夫は

仕事に忙しく、夫の子育てへの理解や協力が得られない。どのように子育てをしていくかはメディアの情報に頼らざるを得ないが、育児書、育児雑誌、テレビなどからの情報は多過ぎて価値観の選択に惑う。さらに、女性はライフサイクルや生き方や意識も変化している。多様な育児支援が求められるようになっているのである。

子どもが育つ環境の問題としては、少子化で子どもの数が少なくなり、子どもが異年齢集団の中で育ち合うことが難しくなった。そればかりか、子どもの育ちに大人の意思が強く関与するようになり、養育者がコントロールしやすい従順なよい子が期待されるようになった。集団による外遊びは減少し、子どもがテレビやゲームに没頭する時間が増えた。早期教育は少数のエリート教育ではもはやなくなり、大人社会の不安を反映して多くの子どもが幼児期から習い事に駆り立てられている。地域社会は変容し、幅広い大人や子どもの集団の中で、親子が豊かな対人的経験を積むことが難しくなった。子どもを共同で見守れるような大人同士の人間関係も育つことが難しい。子どもと親を取り巻く現代社会の変容を踏まえ、さまざまな角度から支援を検討する必要がある。

> 〈事例5〉子どものけんかをどう感じるか
>
> 子どものけんかについて、親子教室でディスカッションした時のことである。「子どものけんかには介入せず、子どもが自分たちで解決するのを見守ればよいと自分自身は思うが、相手の子どもの親のことが気になって止めてしまうかもしれない」というのである。ここには子ども同士の関係のことを考える以上に、相手の親がどう思うかが気にかかる現代の親の姿がうかがえる。親同士の関係の成長を見守る第三者の存在が必要なのかもしれない。

### ②多様な保育ニーズへの対応

保育所における延長保育、夜間保育、休日保育、病児（一時預かり）保育など、保護者からの多様な保育サービスへの要請は年々高まっている。2007（平成19）年の厚生労働省の調査によると、保育所の開所時刻が午前7時半より前の園が全体の52.5%、閉所時刻が午後7時より後の園が、全体の17.2%となっている[6]。女性就労者の多い地域では、延長保育を午後10時まで行っているよ

うな園もあるが、子どもの側からすると心身の負担が大きくなることが考えられる。保育時間が長くなる場合は、年長児も午睡を取り、疲れを防ぐ工夫をするなど、子どもの年齢・健康状態・生活リズムに配慮して、心身の安定を図ることが求められる。

地域の子どもと家族のための一時保育もある。短時間労働、保護者の通院、冠婚葬祭、育児による心理的・身体的負担などのために一時的に家庭での子育てが困難になった場合や、親のリフレッシュのために利用することができる。

## 2 保護者支援
### ①入所児とその家族への支援

産業構造の変化、都市化、少子化、核家族化に伴い、地域社会と家庭を取り巻く養育環境は激変した。子育てについて日常体験的に学ぶ機会は少なく、周りからのサポートも容易に得られない地域社会となっている。子どもとの接し方や子育ての仕方がよくわからず、育児に困難を抱える親は多い。

子どもの急激な成長発達の変化についていけず、戸惑う親に対して、子どもの心の発達段階や子どもの示す行動の意味について伝え、理解を促し、良好な親子関係の発達と形成を図ることも、保育者・教師の重要な役割となっている。

また、価値観が多様化する中、子どもの育ちへの不安と教育への過剰な期待から、氾濫する情報に翻弄されて、偏重した早期教育の知識に頼ろうとする親もいる。あるいは、反対に幼児期における教育に無関心でその意義を認識し得ないまま、不適切な養育が行われることもある。そうした親に対し、子どもの主体的な成長発達を促す幼児期の教育のあり方を提示するのも、保育者・教師の大切な役割である。

さらに地域で孤立しがちな親に対し、保護者会などを通じて、保育所が仲介役となり地域の中で親同士のつながりや支え合いの機会をつくることも大切な役割である。また、近年増加しているひとり親家庭、外国人家庭への支援も必要である。

### ②地域の未就園の子どもと家族への子育て支援

未就園の子どもの家庭は、就園児の家庭にもまして子育て不安と困難を抱え

ている。地域とのつながりもなく、「孤育て」による親のうつ等の問題もある。保育所内に子育て支援室（センター）を設置し、園庭を開放して、地域の未就園児とその家族への子育て支援活動を行う園も多い。個性の異なるさまざまな親と子がかかわり合いの中で互いの違いを認識し共感し合い、自然な形で子育てについて学んでいくことの意義は大きい。子どもだけが育つのではなく、親も子どもとともに育ち、次第に親になっていくのである。

就園前からのこうしたかかわりは、地域の個々の子育て家庭への直接的支援となり、子育て家庭同士のつながりを形成するのに役立つばかりでなく、就園後の家庭と保育所との協力的関係促進のためにも役立つ。

> 〈事例6〉養育者の悩み－いやいや期－
>
> 自我の芽生える時期（第1反抗期）である2～4歳ごろの子どもの成長に、「子どもが言うことを聞かなくなった。素直だったのにどうしちゃったの？」と嘆く親は多い。しかしこれは、子どもが自己主張するようになったために、これまでぶつかることのなかった大人の意思と子どもの意思がぶつかり合うようになっただけである。親はついつい従順なよい子を期待してしまうが、子どもを大人の思い通りにするのが保育ではない。子どもには自分とは違う意思があることを認めて、子離れする必要がある。むしろ思い通りにはならないことを知り、そこにおもしろさを発見することに保育の醍醐味があるといえる。

## 2 ── 保護者支援としての子育て相談

### 1 子育て相談の内容・目的・進め方

#### ①子育て相談の内容

保育所においても、子育てについての電話相談や直接来談の相談窓口を設けているところもある。電話相談は、より深刻な問題が多い。保育士の知識や技能を活かして応じることのできる相談内容は以下のようなものがある。

・日常の世話の問題（育児方法、育児用品など）
・発達を促す遊びや遊具

・しつけ、家族問題
・親の育児不安
・子どもへのかかわり方、接し方
・知能、言葉、情緒などの発達
・偏食、夜尿、落ち着きのなさなど気になる行動

　相談内容は現実には、日常的な子育ての不安や悩みから、子どもの発達障害や、場合によっては親の精神的問題、夫婦間や親・祖父母（舅・姑）世代間の複雑な家族関係の問題に至る場合もある。日常的な些細な悩みのように思われて背景に深い葛藤的問題を抱えていることもあるので、保育者・教師は言葉の背景にある親の気持ちへの配慮が必要となる。

②子育て相談の目的
　親がその人なりによりよい方向に子育てをしていけるように支援することが、子育て相談の目的である。親は、子育てに関して他者（親族、友人、保育所、その他の関係機関など）の知識や力を借りる。保育者は親と一緒にできることを考え、親の子育ての自立を支援する。保育者・教師が親の代わりにやったり、「私に任せなさい」「私の言うとおりにしなさい」などの同情や支配では子育て相談にはならない。最後に決断し実行するのは親自身である。

③相談の進め方
　保育者・教師が親のプライバシーを守り、知り得た情報を口外しないことは相談の原則である（守秘義務）。親をあたたかく迎え入れ、話をよく聞くこと（傾聴）から始める。相談では親との話の中で、以下の事項を自然に聞き取って把握しておくとよい。

・主訴の確認（相談したいこと、困っていることは何か、困っているのは誰か、親か子どもか保育者・教師か）
・問題の発生と経過（いつごろから始まって、どのように困ってきたか）
・問題の解決のためのこれまでの努力や対処法とその結果

　支援のあり方について判断するための情報を得るだけでなく、親が振り返ること自体が、問題の客観化であり解決の糸口となる。困っているのが誰かを意識化することで冷静になり、視野が広がるし、これまでに取ってきた対処法を

明らかにすることで、「自分で解決できる」という親の自信につながる。

図10-4は、相談を受け付ける際の受理面接記録用紙の例である[7]。子どもの発達について、生活習慣、遊び、運動、言語、認識（知的発達）、社会性の6領域から理解すると発達のバランスがわかり支援目標を立てやすい。そのほか、家族歴や親の気持ちを聞き情報を得て、相談について処遇方針（誰を対象に何を支援していくかの方針）を立てる。

何らかの解決策を提供しようとしてアドバイスや助言が多くなると、気づかないうちに上から目線の言葉を与えていることがある。そうした保育者・教師の言葉に、子育てに自信のない親は、内心傷つき自信を喪失することもある。相談を受けた時は、「こうするとよい、ああした方がよい」と助言を与えるより、まず親の話にじっくり耳を傾け、訴えと不安な気持ちをよく聴くことが求められる。「傾聴」（言葉の意味や内容を理解するだけでなく、その人の感情・思考・態度を含む全体に関心を払って聞くこと）、「（援助者の）自己一致」（誠実で裏表のない態度で相談者に向き合っていること）、「受容」（自分とは違う一人の独立した人格として相談者を尊重すること）、「共感」（相談者の立場に立って相談者の目線で理解すること）は、相談の際に援助者に必要とされる態度である。

保育者・教師はじっくり話を聴くことで、「困った時は相談すればよい」という安心感を親に与えることが重要である。それを支えに、親は自分なりの子育てをしていけるものである。

## 2　さまざまな相談ケースへの対応

### ①助言・情報提供

問題が複雑ではなく、必要な情報を提供することにより、相談者が自分でやっていけるケースである。子どもの世話の仕方、遊具や育児用品の選び方、離乳の仕方、トイレットトレーニングなど子育てのノウハウに関する相談に対し、保育者・教師が必要な説明やアドバイス・情報を十分に提供する。質問・疑問を十分聞き、自分なりにやっていけそうか確認する。助言・情報提供をしたまで終わるのでなく、必要があればまた相談できるよう留意する。

| | |
|---|---|
| 　　年　　月　　日　相談者（　　　　）　面接者（　　　　　） | |
| 氏名　　　　　　　　　　性別<br>住所<br>年齢　　　年　　月　　日生　　歳 | |
| 主訴：現在困っていること、気になること<br>①来談の理由：自発来談か勧めによる来談か、何を求めて来談したか<br>②困っているのは誰か（子どもか、親か、その他の人か）、主訴をどのように感じているか<br>③行動観察、心理検査結果など | |
| 問題の発生と経過：<br>①問題が起こった時期、内容、現状<br>②解決のための努力や対処法とその結果 | |
| 家族歴：<br>両親、きょうだい、祖父母のパーソナリティや、相互関係、雰囲気、家庭事情、近隣関係など<br>○<br>├─<br>□ | |
| 生育歴：<br>胎生期・周生期、既往症、心身の発育状況と環境の様子 | |
| 保育・教育歴：<br>保育所・幼稚園での様子、他事や保育者との関係 | |
| 相談歴：<br>保健センター・療育センター・児童相談センターなどで相談したこと、助言・援助を受けたことなど | |

(表)

図10-4　相談の受理面接記録用紙の例（乳幼児発達アセスメント用）
出典：幸順子「面接による診断」小林芳郎編著『乳幼児のための心理学』保育出版社　2009年

| 発達経過 | 生活習慣：食事、睡眠、排泄、清潔、着脱衣 |
| | 遊び |
| | 運動の発達 |
| | 言語発達 |
| | 知的発達（認知発達） |
| | 社会性 |

性格など現在の様子：
来談者の印象など

総合所見：
問題発生のメカニズム（本人の発達的問題、家族の健康度、家族関係の葛藤状況、環境要因など）の仮説

援助方針：
誰を対象に何を支援していくかの方針

（裏）

pp.121-124を改変

②継続面接
　家族関係の問題や育児不安など心理的葛藤が認められ、1回の面接で終わるのが難しいと思われるケースである。援助者が話を十分に聞き、安心して話せるよう信頼関係をつくる。相談者に継続して相談する意思があれば、継続して支援する。援助者の傾聴により、自分が理解されたという気持ちが持てることが、相談者の自己肯定感を高め、子育てへの自信にもつながる。

③体験保育など面接以外の方法を活用した継続相談
　地域で孤立した子育てをしていたり、子どもとのかかわりの経験が不足している場合の支援として有効である。相談者が園や地域の子育てグループで開催される親子教室などに参加し、体験を通して子どもの発達や遊び、世話の仕方など、子育てについて学ぶ。園は情報を提供したり機会を提供する。さまざまな親子との交流を通して、豊かな経験ができ、子育て仲間も得ることができる。同様の立場である親からの共感やアドバイスが果たす役割は大きい。

④専門機関の紹介
　子どもの慢性疾患や発達障害の判定、親の失業や病気による生活困難、離婚による親権の問題、強度の育児ノイローゼなど、保育者・教師の専門性を超える問題についての相談の場合は、医療機関・福祉事務所・児童相談所など、ほかのより適切な専門機関の情報を具体的に紹介する。そのためには、援助者は地域の社会的資源についてよく把握しておく必要がある。紹介した後も、日常的に子どもと親を支えるのは保育者・教師であるので、関連機関と連携して相談者を支援する。

　支援は、以上の4タイプに大別できる。保護者支援の最大の目標は、親が自分なりに子育てに自信を持てるようになること（エンパワメント empowerment）である。子どもと親が主体者として自分らしさを発揮して、その人なりにいきいきと楽しく生活し発達できるよう、相談者のニーズや困難の状況に応じて支援を提供していく必要がある。

## 演習課題

◆言葉の発達援助

事例：Eちゃんは3歳になるが、なかなか言葉が出ない。大人の言うことはわかるようだが、Eちゃんからの発語は限られており、思いが通じないと、叫んだりかみついたりしている。親は、言葉かけが少ないせいではないかと心配し、保育者も、意識して言葉かけをするようにしてきた。親も保育者も「発達には個人のペースがあるのでほかの子どもと比較する必要はない。全体的に発達がゆっくりなので、心配しないで様子を見守ろう」と思いながらも、どこかに異常があるのではないかと心配もしている。

次の点について話し合ってみよう。

① 子どもの言葉の発達がゆっくりである要因として、どんなことが考えられるか。いくつか仮説を立ててみよう。
② それぞれの仮説について、保育の中でどんな発達援助が可能だろうか。
③ 親への援助として、どのようなことが必要とされるだろうか。

◆子育て支援

① 自分の住む地域の子どもと家族の発達援助にかかわる社会的資源を調べ、支援マップをつくってみよう。
② 身近な保育所や地域の子育て支援センターを訪問し、最近の子どもにみられる心の問題にはどういったことがあるのか調査してみよう。
③ もし自分自身が子育てで悩んだとしたら、まずどこの誰に相談できるか。一番身近な人は誰か、そして地域の中で援助を求めるとしたらどこか、さまざまな子どもの年齢発達段階と問題を想定し、それぞれにつき、具体的に身近な支援者や社会的資源を挙げ、話し合ってみよう。

## 【引用文献】

1）滝川一廣『「こころ」の本質とは何か－統合失調症・自閉症・不登校のふしぎ－』（ちくま新書）筑摩書房　2004年　p.165
2）Drotar,D., Baskiewicz,A., Irvin,N.et al. The adaptation of parents to the birth of infant with a congentail malformation : A hypothetical model. *Pediatrics,* 56 (5), 1975, pp.710-717.

3）玉井真理子「障害児の母親が経験する「二重の対象喪失」」『NEONATAL CARE』Vol.7 No.9　メディカ出版　1994年　pp.59-67
4）田中康雄『気になる子の保育Q&A－発達障がいの理解とサポート－』学習研究社　2008年　pp.14-20
5）柏木惠子『子どもが育つ条件－家族心理学から考える－』（岩波新書）岩波書店　2008年　pp.78-80
6）恩賜財団母子愛育会日本子ども家庭総合研究所編『日本子ども資料年鑑』KTC中央出版　2009年　p.283
7）幸順子「面接による診断」小林芳郎編著『乳幼児のための心理学』保育出版社　2009年　pp.121-124

【参考文献】
American Psychiatric Association（高橋三郎・大野裕・染矢俊幸訳）『DSM-Ⅳ-TR 精神疾患の分類と診断の手引』医学書院　2003年
繁多進編著『乳幼児発達心理学』福村出版　1999年
山岡修・田中康雄監修『発達障害の早期発見、早期支援ガイドブック』日本発達障害ネットワーク　2007年
融道男・中根允文・小見山実他監訳『ICD-10　精神および行動の障害－臨床記述と診断ガイドライン－新訂版』医学書院　2005年
小林育子・小林久利『保育所の子育て支援—相談の基本・実例とアドバイス—』萌文書林　1999年

# 索　引

## あ行

愛着（アタッチメント）　27, 73, 124
アイデンティティ　91
アサーション　189
アスペルガー症候群　193
アセスメント　16, 131
遊び　78, 171
遊び場所　174
扱いにくい子　138
扱いやすい子　138
アフォーダンス　146
安全基地　73
生きる力　166
いじめ　89
異性関係　90
一語文　62
WISC-IV　133
ヴィゴツキー（Vygotsky, L. S.）　64
ウェクスラー（Wechsler, D.）　133
ウェンガー（Wenger, E.）　165
エインズワース
　　（Ainsworth, M. D. S.）　73
エリクソン
　　（Erikson, E. H.）　65, 73, 121
遠城寺式乳幼児分析的発達検査法
　　136
エンパワメント　220
オオカミ少女　28
音韻（音素）　50, 61

## か行

外言　64
外発的動機づけ　110
学習　65
学習障害（LD）　193
数の保存性　169
カタルシス　88
家庭　75
カテゴリー化　163
感覚運動的段階　54
感覚器官　50
環境　144
関係の永続性　126
観察学習　67
感情　39
基本的安定感　198
基本的信頼感　71
基本的生活習慣　102
基本的欲求　110
キャッチアップ現象　31
ギャング・エイジ　80
共感　217
協調　76
協同遊び　78, 149
共同注意　62
具体的操作段階　54
形式的操作段階　54
形成的評価　16
継続面接　220
傾聴　217

K-ABC　133
ケーラー（Köhler, W.）　67
結婚観　91
けんか　150
言語習得　162
語彙爆発　63
広汎性発達障害　193
心の理論　59, 129
誤信念課題（サリーとアン課題）
　59, 129
孤育て　215
子育て相談　215
古典的条件づけ　66
コホート　46
これ何期　63
コンピテンス（有能さ）　116

## さ行

先回り育児　199
3か月スマイル（社会的微笑）　71
三項関係　62
子音　61
ジェームズ（James, W.）　38
自我　38
自我の発見　81
視覚　52
自己　38
自己一致　217
自己決定感　117
自己効力感　124
自己先取場面　153
自己主張　151

自己中心性　63
自己表現　76
自己抑制　76, 151
試行錯誤　66
児童虐待　95, 202
児童虐待の防止等に関する法律
　95, 202
児童相談所（児童相談センター）
　95, 210
事物の永続性　57
自閉症　193
自閉症スペクトラム　193
シモン（Simon, T.）　132
社会化　18, 88
社会性　167
社会的基礎　162
社会的参照　75
社会的スキル（ソーシャルスキル）
　76, 179
社会的養護　206
社会的欲求　110
就学レディネス　33
就巣性　23
縦断的研究　46
受精卵　44
主体性　107
種保存欲求　111
受容　217
馴化　51
少女ジーニー　29
象徴的思考段階　54
情動　36
初期経験　23

初語　62
神経性習癖　199
人生周期（ライフサイクル）　73
人生の分岐点　73
身体的虐待　95, 202
診断的評価　16
人的環境　144
新版K式発達検査2001　137
心理的虐待　95, 202
心理的離乳　85
随意運動　48
スキナー（Skinner, B. F.）　66
スクリーニング　132
精神発達遅滞（知的障害）　193
生態学的モデル　10
性的虐待　95, 202
生物学的基礎　162
生理的早産説　23
生理的欲求　110
セクシャルハラスメント　97
セルマン（Selman, R. L.）　183
前操作的段階　54
ソーンダイク（Thorndike, E. L.）　66
ソシオグラム　79
ソシオメトリー　79
ソシオメトリック・テスト　79
外遊び　174

## た行

第1反抗期　121, 198, 215
第2反抗期　76, 85

胎児　3, 44
対象の永続性　125
対等場面　153
他者視点　183
他者受容感　117
他者先取場面　153
脱衛星化　85
脱中心化　64
田中ビネー知能検査Ⅴ　133
地域子育て支援センター　209
地域療育センター　210
チェス（Chess, S.）　138
知能検査　132
知能指数（IQ）　132
チャム・グループ　79
注意欠陥多動性障害（ADHD）　193
注視　51
聴覚　52
直観的思考段階　54
通級　194
デザインベース研究　11
テスト・バッテリー　131
出だしの遅い子　138
動機　36
動機づけ　108
道具的条件づけ（オペラント条件づけ）　66
洞察学習　67
特別支援学級　194
特別支援学校　194
徒弟的参加　165
トマス（Thomas, A.）　138

## な行

内言　64
内発的動機づけ　110
内的欲求　111
二次性徴　81
二重の対象喪失　195
乳幼児健康診査（乳幼児健診）　210
乳幼児精神発達診断検査（津守・稲毛式）　136
認知　50
認知的基礎　162
ネグレクト　95, 202

## は行

バーチャルリアリティ　169
パーテン（Parten, M. B.）　78, 149, 171
バウアー（Bower, T. G. R.）　57
8か月不安　124
発達課題　72, 121
発達検査　135
発達指数（DQ）　136
発達スペクトラム　193
発達的危機　73
発達の過程　139
発達の個人差　137
パブロフ（Pavlov, I. P.）　65
パワーハラスメント　97
反射　47
バンデューラ（Bandura, A.）　67
反応性愛着障害　201

ピア・グループ　79
ピアジェ（Piaget, J.）　53, 121, 141, 171
人見知り　124
ひとり遊び　78, 149
ビネー（Binet, A.）　132
ファミリー・サポート・センター　209
ファンツ（Fantz, R. L.）　24
物的環境　144
ブリッジェス（Bridges, K. M. B.）　40
平行遊び　78, 149
ベビーシェマ　26
偏差知能指数（DIQ）　132
保育実践　10
保育所保育指針　7, 109, 156
ホイジンガ（Huizinga, J.）　171
母音　61
傍観　78, 149
報酬　113
ボウルビィ（Bowlby, J.）　27, 73
保健センター　209
保存の概念　57
ホメオスタシス（恒常性維持）　110
ポルトマン（Portmann, A.）　23

## ま行

マイクロ・システム　65
マズロー（Maslow, A. H.）　112
ミード（Mead, G. H.）　38
見捨てられ体験　208

三つ山課題　55
無気力　110
モチベーション　108
物語体験　166
模倣学習　166
問題解決学習　66
問題箱　66

## や行

役割交替（ターンテイキング）　61
友人関係　86
有能感　117
指さし　62

養育態度　94
幼稚園教育要領　109, 172
欲求　110
欲求の階層説　112

## ら行

ライフサイクル　73
離巣性　23
臨界期　28
レイヴ（Lave, J.）　165
連合遊び　78, 149
ローレンツ（Lorenz, K. Z.）　26

## 保育・教育実践のための心理学

|2012年7月30日|初版第1刷発行|
|2019年8月30日|初版第5刷発行|

| 編　　者 | 浅　野　敬　子 |
|---|---|
|  | 丸　山　真名美 |
| 発 行 者 | 竹　鼻　均　之 |
| 発 行 所 | 株式会社 みらい |

〒500-8137　岐阜市東興町40　第5澤田ビル
TEL　058-247-1227(代)
FAX　058-247-1218
http://www.mirai-inc.jp/

| 印刷・製本 | サンメッセ株式会社 |
|---|---|

ISBN 978-4-86015-254-3　C3037
Printed in Japan　　　　　乱丁本・落丁本はお取替え致します。